R
19922 (27)

ESSAIS SOCIALISTES

L'ALCOOLISME — LA RELIGION — L'ART

ESSAIS
SOCIALISTES

L'ALCOOLISME — LA RELIGION — L'ART

PAR

ÉMILE VANDERVELDE

Professeur à l'Université Nouvelle de Bruxelles.

———

PARIS

FÉLIX ALCAN, ÉDITEUR

ANCIENNE LIBRAIRIE GERMER BAILLIÈRE ET Cie

108, BOULEVARD SAINT-GERMAIN, 108

—

1906

A

VICTOR ADLER, MARCEL HÉBERT

ET

LALLA VANDERVELDE

Ce livre est dédié.

PRÉFACE

Notre intention première était de réunir en volume, un article sur les Facteurs économiques de l'alcoolisme, publié par *La Grande Revue* du 1er mars 1901, une conférence sur le Parti Ouvrier belge et l'Église catholique, qui a paru dans le *Mouvement socialiste* des 1er et 15 février 1903, et une conférence, inédite, sur l'Art et le Socialisme, faite au Théâtre du Peuple, d'Henri Beaulieu, en janvier 1904.

Mais, au lieu de faire un simple travail de revision et de mise au point, nous avons remanié et developpé ces études de telle sorte qu'il ne reste rien, pour ainsi dire, de leur texte primitif.

Bien que les trois parties de ce petit livre soient indépendantes l'une de l'autre, elles se rattachent, cependant, à une même préoccupation fondamentale. En régime capitaliste, l'art est un luxe ; la religion est, avant tout, un instrument de règne ; l'alcool apparaît, à beaucoup de travailleurs, comme le seul moyen d'échapper aux tristesses et aux inquiétudes de la vie, en se créant des « paradis artificiels ».

Est-il possible de mettre fin à cet état de choses, aussi longtemps que subsistera l'organisation sociale actuelle ?

Est-il possible, du moins, de faire reculer l'alcoolisme, d'affaiblir le despotisme des religions d'autorité, de faire participer en quelque mesure, les travailleurs à la vie esthétique, en exerçant une action directe, même dans les cadres de la société capitaliste ; ou bien faut-il, au contraire, que le prolétariat, ne se laissant détourner par aucune activité accessoire de son but principal, réserve tout son effort pour l'action politique et économique?

Telles sont les questions auxquelles nous avons essayé de répondre, ou du moins, d'apporter des éléments de solution.

E. V.

ESSAIS SOCIALISTES

INTRODUCTION

On raconte que Marx, se trouvant, un jour, dans un groupe de socialistes français, l'un d'eux s'avisa de lui demander : « De quelle école seriez-vous, si vous viviez en France? »

« Je ne sais; — aurait été la réponse — mais, en tous cas, je ne serais pas marxiste! »

Nous donnons l'anecdote pour ce qu'elle vaut; mais, vraie ou fausse, elle caractérise fort bien la transformation, ou, plutôt, la déformation subie par le marxisme, en passant la frontière et en subissant l'épreuve dangereuse des traductions, des résumés, des adaptations littéraires et oratoires.

Il est arrivé à Marx ce qui est arrivé à Darwin, et, d'une manière générale, à tous les grands initiateurs : d'un monde d'observations pénétrantes, de déductions, à la fois prudentes et hardies, les vulgarisateurs, et le public, à leur suite, n'ont retenu que des bouts de phrases et des lambeaux d'idées.

Darwin poursuit des recherches patientes, durant près d'un demi-siècle. Il écrit l'*Origine des espèces*. Il publie la *Descendance de l'homme*. Il révolutionne les sciences naturelles et, par les sciences naturelles, toute notre conception du monde; mais, pour l'immense majorité, sa doctrine se réduit à deux choses : l'homme provient du singe — alors que l'hypothèse darwinienne les fait descendre d'un ancêtre commun —; le *struggle for life* est un facteur de progrès, ce qui légitime l'écrasement des faibles par les forts, la lutte de tous contre tous — alors que Darwin insiste, à maintes reprises, sur les avantages de l'association dans la lutte pour l'existence.

Karl Marx exprime la pensée socialiste avec une telle maîtrise qu'il éclipse, pour un temps, ses plus illustres devanciers. Il crée une politique et il crée une méthode. Il fait, du régime capitaliste, une critique exhaustive. Que reste-t-il de cet effort, pour la plupart des brochuriers et des journalistes? Un petit nombre de formules, telles que : le travail est la source de toute valeur; les luttes de classe forment la trame de l'histoire; ou bien encore « le mode de production de la vie matérielle détermine d'une façon générale, le procès social, politique et intellectuel de la vie ».

Notez que ces citations ne sont point inexactes. Seulement, on les sépare de leur contexte; on leur attribue une portée excessive; on fait abstraction des compléments ou des amendements qui leur furent apportés dans la suite, et c'est ainsi que l'on arrive, par une série d'appauvrissements ou de rétrécissements, à un *schéma*, un squelette de doctrine qui ne ressemble guère à la doctrine véritable de Marx.

Pour beaucoup de gens, par exemple, la conception matérialiste de l'histoire — cette pierre fondamentale du marxisme — aboutit à un sombre fatalisme, exclusif de tout idéal [1]. La morale, le droit, la religion ou la philosophie sont des « épiphénomènes », des reflets,.sans chaleur et sans force, des produits ou des sous-produits de l'activité économique. Quant au socialisme, ce n'est pas autre chose qu'un procédé de dépossession des capitalistes. Il doit rester étranger à tous les problèmes qui ne concernent pas, directement ou indirectement, la production et la répartition des richesses. Ceux qui prétendent l'intéresser à d'autres questions, telles que les progrès de l'éthique, la lutte contre l'Église, la forme des gouvernements, sont des endormeurs, des chercheurs de dérivatifs. Que nous importent, à nous, Dreyfus ou Mercier, le ministère ou la congrégation, la république ou la monarchie : prépa-

---

1. MEHRING, *Geschichte der Deutschen Sozial-demokratie*, I, p. 235, proteste, en ces termes, contre pareille interprétation : « Rien de plus absurde que cette affirmation qu'Engels et Marx, avec leur conception matérialiste de l'histoire, se soient soumis à un sombre fatalisme et aient chassé toutes les forces idéales du développement historique de l'humanité. De leur méthode dialectique, il va de soi que, si la société détermine l'État, l'État, à son tour, réagit sur la société; que, si les phénomènes économiques dominent, en dernière instance, cependant les représentations idéologiques peuvent les influencer; que, par conséquent, l'idéologie n'est point du tout sans action, parce qu'elle ne peut exercer aucune action indépendante. »

rons la révolution sociale, le reste viendra de surcroît !

Il se comprend, de reste, que, sous cette forme, le matérialisme historique rencontre peu d'accueil, chez ceux qui viennent, ou qui seraient tentés de venir au socialisme, pour des raisons de sentiment.

Notre ami Paul Lafargue, qui n'aime rien tant qu'épouvanter les timides par l'outrance de ses paradoxes, a beau leur affirmer que la Justice, la Liberté, la Fraternité, le Progrès, sont des faux dieux, fabriqués par la bourgeoisie, pour remplacer le Dieu des chrétiens et maintenir l'asservissement du populaire[1] : ils s'obstinent à croire que les idées sont des forces, que la justice n'est pas un mot, que le droit, la politique ou la religion trouvent, peut-être, leur explication dernière dans « le facteur économique sous-jacent », mais n'en exercent pas moins une influence considérable sur l'évolution des sociétés. Et, à la vérité, si le marxisme niait cette influence, s'il prétendait, comme on l'affirme trop souvent, réduire la question sociale à une question d'estomac, emprisonner le socialisme dans le rayon des intérêts matériels, ce serait tant pis pour le marxisme : jamais la conscience socialiste ne se résoudrait à pareille diminution de son idéal; jamais elle ne consentirait à livrer le domaine entier de l'activité spiri-

1. V., par exemple, LAFARGUE, « Idéalisme et Matérialisme », dans *L'Ere nouvelle*, 1er juillet 1893, pp. 50 et suiv.

tuelle, aux anciennes religions et aux anciennes philosophies.

Mais, hâtons-nous de le dire, ceux qui interprètent
ainsi la doctrine de Marx, démontrent seulement qu'ils
l'ont imparfaitement comprise. C'est le cas de rappeler
le mot de Laubardemont : « Donnez-moi une ligne de
la main d'un homme et j'y trouverai de quoi le faire
pendre. » Dans une œuvre complexe, comme celle
d'un Marx ou d'un Renan, rien n'est plus simple que de
« solliciter » quelques textes, au point de leur faire
dire, à peu près, tout ce qu'on veut leur faire dire.
Mais c'est l'œuvre entière qu'il faut étudier, dans ses
origines et dans son développement, pour saisir la pensée véritable de son auteur.

Si l'on envisage de cette manière la conception
socialiste de Marx, il devient facile d'expliquer la sécheresse toute apparente de son matérialisme, l'affectation
systématique de ne jamais recourir à des argumenta-
tions de sentiment, dans une œuvre qui est, d'un bout
à l'autre, un âpre et brûlant appel au sentiment de la
justice : ce ne fut en définitive, qu'une réaction nécessaire contre les habitudes d'esprit et de langage qui
dominaient autour de lui [1].

Que l'on se reporte, en effet, aux années qui précédè-
rent immédiatement la révolution de 1848. Le senti-

---

1. Cf. Landry, « L'Éthique de Karl Marx »; extrait des *Études sur la
philosophie morale au XIXᵉ siècle; Paris, F. Alcan, 1904.*

mentalisme régnait en maître. Le socialisme utopique
faisait vis-à-vis à l'idéologie bourgeoise. La philosophie
sociale, suivant l'expression du *Manifeste communiste,*
cachait le vide de ses idées « sous un vêtement tissu de
la trame légère de la spéculation, brodé de fleurs de
rhétorique et de bel esprit, trempé, comme d'une
rosée, de sentimentalité fiévreuse et tendre[1]. » En
Allemagne, la droite hégélienne sombrait en plein
mysticisme. En France, presque tous les disciples de
Fourier et de Saint-Simon — il y eut toutefois des
exceptions glorieuses — s'épuisaient en chimériques
appels au bon vouloir de la bourgeoisie, au lieu de
prendre contact avec la classe ouvrière. Partout, en
un mot, la plupart des socialistes, de même que la
grande majorité de leurs adversaires, étaient d'accord
pour confesser une sorte de spiritualisme social : les
idées se mouvaient pour eux dans une sphère supérieure, à l'abri des suggestions mesquines de l'intérêt
matériel, dans un état d'indépendance que l'on rêvait
absolue, à l'égard des conditions objectives de l'existence
sociale.

C'est à ce moment que Marx paraît, au milieu d'un
groupe nombreux de précurseurs.

Répondant à Proudhon, qui venait de faire la *Philosophie de la Misère,* il publie la *Misère de la Philosophie.*

1. ENGELS et MARX, *Le Manifeste communiste,* trad. Andler (Bibliothèque socialiste, n° 8), p. 64; Paris, Société nouvelle de librairie et
d'édition, 1901.

Précisant une conception, dont le germe se trouve dans plusieurs de ses travaux précédents, il écrit ce passage célèbre, qui réapparaît incessamment dans son œuvre, comme un *leit motiv*, comme le thème des nécessités matérielles dominant toute la vie spirituelle de l'humanité :

« Les rapports sociaux sont intimement liés aux forces productives. En acquérant de nouvelles forces productives, les hommes changent leur mode de production, et, en changeant le mode de production, la manière de gagner leur vie, ils changent tous leurs rapports sociaux. Le moulin à bras vous donnera la société avec le suzerain; le moulin à vapeur, la société avec le capitaliste industriel.

« Les mêmes hommes qui établissent les rapports sociaux conformément à leur productivité matérielle, produisent aussi les principes, les idées, les catégories, conformément à leurs rapports sociaux.

« Ainsi, ces idées, ces catégories, sont aussi peu éternelles que les relations qu'elles expriment. Elles sont des produits historiques et transitoires[1]. »

Telle est, sous une forme condensée, mais d'autant plus substantielle, l'idée maîtresse du marxisme.

Faut-il que nous soulignions la portée révolutionnaire de ce point de vue?

1. MARX, *Misère de la philosophie*; réponse à la *Philosophie de la misère*, de M. Proudhon (1847); p. 151 de l'édit. Giard et Brière, Paris, 1896.

C'est, dans l'ordre des choses sociales, le devenir succédant à l'immuable, le réalisme supplantant l'idéologie. Suivant l'expression même de Marx, la dialectique de Hegel, qui marchait sur la tête, est remise sur ses pieds. L'histoire cesse d'être une littérature ou une métaphysique. Le capitalisme n'apparaît plus comme un régime définitif, mais comme un produit historique, dont les entrailles portent un régime nouveau. Le socialisme échappe aux faiseurs de systèmes, pour entrer, décidément, dans la phase scientifique.

Certes, il appartient à des socialistes, moins qu'à personne, d'attribuer à un seul homme, le mérite de cette bienfaisante révolution : ce serait consacrer à son profit la propriété individuelle d'un produit collectif.

Nous laissons aux Saint-Simoniens, s'il en reste, la croyance à un nouveau Messie. Nous savons que la conception matérialiste de l'histoire n'appartient pas plus exclusivement à Marx que le transformisme à Darwin, ou l'*Essai sur la richesse des nations* à Adam Smith. Et nous savons aussi — c'est l'histoire de l'œuf de Christophe Colomb — que beaucoup d'idées marxistes paraissent aujourd'hui tellement évidentes, que l'on refuse toute originalité à ceux qui les ont exprimées.

Tout le monde fait, maintenant, du matérialisme historique, comme M. Jourdain faisait de la prose.

Quand on découvre des gisements houillers dans le

nord de la Belgique, l'évêque de Liège en conclut que le socialisme va naître dans cette région.

Quand les Anglais font la guerre aux républiques Sud-Africaines, pour « soutenir le droit des *uitlanders* », personne ne doute que les intérêts particuliers des propriétaires de mines d'or et les intérêts commerciaux de l'Empire ne constituent les véritables motifs de leur agression.

Ceux-là même qui combattent avec le plus d'acharnement les théories de Marx, reconnaissent la nécessité des interprétations économiques de l'histoire.

« Le matérialisme historique — écrit le professeur Masaryk — ou, pour mieux dire, l'appréciation plus exacte de l'importance des facteurs économiques et la réduction à leur juste valeur des influences idéologiques sur la vie et le développement des sociétés, fait partie, désormais, du patrimoine incontesté de la sociologie, de l'histoire ou de la politique[1]. »

Mais, si les adversaires de Marx acceptent le principal de sa thèse, c'est avec d'autant plus de mauvaise humeur qu'ils parlent de l'exclusivisme marxiste. On sait qu'ils adressent au matérialisme historique un double reproche : méconnaître l'importance des agents naturels qui déterminent l'organisation économique des sociétés ; nier, d'autre part, l'influence, si

---

1. MASARYK, *Die philosophischen und sociologischen Grundlagen des Marximus*, p. 167; Wien, Konegen, 1899.

apparente cependant, des facteurs moraux et intellectuels.

La vanité de ces reproches a été maintes fois établie.
Nous croyons, néanmoins, qu'il peut être utile d'y
revenir encore, puisque nous les voyons constamment
reparaître, dans les écrits dirigés contre le socialisme.

Tout d'abord, on veut bien nous apprendre que la
structure économique des sociétés n'est pas un fait primitif; qu'elle est la résultante des rapports qui s'établissent entre la population et le milieu; que, par
conséquent, dans l'explication des phénomènes sociaux,
il faut tenir compte de la race, du climat, de la productivité naturelle du sol, de la situation géographique.

C'est de toute évidence. Mais où prend-on que de
pareils truismes aient jamais été contestés par les théoriciens du matérialisme historique?

S'il fallait invoquer des textes pour établir le contraire, nous pourrions citer, parmi bien d'autres, un
passage caractéristique, qui se trouve dans le troisième
volume du *Capital.* Après avoir rappelé que les formes
politiques se trouvent dans un rapport de dépendance
et de subordination vis-à-vis de leur base économique,
Marx ajoute, en effet :

« Ce qui n'empêche pas que la même base économique, du moins dans ses lignes essentielles, puisse
présenter, dans la réalité, des variations allant à l'infini, dues à des circonstances économiques innombra-

bles, aux conditions naturelles, rapports de races, influences historiques, etc., variations qui ne peuvent être comprises que par l'analyse de ces circonstances empiriques[1]. »

Il est donc injuste d'attribuer au matérialisme historique l'absurde prétention d'expliquer la structure économique des sociétés, sans tenir compte des conditions naturelles qui la déterminent.

Marx et Engels n'ont pas eu besoin des lumières de M. Fouillée ou de M. Masaryk pour s'apercevoir que des nègres, dispersés dans les forêts de l'Afrique équatoriale, doivent avoir une autre économie sociale que des Aryens, habitant les îles de la mer Egée, ou des Sémites, établis sur les bords du fleuve Jaune. Mais, s'ils reconnaissent l'importance prépondérante du milieu et de la race, au point de vue *statique*, ils insistent, d'autre part, sur leur importance restreinte, pour ne pas dire nulle, au point de vue *dynamique*, qui est le point de vue de l'histoire.

D'après eux, en effet, ce ne sont pas les variations spontanées des conditions naturelles, qui produisent les modifications incessantes de la structure sociale. Le climat, la race, la situation géographique, la fertilité du sol, sont des éléments passifs, des facteurs invariables par eux-mêmes. L'élément actif, le facteur révolu-

1. MARX, *Das Kapital*, III, ², p. 325; Hamburg, Meissner, 1894. — Trad. fr., p. 387; Paris, Giard et Brière, 1902.

tionnaire par excellence, c'est l'industrie humaine, ce sont les changements qui s'opèrent dans le mode de production, ou d'échange des choses nécessaires à la vie.

Si le climat de la France n'est plus tout à fait celui de la Gaule, au temps de César, c'est parce que la transformation des cultures a modifié le régime des eaux ou l'étendue des forêts. Si les caractères ethniques des populations ont subi depuis l'époque romaine, des altérations considérables, c'est parce que des nécessités d'ordre économique ont provoqué les invasions barbares. Si le bassin de la Méditerranée n'est plus le centre de la civilisation, c'est parce que le développement des moyens de transport a déplacé les routes commerciales. Si les richesses naturelles satisfont à des besoins infiniment plus nombreux, c'est parce que la science et la pratique ont trouvé le moyen de les utiliser, et, pour ce qui concerne les produits du sol, de les accroître. Bref, ce n'est pas la nature qui a changé *motu proprio* ; c'est l'homme qui a changé la nature.

Telle est la thèse. Elle contient, certes, une large part de vérité. Néanmoins, il semble qu'on ne puisse l'accepter sans réserves.

Dans nombre de cas, en effet, les changements qui se produisent dans l'organisation sociale dépendent exclusivement de variations spontanées des conditions naturelles.

Ainsi, par exemple, on ne saurait expliquer la décad'ence industrielle et commerciale de Bruges, sans tenir compte des circonstances qui provoquèrent l'envasement du Zwyn et privèrent les Brugeois de leurs communications avec la mer.

Ou bien, pour prendre un exemple plus général, on ne saurait faire de la sociologie, sans rechercher l'influence des progrès de la population sur toutes les manifestations de la vie sociale.

Remarquons, toutefois, que ces progrès, dans un état rudimentaire de la culture et de l'industrie, sont contenus dans d'étroites limites ; que, d'autre part, les variations spontanées du milieu physique peuvent être considérées, en général, comme des facteurs secondaires, au regard des variations artificielles résultant du travail de l'homme.

A prendre les choses en gros, c'est donc bien l'industrie humaine qui constitue la principale force motrice de l'histoire. Mais, en faisant cette constatation, les marxistes ne prétendent pas que ce soit la seule force. Ils ne disent nullement que les facteurs intellectuels et moraux ne jouent aucun rôle dans l'évolution des sociétés.

On continue, cependant, à leur prêter cette opinion. Naguère encore, à la Société française de philosophie, Halévy soutenait, contre Sorel, que la réaction du spirituel sur le matériel, de l'idéal sur le réel, est, selon Marx, une impossibilité ; que l'essentiel du matérialisme

historique, c'est l'affirmation même de cette impossibilité [1].

Toutefois, il dut reconnaître, que pour interpréter
ainsi le marxisme, il devait écarter non seulement les
écrits de Frédéric Engels, mais ceux de Marx lui-même,
quand « au lieu de parler en philosophe systématique,
il écrivait, au courant de la plume, comme journaliste
ou chef de parti ».

Nous ne pouvons admettre, quant à nous, cette
sélection, fatalement arbitraire, dans une œuvre dont
toutes les parties se complètent et s'expliquent réciproquement. Au surplus, ce n'est pas seulement dans ses
pamphlets politiques, ou dans ses circulaires de l'Internationale, que Marx attache une réelle importance à
l'action des idées. Ses thèses sur Feuerbach, écrites à
Bruxelles, en 1845, affirment aussi, très nettement, que
la philosophie ne doit pas se borner à être une contemplation des choses, mais un moyen d'agir sur elles [2].

D'autre part, nous ne pouvons comprendre que l'on
écarte d'une interprétation du marxisme, les développements qui lui ont été donnés, en parfait accord avec
Marx, par son frère Siamois intellectuel, Frédéric Engels.
Or, on connaît les lettres écrites en 1890 et en 1895,

---

1. *Bulletin de la Société française de philosophie*, mai 1902; Paris,
A. Colin.

2. ENGELS, *Ludwig Feuerbach und der Ausgang der klassischen
deutschen Philosophie; mit Anhang : Karl Marx über Feuerbach vom
Jahre 1845;* Stuttgart, Dietz, 1903.

dans lesquelles Engels déclare, en termes exprès, « que les évolutions politiques, juridiques, philosophiques, religieuses, ont pour base l'évolution économique, mais qu'elles réagissent l'une sur l'autre et sur la base économique. »

Nous croyons donc avoir le droit de conclure qu'en remettant la dialectique de Hegel sur ses pieds, le marxisme ne lui a point coupé la tête.

Tout au plus pourrait-on prétendre que, dans leur effort pour réagir contre l'excès contraire, les fondateurs du matérialisme historique ont *sous-évalué* l'importance des facteurs idéologiques[1]. Mais à notre avis, il est plus exact de dire qu'ils l'ont *sous-entendue*, car, en dépit des apparences, leur œuvre entière est animée d'un souffle puissant d'idéalisme.

Pour faire la critique du capitalisme, ils recourent aux formes les plus abstraites du raisonnement, mais ce raisonnement se fonde en dernière analyse sur un postulat d'ordre moral : la justice veut que chaque travailleur reçoive, intégralement, les fruits de son travail.

Pour assurer le triomphe du socialisme, ils comptent sur l'action des forces économiques, mais ils

---

1. « Nous avions, envers nos adversaires, à prouver le principe essentiel (le côté économique), nié par eux, et, alors, nous n'avions pas toujours le temps, la facilité et l'occasion de faire ressortir suffisamment les autres facteurs participant à l'action réciproque. » Fr. ENGELS, lettre de 1890, publiée dans le *Sozialitische Akademiker*, octobre 1895.

comptent, également, sur l'action des forces morales et intellectuelles : le *Manifeste communiste*, tout entier, est un appel à la conscience du prolétariat, à son énergie, à son initiative, à ses sentiments de solidarité [1].

D'ailleurs — et c'est un point sur lequel on ne saurait trop insister — l'action des forces économiques, elles-mêmes, suppose nécessairement l'intervention continuelle de l'esprit humain.

On dit, et on a raison de dire, que la construction d'un chemin de fer, l'établissement d'une fabrique, la découverte d'un gisement houiller, l'invention d'une machine nouvelle, influent bien plus sur la politique ou la religion que cent écrits ou cent discours. Mais qu'est-ce que ces inventions, ces découvertes, ces révo-

---

1. Cf. KAUTSKY, « Klassenkampf und Ethik », *Neue Zeit.*, 1901, I, p. 240 et suiv. : « La lutte de classe du prolétariat et la conscience de classe prolétarienne ne sont pas seulement des facteurs éthiques de premier ordre, parce qu'elles impliquent le dévouement absolu de chacun à la cause de sa classe toute entière et développent en lui un sentiment intense de ses devoirs vis-à-vis d'elle.

« Le prolétariat, étant la couche inférieure de la société, ne peut s'affranchir sans mettre fin à toute oppression et à toute exploitation. Aussi, partout où il devient une force, il assume la mission de défendre les intérêts de tous les opprimés, sans distinction de classe, de nationalité ou de race, pour autant que ces intérêts ne soient pas en contradiction avec l'intérêt général. De ce rôle historique, découlent des devoirs, étrangers à son intérêt direct de classe. Mais cela même n'épuise pas la série des devoirs sociaux que le prolétariat conscient accepte de remplir.

« Il ne peut s'émanciper, aussi longtemps que persiste le salariat. Il doit poursuivre la suppression de l'ordre actuel de propriété et de production ; il doit s'assigner un but social élevé — et il est actuellement la seule classe qui ait un tel but. Il est la seule classe révolutionnaire, c'est-à-dire la seule qui ne se contente pas de poursuivre des buts immédiats, mais qui s'efforce d'atteindre un haut idéal — en ce sens, il est la seule classe dans laquelle on peut trouver de l'idéalisme. »

lutions techniques, sinon des applications de l'intelligence aux transformations de la matière ?

« Le matérialisme historique — dit Karl Kautsky — bien loin de nier la puissance motrice de l'esprit humain, dans la société, ne fait que donner une explication spéciale, différente des explications antérieures, sur l'action de cette force. L'esprit mène la société, non comme le maître des conditions économiques, mais comme son serviteur. Ce sont elles qui lui dictent les problèmes qu'il doit résoudre ; ce sont elles qui lui fournissent les moyens de les résoudre. Le but immédiat que l'esprit humain poursuit, en résolvant ce problème, peut être un but voulu et prévu. Mais chacune de ses solutions doit avoir des conséquences qu'il ne pouvait prévoir et qui, souvent, vont directement à l'encontre de ses prévisions [1]. »

Nous voudrions pouvoir citer, plus amplement, l'étude, si intéressante, à laquelle nous empruntons ce passage.

Ce serait le meilleur moyen de montrer l'injustice des reproches que l'on a coutume de faire à ceux que l'on appelle les marxistes orthodoxes. Autant que Marx lui-même, ils se défendent, à juste titre, d'être des mystiques à rebours. Pour eux, comme pour tout le monde, un acte de production ou d'échange est, nécessairement,

---

1. KAUTSKY, « Was will und kann die materialistiche Geschichtsauffassung leisten ? » *Neue Zeit.*, 1896, 1897, I, p. 231.

un acte psycho-physique. Une organisation économique, de même que toute autre structure sociale, est une création de l'intelligence, mise en contact avec la réalité. Ce qu'ils dénomment, assez improprement d'ailleurs, *matérialisme historique*, pourrait, aussi bien, se qualifier d'*idéalisme historique*, puisqu'ils admettent que tout phénomène social est, en même temps, un phénomène intellectuel.

Seulement, il va sans dire que cet idéalisme marxiste diffère essentiellement de l'idéalisme, tel qu'on l'entend d'ordinaire.

Au lieu de voir dans la politique, la morale, la religion, la philosophie, des formations totalement ou partiellement, indépendantes du milieu économique, il affirme, au contraire, « que la structure économique de la société est la base réelle, au moyen de laquelle toute la superstructure des institutions religieuses, philosophiques ou autres, pour chaque période déterminée, trouve, *en dernière instance*, son explication[1] ».

Et c'est ici que l'on peut, croyons-nous, émettre des doutes, formuler des réserves, ou, tout au moins, poser des points d'interrogation.

Certes, nous reconnaissons pleinement le caractère fondamental des phénomènes économiques, qui sont, à la fois, les plus simples et les plus généraux : *primo*

---

1. ENGELS, *Herrn Eugen Dühring's Umwälzung der Wissenschaft*, p. 89; Stuttgart, Dietz, 1894.

vivere, deinde philosophari. Nous constatons, chaque jour, l'influence révolutionnaire des transformations de l'industrie : Auguste Comte, lui-même, insiste sur ce point, dans le sixième volume de sa *Philosophie positive*[1]. Nous admettons, enfin, l'impossibilité d'une interprétation rationnelle de l'histoire du droit, de la morale ou des religions, sans tenir compte des changements qui s'opèrent dans les modes de production de la vie matérielle.

Mais faut-il aller plus loin, faut-il admettre, comme Marx le fait, ou, du moins, paraît le faire, à certains moments, que « le mode de production de la vie matérielle soit la cause déterminante du procès social, politique et spirituel de la vie » ?

Semblable conception, qui tend à ne voir dans tous les phénomènes sociaux que de simples produits, directs ou indirects, des conditions économiques, se heurte aux mêmes difficultés que le matérialisme philosóphique, affirmant que la matière engendre l'esprit, que le cerveau sécrète la pensée, « comme le rein sécrète l'urine ».

Il est bien vrai que nous ne concevons pas ce que

1. A. COMTE, *Cours de philosophie positive*, t. VI. p. 58 et suiv.; Paris, Baillière, 1877. « C'est, à tous égards, la prédominance graduelle de la vie industrielle sur la vie militaire, par suite de l'entière abolition de l'esclavage primitif des classes laborieuses, qui distingue le mieux l'ensemble des populations composant aujourd'hui l'élite de l'humanité; c'est aussi la première source générale de tous les autres attributs essentiels, et le principal moteur du mode d'éducation sociale qui leur est propre. »

pourraient être de purs esprits. Nous ne parvenons pas à séparer la pensée d'un substratum matériel. Mais, au lieu d'établir, soit une différence essentielle, soit un rapport de cause à effet, entre l'esprit et la matière, le monisme considère l'un et l'autre comme deux aspects d'une seule substance. De même, nous ne pouvons disjoindre la *psychique sociale* de la *physique sociale*. Nous ne croyons pas que la morale, la philosophie, la religion d'une époque, soient indépendantes des conditions économiques de cette époque ou — ce que l'on oublie trop souvent de dire — des époques qui l'ont précédée. Mais, de ce que l'évolution des idées se lie indissolublement à l'évolution matérielle, il ne résulte point que l'une soit la cause de l'autre.

A franc parler, nous ne comprenons guère ce que l'on veut dire, quand on affirme, comme il arrive parfois, que les symphonies de Beethoven ou de Mozart, les métaphysiques de Kant ou de Spinoza, les religions de Mahomet ou du Christ, sont des « produits » du milieu social qui les vit naître.

C'est à peu près comme si l'on disait que les plantes sont des produits du sol, parce que leurs graines ont besoin du sol pour se développer. De même que les plantes n'existeraient pas sans le sol, les œuvres d'art, les religions ou les philosophies n'existeraient pas sans les conditions économiques, qui rendent leur apparition possible ; mais elles n'existeraient pas non

plus sans l'esprit humain qui les crée. Par conséquent, sous peine de tomber dans l'absurde, il faut dire
que les idéologies sont le produit, non pas du milieu
économique, mais des rapports qui s'établissent entre
l'esprit humain et le milieu économique. Encore,
cette dernière expression est-elle trop étroite. La diversité des conditions économiques ou sociales peut fournir l'explication des différences que présentent les religions ou les philosophies ; elle ne donne point la raison
de leurs ressemblances, de leurs idées générales communes. Quelle que soit, en effet, la structure économique d'une société — qu'il s'agisse de pasteurs chal-
déens ou de prolétaires du xxᵉ siècle — l'homme est
amené, inévitablement, à chercher des solutions, ou
bien à recevoir des solutions toutes faites, pour une
série de problèmes, n'ayant aucun rapport direct avec
les modes de production de la vie matérielle : l'existence ou la non-existence d'un Dieu personnel, par
exemple, la liberté ou le déterminisme, la survie ou
l'anéantissement de l'âme individuelle. Aussi, les conceptions philosophiques ou religieuses du monde sont-
elles des reflets, ou plutôt des représentations, des
idéalisations, de la réalité tout entière, et non pas seulement de la réalité économique. Mais, si leurs perma-
nences correspondent à ce qui ne change pas dans la
nature, l'histoire de leurs particularités ou de leurs
variations n'est possible que si l'on étudie, en même

temps, les particularités de l'économie sociale, les variations qu'elle présente.

Et, ce qui est vrai de l'histoire des religions ou des philosophies, l'est bien plus encore de l'histoire du droit ou des institutions politiques.

Le matérialisme historique — puisqu'il faut l'appeler de ce nom, consacré par l'usage[1] — nous apparaît donc, avant tout, commé une méthode, comme un moyen d'expliquer les manifestations superficielles de la vie collective, par les phénomènes moins apparents, mais plus importants, qui se produisent dans le tréfond économique des sociétés.

Lorsqu'on étudie un événement historique, ce que l'on voit tout d'abord, ce sont les motifs qui s'avouent, les principes qui se proclament.

Ainsi, les États-Unis déclarent la guerre à l'Espagne : il s'agit, affirme-t-on, de venir en aide aux révolutionnaires cubains, de donner l'indépendance à des colonies scandaleusement exploitées par la métropole, de porter secours aux *reconcentrados*, affamés par le général Weyler.

Et, à coup sûr, ces raisons libérales et humanitaires

1. BENEDETTO CROCE dit, avec raison, selon nous : « ... Je regrette que l'on ait fait choix de ce mot de matérialisme, qui n'a aucune raison d'être dans l'espèce, qui fait naître tant de malentendus et qui fait le jeu des adversaires. En ce qui concerne l'histoire, j'accepterais volontiers la dénomination de *conception réaliste de l'histoire*, qui marque bien un caractère d'opposition à toutes les théologies et à toutes les métaphysiques dans le domaine de l'histoire. » — *Matérialisme historique et économie marxiste*, trad. par A. Bonnet; Paris, Giard et Brière, 1901.

ne laissent pas d'impressionner les esprits, de provoquer des dévouements, d'exalter des enthousiasmes. Seulement, pour connaître les autres motifs de la guerre — ceux que les intéressés n'avouent point, ceux qu'ils prennent, au contraire, le plus grand soin de dissimuler — il est indispensable de recourir à l'interprétation, dite matérialiste de l'histoire; c'est dans les dessous économiques, sous la triple couche des déclamations morales, politiques ou religieuses, qu'il faut les chercher : les capitalistes américains' ont, depuis longtemps, entrepris la conquête de Cuba; ils ont immobilisé, dans les raffineries et les plantations de cannes à sucre, de trente à cinquante millions de dollars; l'insurrection s'éternise, les relations commerciales en souffrent, l'intolérable politique fiscale de l'Espagne entrave le trafic; les États-Unis, en pleine crise de surproduction, doivent à tout prix étendre leurs débouchés, prendre pied dans l'Extrême-Orient, s'établir dans le Pacifique, et, pour le triomphe de cette conception impérialiste, il faut que les colonies espagnoles disparaissent [1]. Vive Cuba libre ! Haro sur les moines des Philippines !

Ne point tenir compte de ces motifs cachés, méconnaître l'importance capitale des phénomènes économiques dans la vie des sociétés, ce serait évidemment,

1. V. Beer, « Die Vereinigten Staaten im Jahre 1898 », *Neue Zeit*, 1898-1899, pp. 676, 708.

pour un historien et un homme d'État, se condamner à une incompréhension radicale de leur évolution.

Mais, d'autre part, répétons-le, ce serait s'exposer à une incompréhension non moins dangereuse, que de s'attacher exclusivement aux motifs cachés, de prétendre tout expliquer par l'action directe des causes économiques, de méconnaître l'influence des idées, des sentiments, de l'action politique, morale ou religieuse, sur la marche des événements.

C'est en partant de ce faux point de vue que des socialistes, se réclamant, à tort selon nous, du marxisme, dédaignent, ou même condamnent certaines formes d'activité qui peuvent rendre au prolétariat d'éminents services.

Il en est, par exemple, qui professsent le plus complet mépris pour l'action morale. Sous prétexte, notamment, que l'alcoolisme a des causes économiques, ils se refusent à tenter quoi que ce soit, dans la société actuelle, pour combattre ce fléau. D'autres ne voient dans la lutte contre les Églises qu'un simple dérivatif ; ils entendent limiter strictement le socialisme aux seules questions matérielles : occupons-nous des choses de la terre ; laissons le ciel aux anges et aux moineaux ! D'autres encore n'ont point assez de sarcasmes pour les hommes de bonne volonté qui s'efforcent d'attirer les travailleurs manuels dans les Universités populaires ou les Sections d'art, au lieu de leur prêcher, exclusivement, l'action directe contre le capitalisme.

Mais ces diverses opinions qui reposent, d'après nous, sur une erreur théorique, rencontrent, de moins en moins, l'assentiment du prolétariat.

Partout, en effet, les questions morales paraissent maintenant à l'ordre du jour des Congrès socialistes : en Belgique, en Suisse, en Autriche, grâce aux efforts de marxistes comme Otto Lange ou Victor Adler, la propagande socialiste anti-alcoolique commence à dépasser le stade des déclarations verbales et des affirmations platoniques.

Quant à la question religieuse, il suffit de considérer la situation politique actuelle de l'Europe, pour se convaincre que, dans leur immense majorité, les partis ouvriers sont plutôt enclins à exagérer qu'à déprécier l'importance de la lutte directe contre le cléricalisme. Même en Allemagne, la formule fameuse du congrès d'Erfurt « religion, affaire privée », soulève des critiques et des contradictions nombreuses [1].

Enfin, à mesure que le prolétariat conquiert un peu plus de bien-être et de loisir, les préoccupations intellectuelles et esthétiques prennent, dans les milieux socialistes, une importance croissante.

Nous nous proposons, dans les études qui vont

____

1. V. notamment, dans le *Mouvement socialiste* du 15 février 1905, l'article de Michels, sur le dernier Congrès des socialistes de Prusse.

suivre, de parler de ces trois questions, l'alcoolisme, la religion, l'art, dans leurs rapports avec le socialisme.

Notre point de vue nous différencie également de ceux qui prétendent ne rien faire, dans le domaine religieux, moral, esthétique, aussi longtemps que la question économique ne sera point résolue, et de ceux qui croient, au contraire, pouvoir aboutir à des résultats décisifs, dans l'ordre moral ou intellectuel, en laissant intacte, ou en ne modifiant qu'après coup, l'infrastructure sociale.

Éloigné, à la fois, du pessimisme des uns et de l'optimisme des autres, nous pensons que le socialisme doit agir de toutes les manières, mais sans jamais perdre de vue la prépondérance réelle des conditions économiques.

LE SOCIALISME ET L'ALCOOL

Pour Victor ADLER.

> « On ne peut dissimuler cette vérité
> que l'alcool est un des fondements du
> régime social actuel. Sans lui, pour les
> déshérités, ce régime serait, depuis
> longtemps, devenu intolérable.
>
> « GRUBER. »

Les socialistes peuvent-ils se désintéresser de la lutte directe contre l'alcoolisme? Doivent-ils laisser aux Bons Templiers, aux sociétés de la Croix bleue, aux Ligues bourgeoises de tempérance ou d'abstinence, le soin de combattre un fléau dont nul ne songe à nier les ravages? Doivent-ils aller même jusqu'à condamner, comme des tentatives chimériques, ou des dérivatifs nuisibles, les efforts de ceux qui mènent campagne contre l'alcool et se refusent à attendre la solution du problème alcoolique de la seule amélioration des conditions matérielles d'existence du prolétariat?

Autant de questions qui ont donné lieu, dans ces dernières années, à de vives controverses, et sur lesquelles, jusqu'à présent, l'accord est loin d'être fait dans les milieux socialistes.

En Autriche, en Belgique, en Hollande, en Suisse, il existe des ligues socialistes d'abstinence ou de tempérance, plus ou moins nombreuses, plus ou moins actives; par contre, la plupart de nos camarades d'Allemagne — pour ne point parler de la France, où ces questions, malheureusement, ne se posent guère — continuent à manifester, au sujet de la propagande contre l'alcool, un souriant scepticisme, une indifférence sereine, ou un superbe dédain.

Certes, il ne se passe pour ainsi dire point de Congrès social-démocratique, sans que les « abstinents » du parti, avec une persévérance digne d'un meilleur succès, ne proposent des résolutions tendant à mettre la question de l'alcool à l'ordre du jour, à activer la propagande de presse contre l'alcoolisme, à publier des brochures mettant le prolétariat en garde contre l'abus des boissons fortes.

Mais, toujours, ils se heurtent à une majorité hostile ou, ce qui est pis, indifférente.

Au Congrès de Hanovre, par exemple, il suffit de quelques paroles de Bebel, pour amener le rejet de leurs propositions :

« Je vous demande — déclara notre camarade — de repousser les trois résolutions. En faisant cette motion, je ne crains pas que l'on me reproche de recommander l'intempérance. Si les compagnons, pour ce qui concerne l'usage de l'alcool, voulaient suivre mon exemple personnel, les débitants feraient de très mauvaises affaires (*Très bien*). Mais, à mon avis, nous n'avons pas, en tant que parti, à nous occuper de la question de l'alcool (*Vive approbation*). Ce que les Bons Templiers disent à ce propos, peut nous être bien indifférent. Gardons-nous de laisser l'activité du parti se perdre en bagatelles. » (*Vifs applaudissements* [1]).

Cette condamnation sans phrases fut sanctionnée par le vote presque unanime d'une assemblée dont la plupart des membres avaient, devant eux, une grande chope de bière. Néanmoins les anti-alcooliques ne se tinrent point pour battus et revinrent à la charge, l'année suivante, au Congrès de Mayence. Cette fois, la discussion fut un peu plus ample. Dans un discours qui fut très favorablement accueilli par le Congrès, notre camarade Wurm se chargea de développer les motifs pour lesquels, d'après lui, l'anti-alcoolisme, comme la religion, doit rester « affaire privée ».

Il va sans dire que Wurm et ceux qui partagent son opinion, ne songent nullement à méconnaître que l'ivrognerie soit une tare et l'alcoolisme un fléau. Mais, reprenant une thèse qui ne trouve pas seulement crédit dans les milieux socialistes, ils font la distinction

1. *Protokoll über die Verhandlungen der Sozialdemokratischen Partei Deutschlands, abgehalten zu Hannover, vom 9 bis 14 Oktober 1899,* p. 289; Berlin. Verlag : Vorwarts.

classique de l'usage et de l'abus. Pour eux, la consommation modérée des boissons alcooliques, sous forme de bière ou de vin, est utile, indispensable même ; elle l'est surtout pour les ouvriers qui sont astreints à des travaux pénibles et ne disposent que d'une alimentation insuffisante, quantitativement ou qualitativement. Par contre, la social-démocratie ne peut se désintéresser de l'alcoolisme, c'est-à-dire de l'abus des boissons fortes ; la seule question qui se pose, et qui se trouve suffisamment traitée par la presse socialiste, dans des brochures ou des articles de journaux, est la suivante : dans quelle mesure l'alcoolisme, qui n'est qu'un symptôme de la misère des couches profondes de la population, peut-il être combattu, indépendamment du traitement général qu'il convient d'appliquer aux maladies du corps social ? Pour résoudre ce problème, il faut remonter aux causes de l'alcoolisme :

« L'alcoolisme est : 1° une question de salaire (*Lohnfrage*), c'est-à-dire qu'il provient du faible revenu de la population, contrainte par une alimentation insipide ou insuffisante à chercher dans l'alcool un moyen d'en masquer la fadeur ou de se donner l'illusion d'un rassasiement que, seule, une alimentation normale serait en mesure de donner réellement. D'autre part, l'alcoolisme est 2° une question d'habitation (*Wohnungsfrage*), car tous ceux qui sont mal logés, qui n'ont pas un foyer décent, sont entraînés vers le cabaret, où ils sont obligés de consommer et où, la contagion de l'exemple les poussant, l'usage dégénère trop aisément en ivresse. Par conséquent, si l'on veut faire quelque chose de sérieux contre l'alcoolisme, il importe, avant tout, de relever les salaires, d'améliorer l'état des habitations et, aussi, de mettre à la disposition de la classe ouvrière des locaux, des lieux de réunion, où les travailleurs ne soient pas forcés de prendre des consommations, mais où, d'autre part, ils ne soient pas transformés, bon gré, mal gré, en tempérants ou en abstinents. Il n'est pas possible, en effet, surtout dans l'état actuel des choses, d'amener brusquement à l'abstinence un peuple adonné aux boissons fortes; par contre, on peut très bien amener une population empoisonnée par le *schnaps* à réduire sa consommation d'alcool, en mettant à sa disposition une bière peu coûteuse et l'on peut, ensuite, transformer une population de buveurs de bière en tempérants et demi-tempérants, lorsqu'il n'est pas nécessaire de boire sa chope pour rester avec ses amis. Il importe donc de multiplier, en faisant appel au concours des administrations municipales, les lieux de récréation et de réunion, où les travailleurs puissent donner libre cours à leurs instincts de sociabilité, sans être moralement contraints, ou incessamment provoqués, à des consommations alcooliques. Mais, qu'on ne l'oublie pas, la question de l'alcool est, avant tout, une question de salaire. Perdre de vue ce point essentiel, s'attaquer aux symptômes et non pas aux causes, détacher le problème de l'alcoolisme des autres questions sociales, ce serait abandonner les méthodes habituelles de la social-démocratie et imiter les Bons Templiers, les Tempérants, bonnes gens et mauvais musiciens, qui lavent la peau sans la mouiller, qui veulent résoudre la question de l'alcoolisme, abstraction faite de la question des salaires et du mouvement ouvrier. En réalité, le meilleur moyen de combattre l'alcoolisme, c'est d'atteindre, dans ses racines, la misère du peuple. C'est pourquoi la social-démocratie est, par excellence, l'ennemie née de l'alcool. Nul plus que le prolétariat n'a intérêt à mener la lutte contre cette plaie. Regardons, d'ailleurs, autour de nous : partout où nous n'avons pas de succès, l'alcoolisme règne en maître ; c'est dans les *districts noirs* ou *noir et blancs*, qu'il est chez lui. Pour que le mouvement ouvrier y prenne pied, il faut d'abord que ce mal soit vaincu et nous avons, par conséquent, tout intérêt à le combattre. Seulement, nous ne voulons pas nous ravaler au rôle de charlatans et ne nous attaquer qu'à un symptôme ; nous ne voulons pas laisser croire que ce symptôme puisse être combattu, abstraction faite des autres phénomènes sociaux. C'est pourquoi nous nous opposons à ce que la question de l'alcoolisme soit mise, spécialement, à l'ordre du jour du prochain Congrès [1] »

1. *Protokoll über die Verhatdlungen des Parneitages du Sozialdemokratischen Partei Deutschlands, abgehalten zu Mainz vom* 17 *bis,* 21 *September* 1900, pp. 181 et suiv.; Berlin, Vorwaerts, 1900.

Telle est la thèse qui rallia la majorité du Congrès de Mayence. Depuis lors la question n'a plus fait l'objet d'un débat sérieux dans les Congrès de parti, mais il ne paraît point douteux que l'opinion de la majorité soit restée la même, car, aux Congrès de Munich et de Dresde, les résolutions contre l'alcoolisme ont été écartées de l'ordre du jour, plus dédaigneusement que jamais[1].

En somme, pour justifier leur attitude à l'égard de la propagande anti-alcoolique, nos camarades d'Allemagne, dont le discours de Wurm, à Mayence, reflétait admirablement l'opinion moyenne, se placent successivement au point de vue physiologique, social et politique.

Au point de vue physiologique, ils croient que l'usage modéré de la bière ou du vin, loin d'être nuisible, est, au contraire, bienfaisant, ou du moins, inoffensif et agréable ; aussi condamnent-ils l'abstinence totale comme une forme larvée de l'ascétisme.

---

1. Au Congrès de Brême (18-14 septembre 1904), la question a été reprise et il semble qu'un revirement commence à se produire. Les discours de Katzenstein et de Braun n'ont soulevé aucune contradiction et c'est à une forte majorité que le Congrès a voté la résolution suivante : « Étant donné le mal immense que l'alcool fait à la classe ouvrière, au point de devenir un obstacle considérable à la réalisation de notre but, le Congrès estime que, dans l'intérêt du progrès de notre mouvement, il est absolument nécessaire de combattre l'abus de l'alcool dans la classe ouvrière. Il engage, par conséquent, tous les militants et, surtout, tous les journaux du parti, à rendre, plus encore que par le passé, les ouvriers attentifs aux dangers de l'alcoolisme. » *Protokoll über die Verhandlungen des Parteitages der Sozialdemokratischen Partei Deutschlands, abgehalten zu Bremen, vom* 18 bis 24 *September* 1902, p. 131, 190, 194, 197; Berlin, 1901.

Au point de vue social, ils considèrent l'abus de l'alcool comme la suite inévitable des conditions économiques actuelles. Certes, il y a eu, de tout temps, des ivrognes ; mais l'alcoolisme, en tant qu'habitude répandue dans toutes les couches de la population, est un produit du régime capitaliste et ne disparaîtra qu'avec lui.

Au point de vue politique, enfin, la social-démocratie a, d'après eux, mieux à faire que de mener directement la lutte contre l'alcoolisme, au lieu de s'en prendre aux causes sociales qui engendrent ce fléau. Elle doit, avant tout, s'attaquer à ces causes. Leur élimination seule mettra fin aux effets désastreux qu'elles produisent. Cela n'exclut évidemment pas certaines mesures de propagande ou de législation, destinées à restreindre, dès à présent, les ravages de l'alcool ; mais, pareilles mesures n'ont qu'une importance tout à fait secondaire ; elles ne doivent pas détourner le prolétariat de la lutte décisive qu'il poursuit contre l'exploitation capitaliste.

C'est à la critique de ces propositions que nous voulons consacrer cette première étude. Il nous est impossible de les admettre telles quelles, tout en reconnaissant qu'elles contiennent une large part de vérité. Assurément, l'argumentation de Wurm est concluante, à l'égard des « mauvais musiciens » qui, dans leurs variations anti-alcooliques, négligent les facteurs économiques du problème et considèrent l'alcoolisme comme la raison suffisante de la misère du prolétariat. Mais, de ce que la misère ait bien d'autres causes, de ce que les facteurs économiques de l'alcoolisme aient une importance considérable, ou même prépondérante, ce n'est pas un motif pour conclure que, dans la société capitaliste, la lutte directe contre l'usage ou l'abus des boissons fortes ne puisse donner que des résultats insignifiants. Pareille thèse ne serait fondée que si l'alcool répondait, pour les travailleurs, à un besoin véritable, si, tout au moins, c'était un mal nécessaire, un remède, dangereux mais indispensable, contre les effets déprimants du surtravail et de la sous-alimentation. Or, c'est ici que nous nous séparons nettement de Wurm et de ses amis. Nous pensons, au contraire, que l'alcool, même à petites doses, même dilué dans la bière ou le vin, même pour le travailleur qui ne se trouve pas dans des conditions normales, est toujours inutile à l'organisme, et, le plus souvent nuisible.

I

LE POINT DE VUE PHYSIOLOGIQUE

> « Quand tout homme raisonnable
> saura exactement que l'alcool ne pos-
> sède aucune valeur nutritive, que
> l'usage habituel ou fréquent de cer-
> taines quantités d'alcool est toujours
> nuisible à la santé, il y aura sans
> doute encore des alcooliques ; ils seront
> certainement plus rares.
>
> « Dr KASSOWITZ. »

Pour s'expliquer les résistances auxquelles on se heurte, quand on préconise l'entrée en ligne des partis socialistes dans la guerre contre l'alcool, il ne faut pas tenir compte, seulement, des arguments de ceux qui parlent dans les assemblées, mais des préjugés de ceux qui votent.

Par cela même que la plupart des socialistes se sont longtemps désintéressés du problème de l'alcoolisme, tenu pour absolument secondaire, ils ne sont guère au courant des travaux les plus récents sur la matière ; aussi les voit-on fréquemment s'attarder à soutenir des thèses qui ont eu leur moment de faveur, mais que tout le monde abandonne aujourd'hui.

Que de fois, par exemple, n'entendons-nous pas dire, par l'un ou l'autre de nos camarades, que ce sont les impuretés contenues dans l'alcool, qui le rendent dangereux et que si l'on donnait à l'État le monopole de la rectification, comme en Suisse, la question de l'alcoolisme serait, en grande partie, résolue !

Combien n'est-il pas également de socialistes, surtout en France, qui, représentant des vignerons et voulant concilier leur ferveur anti-alcoolique avec les intérêts de leurs électeurs, en arrivent à se figurer que si les alcools industriels, les alcools de mélasse ou de pommes de terre sont une détestable drogue, les alcools de fruits, les alcools naturels, distillés par les bouilleurs de cru, n'ont jamais fait de mal à personne !

N'entendons-nous pas enfin, dans toutes les assemblées parlementaires, ceux-là même qui réclament énergiquement des mesures restrictives ou prohibitives contre l' « alcool », ne désigner, par ce mot, que les boissons distillées et faire l'éloge, au contraire, des boissons fermentées, des boissons dites hygiéniques ?

Cependant, ce sont des points de vue diamétralement opposés qui dominent aujourd'hui parmi les physiologistes.

Il paraît établi, en effet, que le furfurol et les autres impuretés qui peuvent se trouver dans les alcools de consommation, ne contribuent que dans une très faible mesure à augmenter leur toxicité; d'ailleurs ces impuretés se trouvent en proportion plus notable dans la fine champagne que dans le vulgaire trois-six[1].

En second lieu, on s'accorde généralement à reconnaître que les eaux-de-vie dites *naturelles* sont aussi nocives, pour le moins, que les eaux-de-vie *industrielles* : on s'alcoolise tout aussi bien avec l'alcool extrait du raisin, qu'avec l'alcool extrait de la matière amylacée des pommes de terre ou des topinambours[2].

Enfin, beaucoup de physiologistes admettent — mais la question, toutefois, reste controversée — que, si l'on absorbe la même quantité d'alcool, il importe assez peu que ce soit sous forme de vin, de bière ou d'eau-de-vie.

1. On trouvera une ample bibliographie sur ce point dans MATTI HELENIUS, *Die Alkoholfrage. Eine soziologisch-statistische Untersuchung*, S 31 flgd ; Iéna, Fischer, 1903. V. spécialement BRUYLANTS, *L'influence de la composition des eaux-de-vie et alcools sur l'alcoolisme*, rapport présenté en mai 1895 à la Commission d'études relatives à l'alcoolisme ; Bruxelles, Lesigne.

« Admettons — dit ce rapport — que les impuretés réunies aient une toxicité quintuple de celle de l'alcool éthylique et appliquons ce chiffre à une des boissons alcooliques les plus impures, le cognac de bonne qualité, qui contient par litre 600 centimètres cubes d'alcool éthylique et 2,5 centimètres cubes d'impuretés. On trouve, pour un litre de cognac, en prenant 1 comme toxicité pour l'alcool éthylique et 5 pour les impuretés, un chiffre de toxicité de 600 d'alcool éthylique et de 12,5 d'impuretés, soit en pourcentage :

97,92 p. 100 de toxicité d'alcool éthylique ;
2,08 p. 100 de toxicité d'impuretés.

« Un individu qui se serait alcoolisé en consommant une quantité déterminée d'alcool de cognac, prenons 100 litres pour fixer les idées, devrait sa déchéance physique et morale, pour les 98 centièmes à l'alcool éthylique, pour 2 centièmes aux impuretés. En d'autres termes, avant d'être alcoolisé, il aurait pu boire 170 litres de cognac ne contenant que de l'alcool éthylique ; il a dû s'arrêter à 167 litres de cognac fin. »

2. V. tableau comparatif du pouvoir toxique des différentes espèces d'eau-de-vie, dans TRIBOULET et MATHIEU, *L'alcool et l'alcoolisme*, p. 68 ; Paris, Carré et Naud, 1900.

C'est l'opinion que Forel formulait en ces termes, au 8ᵉ Congrès international d'hygiène et de démographie : « L'agent toxique, le meurtrier du corps et de l'âme, est et reste l'alcool éthylique, pur ou impur, fin ou grossier, concentré dans l'eau-de-vie, ou relativement dilué, comme dans la bière, le vin ou le cidre[1]. »

Pour juger, par conséquent, du degré de nuisance des diverses boissons alcooliques, il faut tenir compte, certes, des éléments accessoires qui peuvent les rendre particulièrement dangereuses — c'est le cas, par exemple, pour l'absinthe et autres liqueurs à essences — mais l'élément essentiel reste, toujours, la quantité d'alcool éthylique qu'elles contiennent.

Or, on sait que les liqueurs proprement dites, les boissons distillées, titrent en moyenne de 30 à 60 p. 100 d'alcool. Les vins secs et mousseux ont un titre alcoolique qui varie de 5 à 15 p. 100. Celui des vins de liqueur peut atteindre 25 p. 100, car on les corse en y ajoutant de l'alcool. Le cidre ordinaire contient de 2 à 6 p. 100 d'alcool, mais certains cidres de pommes, très sucrées, ainsi que le poiré (cidre de poires), en contiennent près de 10 p. 100.

Quant aux bières, leur richesse en alcool est très variable, d'après les espèces et les pays.

---

1. *Allg. Wiener medizinische Zeitung*, XXXIX, Jahrg., 1894, S. 413. — En sens contraire, Triboulet et Mathieu, qui admettent que « l'alcool ingéré à un degré de concentration élevé (eau-de-vie) est infiniment plus nuisible que l'alcool absorbé dans le vin ou la bière », *loc. cit.*, p. 90.

Voici quelques chiffres, parmi ceux que fournissent à ce sujet les Drs Triboulet et Mathieu[1] :

BIÈRES DE DÉBIT :   p. 100 moyen en alcool.

Bavière	1,1
Bohême	2,4
Vienne	2,7

BIÈRES D'EXPORTATION
ET DE CONSERVE :

Pilsen	3,7
Munich	4,3
Faro	4,9
Lambic	6,2
Pale ale	6,5
Extra stout	9,0

On voit que le lambic, ou les bières anglaises, contiennent autant d'alcool que certains vins. D'autre part, étant donné que les eaux-de-vie ordinaires titrent de 40 à 50 p. 100 d'alcool, rien n'est plus facile que de calculer la quantité de vin ou de bière qu'il faut boire, pour absorber la quantité d'alcool contenue dans une goutte.

Les débitants tirent, en général 20 grandes gouttes d'un litre d'alcool. Par conséquent, un litre de vin à 10 p. 100 contient autant d'alcool que cinq gouttes à 40 p. 100 ; et, de même, un litre de bière à 5 p. 100 contient autant d'alcool que deux gouttes à 50 p. 100.

D'où il résulte que le militant socialiste bruxellois,

1. *L'alcool et l'alcoolisme.* p. 7.

qui prend un demi-litre de *faro*, à la « Maison du Peuple », où la vente des liqueurs est interdite, absorbe autant d'alcool que le travailleur catholique, qui prend une goutte à la « Maison des Ouvriers, » où la vente de l'eau-de-vie est autorisée.

Toutefois, il y a une différence essentielle, entre les deux, c'est que le buveur d'eau-de-vie se laissera plus facilement entraîner à « siffler » une demi-douzaine de gouttes, que le buveur de bière à avaler une douzaine de chopes — ce qui n'est point à la portée de tous les estomacs.

A supposer donc, comme l'affirme Forel, que la toxicité des deux liquides soit équivalente, pour la même quantité d'alcool et malgré la différence de dilution, il semble que les dangers de l'alcoolisation par la bière soient moindres que ceux de l'alcoolisation par le vin et, surtout, par l'eau-de-vie.

Néanmoins, c'est un fait d'expérience que, dans beaucoup de pays, et, notamment en Allemagne, la question de la bière se pose, autant et plus que la question du vin ou de l'eau-de-vie. Aussi, les meneurs, socialistes ou autres, de la lutte contre l'alcoolisme ont-ils une tendance, de plus en plus marquée, à faire campagne, à la fois, contre les boissons distillées et contre les boissons fermentées.

Seulement, c'est ici qu'ils rencontrent les résistances les plus vives, les objections les plus nombreuses.

A quoi bon — s'écrient les adversaires de l'abstinence totale — vouloir proscrire l'usage, parce que l'abus est condamnable? Ce sont de telles exagérations qui compromettent les meilleures causes. Nous comprenons parfaitement que l'on mette les travailleurs en garde contre les dangers de l'alcool. Nous irions même jusqu'à admettre qu'on leur prêche l'abstention complète des boissons distillées. Mais il est absurde de vouloir supprimer l'usage modéré du vin ou de la bière, de prétendre nous priver de boissons agréables, inoffensives, et même bienfaisantes.

Ces arguments seraient péremptoires, s'il était vrai que les boissons fermentées soient inoffensives et bienfaisantes.

Mais en est-il ainsi?

Et, d'abord, sont-elles inoffensives?

Nous concédons volontiers que, d'après l'opinion de beaucoup de médecins, l'usage modéré de l'alcool, sous forme de vin ou de bière, n'exerce aucune influence fâcheuse sur la santé. En se plaçant donc au point de vue de l'individu, il n'y aurait pas de motifs sérieux pour les proscrire, aussi longtemps que la contenance en alcool des liquides absorbés ne dépasse pas la dose physiologique, c'est-à-dire « la quantité d'alcool qu'un homme bien portant peut consommer, sans que cet alcool doive être éliminé tel quel de l'organisme et sans qu'il passe dans l'urine[1] ».

1. Matti Helenius, *Die Alkoholfrage*, S. 51.

Seulement, tout le monde reconnaît que cette dose physiologique est, en tous cas, extrêmement faible : les uns la fixent à 15 grammes au maximum ; d'autres vont jusqu'à 30 ou 40 grammes ; dans une conférence faite à Paris, le 4 mai 1905, sous les auspices de la *Revue scientifique*, le professeur Armand Gauthier allait même jusqu'à 65 à 85 grammes par jour, équivalant à une bouteille de vin, ou, autrement dit, un gramme d'alcool par kilogramme d'individu ; mais, ajoutait-il, c'est la dose extrême, qu'il ne faut absolument pas dépasser, de plus il ne faudrait pas croire que ces 80 grammes d'alcool en moyenne puissent être pris sous forme de liqueur, rhum ou cognac, par exemple : on ne ferait que s'intoxiquer.

Notre incompétence ne nous permet pas de choisir entre ces évaluations divergentes ; mais, quel que soit le chiffre auquel on s'arrête — fut-ce la dose, probablement trop forte, du professeur Gauthier — il n'en reste pas moins certain que beaucoup dépassent la mesure, qui se croient, de la meilleure foi du monde, des buveurs modérés ; et, d'autre part, on ne saurait nier que l'usage des boissons alcooliques présente, pour nombre de gens, ce danger considérable, qu'à la faveur de l'une ou l'autre circonstance, il dégénère aisément en abus.

C'est pourquoi, si l'on se place au point de vue social, si l'on songe aux maux de toute nature qui sont engendrés par l'alcoolisme, si l'on croit, comme nous y croyons, à la puissance souveraine de l'exemple, l'abstinence totale, l'intransigeance absolue à l'égard de l'alcool, apparaît comme le moyen de propagande individuelle le plus efficace, pour amener les autres, sinon à l'abstinence, du moins à la modération.

L'expérience comparée des sociétés de tempérance et d'abstinence montre d'ailleurs, en tous pays, que pour faire impression sur les esprits, il ne sert pas à grand' chose de boire peu de bière, peu de vin, peu d'eau-de-vie : ce qu'il faut, c'est n'en pas boire du tout.

Mais, dira-t-on peut-être, — et ceci nous amène à rencontrer la seconde partie de l'objection fondamentale que l'on fait aux abstinents — votre intransigeance ne va-t-elle pas à l'encontre des données de la science expérimentale? Ne se trouve-t-il pas des savants illustres pour affirmer que l'alcool est un aliment, que nous lui devons des excuses, que les boissons alcooliques, à doses modérées — un demi-litre de vin, un litre de bière, par exemple — ne sont pas seulement inoffensives, mais utiles, pour les travailleurs manuels?

Ici, encore, nous ne faisons aucune difficulté pour reconnaître que l'accord est loin d'être unanime et complet, entre les physiologistes.

Il en est comme Forel, Bunge, Krœpelin, Smith, qui, abstinents eux-mêmes, dénient à l'alcool toute valeur alimentaire, ou, du moins, considèrent que l'alcool étant une substance toxique, sa combustion, dans le corps humain, fait plus de tort à l'organisme qu'elle n'apporte de contingent à la nutrition[1].

D'autres, comme Gley, estiment, au contraire, que la question de la valeur alimentaire de l'alcool constitue, pour l'anti-alcoolisme, un assez mauvais terrain de combat. Il leur paraît difficile, du moins d'après les faits actuellement connus, de contester la valeur de cette substance comme aliment : « Mieux vaut transporter la question sur le terrain économique et remarquer, par exemple, que la valeur alimentaire de l'al-

[1]. V. notamment, dans *L'Abstinence*, organe de la Ligue anti-alcoolique (section de Lausanne, du 19 novembre 1904), l'article de FOREL, à propos de l'enquête faite, parmi les médecins suisses, par la *Revue agricole, commerciale et sportive*, de Genève, sur la nocuité ou l'innocuité du vin, à la dose d'un litre par jour. (52 médecins sur 72 s'étaient prononcés pour la nocuité.)

« Vingt à trente centilitres d'alcool pur (c'est-à-dire de 2 à 4 décilitres de vin) — dit Forel, suffisent pour déranger et ralentir immédiatement et pour un temps assez long tout travail intellectuel (mémoire. associations, etc.), en augmentant le nombre des erreurs. Furer a même constaté un ralentissement après 7,5 centilitres cubes.

« Le travail musculaire, accéléré au début, pendant dix à trente minutes. est ensuite affaibli pendant de nombreuses heures, déjà par les mêmes doses, encore plus par des doses plus considérables. Les dérangements produits peuvent durer de vingt-quatre à quarante-huit heures après l'ingestion de l'alcool. Frey prétend, il est vrai, que le muscle fatigué est nourri ou fortifié par l'alcool, mais la plus grande endurance au travail, cent fois démontrée par l'expérience, lorsqu'il est exécuté sous le régime de l'abstinence, réfute ses expériences, contredites, d'ailleurs, par d'autres expérimentateurs.

« La question est donc résolue par de nombreuses expériences rigoureusement scientifiques. Un litre de vin par jour correspondant à une dose de 70 à 120 centilitres cubes d'alcool pur par jour, est absolument nuisible à la santé et à la force physique et intellectuelle. En regard de pareils faits, n'est-il pas singulier de voir encore des médecins sérieux recommander un litre de vin par jour aux travailleurs manuels.

« Quant aux doses minimes, qui peuvent être souvent sans nocivité appréciable pour l'individu. c'est leur danger social, par l'habitude l'exemple, la contagion. etc., que condamnent les abstinents et c'est à cause de lui qu'ils les condamnent. »

cool est hors de proportion avec le prix de ce corps. C'est, au point de vue de l'effet thermique, un aliment environ trois fois plus cher que le lait et huit fois plus cher que le pain (Jaquet). D'autre part, personne ne doit oublier que les quantités d'alcool nécessaires pour que sa valeur nutritive, au sens qui vient d'être indiqué, entre en jeu, atteignent vite la limite de tolérance de l'organisme humain pour cette substance et même, chez beaucoup d'individus très sensibles à l'alcool, dépassent cette limite. »

On voit que l'opinion de Gley aboutit, en somme, à des conclusions pratiques peu différentes de celles de Forel ou de Smith. Au point de vue de la propagande contre l'alcoolisme, il importe assez peu que l'alcool n'ait aucune valeur alimentaire ou qu'il soit un aliment médiocre, dangereux, et beaucoup plus coûteux que d'autres aliments, qui ont les mêmes avantages, sans avoir les mêmes inconvénients. Dans l'un et l'autre cas, tout homme raisonnable doit conclure que les pauvres gens, surtout, ont intérêt à ne pas consacrer une partie notable de leur revenu à des consommations alcooliques [2].

Néanmoins, tel n'est pas l'avis unanime : chacun se souvient du retentissant article que Duclaux, micro-

---

1. *VII⁰ Congrès international contre l'abus des boissons alcooliques*, Session de Paris, 1899; t. II, pp. 8 et 9; Paris, 1900.

2. « Il est plus économique de se nourrir de grives que de bière et de vin. » (DEWILDE).

biologiste illustre, mais physiologiste moins autorisé, publia, dans les *Annales de l'Institut Pasteur*, sous ce titre : L'alcool est-il un aliment ?

Se fondant sur les expériences faites aux États-Unis, par Attwater et Benedict, Duclaux se prononçait pour l'affirmative. A l'en croire, l'alcool posséderait une valeur alimentaire considérable. Il devrait être placé à côté du sucre et de l'amidon. Il les dépasserait même, à cet égard, car, à poids égal, il contient plus d'énergie. Dès lors, c'est un changement complet de point de vue, en ce qui concerne l'homme. Quant aux animaux, le moment approche ou l'alcool entrera dans tous les tableaux de ration alimentaire. « Nous devons donc lui faire nos excuses, pour la façon dont nous l'avons traité jusqu'ici. L'ivresse qu'il donne ? Je sais bien, c'est le côté fâcheux. Un aliment placé à un aussi bon rang et qui arrive si facilement dans les tissus, a les inconvénients de ses avantages. Usez : n'abusez pas ! » [1].

On sait les conclusions, scandaleusement exagérées, qu'ont tirées de ces paroles les gens qui ont intérêt à enfler la consommation de l'alcool, ou ceux qui ne demandent qu'à trouver une excuse à leur intempérance. Alors que Duclaux s'efforçait de réhabiliter la chope de bière ou le verre de vin, on a prétendu voir, dans cet article qui a fait la joie des mastroquets et des

1. Article reproduit *in extenso* dans le *Petit Temps*, du 4 janvier 1903.

distillateurs, une tentative de justification scientifique du *trois-six*, ou même de l'absinthe. Aussi, n'est-il pas étonnant qu'à côté de quelques adhésions timides, le directeur de l'Institut Pasteur se soit attiré des répliques aussi nombreuses que véhémentes.

Parmi ces répliques, aucune ne nous a paru plus claire, plus concluante, plus adaptée à la compréhension des profanes, que celles du Dr Louis Lapicque dans la *Petite République* du 7 janvier 1903.

Lapicque ne conteste pas que l'alcool, à faible dose, puisse remplacer une certaine quantité de nos aliments habituels. La chaleur dégagée par l'alcool, en brûlant dans notre corps, est utilisée comme la chaleur dégagée par les autres aliments. De même nous pouvons chauffer une machine à vapeur avec du bois, de la houille, du pétrole, de l'alcool, toutes ces substances étant combustibles. Dans la machine humaine, le combustible s'appelle aliment ; donc l'alcool est un aliment, puisqu'il peut remplacer les vrais aliments. Mais faut-il admettre, pour cela, que l'alcool est un *bon aliment*, qu'il n'est pas un *poison ?* Nullement ; il n'y a pas opposition entre ces deux notions, aliment et poison, prises chacune au sens le plus large. Dans le sens où nous prenons ici le mot aliment et où Duclaux le prend dans son article, ce mot veut dire tout ce qui peut fournir de la chaleur dans l'organisme. Poison veut dire tout ce qui fait du mal. Eh bien, revenons à la comparaison de la machine à vapeur. De ce que l'on peut chauffer sa machine au bois, au charbon, au pétrole, s'ensuit-il qu'il soit indifférent d'employer l'un ou l'autre combustible ? Non. La houille arrosée de pétrole mettra, en très peu de temps, l'appareil hors d'usage. De même, l'alcool brûle dans l'organisme et constitue, par conséquent, un combustible physiologique; mais il agit, en même temps, comme un poison, et un poison d'autant plus redoutable qu'il procure d'abord à ses victimes des sensations de bien-être [1].

Ce qui rend difficile, en effet, la propagande contre l'alcoolisme, ou, plus exactement, contre l'usage soit-disant modéré des boissons fortes, c'est que celui qui absorbe de l'alcool éprouve, au premier moment, une impression de réchauffement, s'il a froid, de réconfort s'il est fatigué, de stimulation intellectuelle, si son intelligence est paresseuse.

Mais — de multiples expériences l'ont démontré — ce sont là de pures illusions, ou bien des états passagers, bientôt suivis d'une dépression plus ou moins profonde.

Comme nous ne parlons de l'action physiologique de l'alcool que dans la mesure strictement nécessaire pour justifier nos conclusions au point de vue social,

---

1. Cf. D[r] MAX KASSOWITZ, professeur à l'Université de Vienne, *L'alcool est-il un aliment ou un poison?* Ce travail, qui a paru dans la revue hebdomadaire viennoise : *Die Zeit*, du 7 avril 1900, a été traduit et édité par la Ligue anti-alcoolique, section de Lausanne, 1901.

nous ne nous proposons pas de résumer ici les travaux de Schmiedeberg et de tous ceux qui, après lui, ont démontré que l'alcool n'est pas un stimulant, mais, au contraire, un *paralysant*, un *narcotique*, un *anesthésique* [1].

Dans l'ordre physique, c'est par la paralysie des centres cérébraux, par une action anesthésique comparable à celle de l'opium, qu'il engourdit ou supprime les sensations pénibles : sensations de froid, de faim, de soif, de douleur, de fatigue.

Ainsi, par exemple, on entend dire souvent que, lorsqu'il fait froid, l'alcool réchauffe. Mais ce sentiment de chaleur est illusoire. Bunge montre fort bien qu'il peut provenir, en partie, de l'abolition de la sensation du froid, en partie, aussi, de ce que la paralysie des centres cérébraux détermine la paralysie des fibres constrictives des vaisseaux du tissu cutané et, par conséquent, l'afflux, vers la peau, d'une plus grande quantité de sang; on a donc l'illusion d'avoir plus chaud, parce que le sang se porte à la peau, et, en réalité, on a plus froid, parce que le sang se refroidit au contact de l'air.

De même, l'engourdissement du sentiment de fatigue est un des symptômes de paralysie que l'on considère

1. Schmiedeberg, *Grundriss der Arzneimittellehre*, pp. 35-48; Leipzig, Vogel. 2ᵉ édit., 1888. — On trouvera un résumé et une bibliographie très complète des travaux postérieurs de Kroepelin, Smith, Bunge, etc., dans l'ouvrage déjà cité de Matti Helenius, *Die Alkoholfrage*, p. 48 et suiv.

ordinairement comme une excitation. On croit fermement que l'alcool fortifie celui qui est fatigué et lui
permet de se remettre au travail. Or, la sensation de
fatigue est la soupape de sûreté de la machine humaine. Annihiler cette sensation, afin de pouvoir continuer à travailler, c'est faire comme un mécanicien qui
surchaufferait sa chaudière, sans tenir compte des indications du manomètre [1].

Et, ce qui est vrai de l'ordre physique, ne l'est pas
moins de l'ordre intellectuel et moral.

Ici encore, l'alcool joue le rôle de narcotique et
d'anesthésique : après une courte phase d'excitation
psychique, par excitation des cellules nerveuses, bientôt suivie de paralysie corticale, il déprime, il engourdit, il endort la douleur morale, comme il endort
la sensation du froid ou de la fatigue.

Aussi n'est-il pas étonnant que les gens qui ont des chagrins, des soucis, des inquiétudes, des préoccupations,
soient tentés de boire de l'alcool pour oublier, ne fut-
ce qu'un instant, ces préoccupations, ces inquiétudes,
ces soucis, ces chagrins.

C'est la grande ressource de ceux qui s'abandon-
nent, qui renoncent à faire tête aux événements qui,
désespérant d'un meilleur avenir, ne pouvant, ou
ne voulant faire que la vie leur soit bonne, cher-

---

1. BUNGE, *La question de l'alcoolisme*, p. 4 et suiv.; Bâle, dépôt central de la Ligue anti-alcoolique.

chent, dans les boissons enivrantes, des « paradis artificiels ».

Mais, précisément pour ce motif, ceux qui pensent
que, pour la classe ouvrière, la lutte seule est libéra-
trice, que le travailleur qui renonce à cette lutte ne
fait pas seulement tort à lui-même, mais à ses compagnons de souffrance, doivent être, par excellence,
les ennemis de l'alcool.

A supposer même que l'alcoolisme ne soit pas chose
désastreuse, au point de vue de l'individu, de la
famille, de l'avenir de la race, les socialistes devraient
encore le combattre, à raison de l'action déprimante qu'il exerce sur l'énergie combative du prolétariat.

Et, bien entendu, nous ne songeons pas seulement,
en écrivant ces lignes, aux ivrognes invétérés ; ceux-
là s'abrutissent complètement, consacrent au cabaret
la plus grande partie de leur salaire, deviennent,
purement et simplement, des non-valeurs, ou plutôt,
des nuisances sociales.

Mais de tels individus sont, en somme, des exceptions
numériquement négligeables.

Ce qui est infiniment plus grave, au point de vue qui
nous occupe, c'est la déperdition d'énergie qui résulte,
pour l'ensemble de la classe ouvrière, de l'usage, soi-
disant modéré, des boissons alcooliques.

Chaque fois, en effet, que sous l'influence paralysante

de l'alcool, qui rend les perceptions plus lentes, les associations d'idées plus difficiles, les volitions plus vacillantes, l'ouvrier voit moins clair, pense moins net, veut moins ferme, sent moins fort l'aiguillon des mécontentements légitimes, il diminue d'autant le capital d'énergies dont sa classe dispose pour lutter contre les maux dont elle souffre, contre l'exploitation dont elle est victime.

On objectera, peut-être, que parfois, l'alcool donne, momentanément, du courage aux poltrons, de l'audace aux timides : tel ouvrier, qui doit comparaître devant son patron, son directeur, son ministre des chemins de fer, boira deux ou trois gouttes pour se donner du cœur ; tel autre, pendant une période d'agitation ou de grève, passera par le cabaret, avant d'avoir une collision avec les gendarmes.

Mais le socialisme se rendrait un triste témoignage, s'il prétendait avoir besoin de tels moyens, dans sa lutte contre le capitalisme.

Ce qu'il lui faut, au contraire, dans cette lutte où les coups de main sont, le plus souvent, inefficaces, ce ne sont pas des impulsifs ou des surexcités, mais des combattants qui aient la tête froide, les nerfs solides, la vision claire des difficultés à vaincre et des obstacles à surmonter.

C'est pourquoi la lutte contre l'alcoolisme — ne fut-ce que pour les raisons physiologiques qui viennent d'être exposées — nous apparaît comme un des adjuvants nécessaires de la lutte des classes.

Si le prolétariat veut marcher au triomphe, il doit, pour vaincre ses adversaires, apprendre aussi à se vaincre lui-même ; il ne doit pas seulement faire effort pour développer son organisation politique et économique, mais encore rendre cette organisation possible et puissante, en luttant, de toutes ses forces, contre l'action énervante, déprimante, paralysante des boissons alcooliques.

II

Le point de vue social

« L'alcool est la littérature du peuple.   (TAINE.) »

« Il y a, sur la boule terrestre, une foule innombrable, innomée, dont le sommeil n'endormirait pas suffisamment les souffrances. Le vin compose pour eux des chants et des poèmes.

« BAUDELAIRE. »

Pour obtenir des résultats efficaces, dans la lutte contre l'alcool, la première chose à faire c'est de rompre nettement avec deux thèses, ou plutôt avec deux formules, également creuses, également indéfendables, que l'on a trop souvent opposées l'une à l'autre : l'alcoolisme est la cause de la misère, ou *vice versa*, la misère est la cause de l'alcoolisme.

D'une part, il est absurde de prétendre que l'alcoolisme soit la seule, ou la principale cause de la misère et que, par conséquent, la question sociale serait résolue, le jour où la classe ouvrière serait convertie à l'abstinence.

A supposer, en effet, que par impossible, du jour au

lendemain, tous les travailleurs d'un pays ou d'une industrie renoncent à l'alcool, ils disposeraient, sans doute, d'un excédent de ressources considérable : Rowntree et Sherwell n'évaluent pas à moins de deux milliards sept cents millions de francs, soit plus de 400 francs par famille, la dépense annuelle des ouvriers anglais, pour leurs besoins alcooliques (bière, vin ou eau-de-vie)[1]. Mais, en admettant que tous se mettent à boire de l'eau, le mécanisme de l'exploitation capitaliste n'en serait pas modifié : aussi longtemps que le régime de propriété ne subirait pas de modifications radicales — que d'ailleurs, leur conversion à l'abstinence rendrait plus faciles — ils n'en continueraient pas moins à être dépouillés de la plus-value qu'ils produisent, par les détenteurs des moyens de travail.

D'autre part, il est aussi absurde de prétendre que la misère soit la seule, ou la principale cause de l'alcoolisme ; que, par conséquent, la question de l'alcool serait résolue par l'abolition du régime capitaliste et ne peut être résolue que par ce moyen.

Cette thèse ne laisse pas d'être séduisante pour ceux qui aiment à voiler, sous les apparences d'une rigueur théorique inflexible, leurs ménagements pour les intérêts, les préjugés ou les vices de leur clientèle électo-

---

1. JOSEPH ROWNTREE and ARTHUR SHERWELL, *The temperance problem and social reform*, pp. 9-20, 616-617 ; London, Hodder and Stoughton, 1901. — V. également BLOCHER et LANDMANN, *Die Belastung des Arbeiterbudgets durch den Alkoholgenuss;* Basel, Reinhardt, 1903.

rale; mais elle présente l'inconvénient de ne pas résister à l'examen.

Comment peut-on soutenir, en effet, que la misère, la misère seule, engendre l'alcoolisme, quand on voit l'alcoolisme sévir, sous des formes différentes, mais avec une intensité souvent égale, parfois même avec plus d'intensité, dans la bourgeoisie que dans le prolétariat[1] ? Et, si l'alcoolisme a d'autres causes que la misère, si l'on boit également par goût, par imitation, par préjugé, par désœuvrement, par habitude, comment peut-on espérer que, sans propagande directe, spontanément, automatiquement pour ainsi dire, l'alcoolisme disparaisse de lui-même, le jour où les travailleurs seraient affranchis de la domination capitaliste?

Que l'on ne se méprenne pas, au surplus, sur la portée de ces observations. Nous songeons, moins que personne, à nier les rapports étroits qui existent entre l'alcoolisme et les conditions de travail ou d'existence; mais encore faut-il ne point exagérer l'étroitesse de ces rapports.

---

1. Cf. Hoppe, *Die Tatsachen über den Alkohol*, 3ᵉ Auflage, p. 230; Berlin, Calvary, 1904 : D'après la statistique des villes suisses, de 1892 à 1898, « les gens appartenant aux classes supérieures représentaient 40 p. 100 des cas de mort causés par l'alcoolisme, alors que les ouvriers proprement dits, avec leur 60 p. 100, formaient les quatre cinquièmes de la population urbaine. Si l'on assimile les jardiniers, les débitants, leur personnel, les agents des postes et des chemins de fer, à la classe ouvrière proprement dite, on arrive, en moyenne, pour la même période, à 348 décès par l'alcoolisme parmi les ouvriers, et 98 dans les autres professions, ce qui exprime à peu près le rapport numérique des deux groupes; d'où il résulte que les classes supérieures ne sont pas moins entamées par l'alcoolisme que les autres classes ».

Pour que l'alcoolisme soit une conséquence inévitable de la défectuosité des conditions économiques, il faudrait que, dans l'état actuel des choses, l'alcool soit un mal nécessaire, que l'usage des boissons fortes réponde, tout au moins pour les travailleurs manuels, à une *nécessité physiologique.*

Or, nous savons que cela n'est pas.

Si pauvre que soit un ouvrier, si déplorables que soient ses conditions de travail ou d'existence, il fait incontestablement une mauvaise spéculation, quand il prend de l'alcool dans l'espoir de se donner des forces, de suppléer à l'insuffisance de son alimentation, de se défendre contre le froid ou les intempéries.

A supposer même que l'alcool soit un aliment, susceptible de remplacer, dans une certaine mesure, d'autres aliments, encore cet ouvrier aurait-il un avantage évident, au point de vue de la dépense, à gober un œuf ou à manger un morceau de sucre, plutôt que de prendre une goutte, à boire une pinte de lait, plutôt qu'un verre de vin. Quant à la bière, « ce pain liquide », dont tant de gens ont coutume de prôner les vertus alimentaires, on a calculé que cinq litres de *faro* ou de *bavière*, coûtant de 1 à 3 francs, ne contiennent pas plus de nourriture qu'un petit pain de dix centimes [1].

Il est donc ridicule de recommander l'usage de l'al-

1. Sérieux et Mathieu, *L'Alcool*, p. 68 ; Paris, F. Alcan.

cool, même sous forme de vin, même sous forme de bière, en invoquant ses propriétés nutritives.

Plus le salaire d'un ouvrier est bas, plus il a besoin d'une nourriture substantielle pour se prémunir contre les conséquences mauvaises d'un travail trop pénible ou trop prolongé, et moins il a intérêt à chercher la réparation de ses forces, dans une substance de valeur aussi douteuse et de prix aussi élevé que l'alcool, sous n'importe quelle forme.

Loin que l'usage de l'alcool soit indispensable aux travailleurs qui se trouvent dans des conditions anormales, c'est pour eux, surtout, que l'abstinence totale présenterait les plus grands avantages, tant au point de vue hygiénique, qu'au point de vue économique. Et que cette abstinence totale puisse être prêchée avec succès, qu'il ne faille pas attendre la fin du régime capitaliste, pour obtenir des résultats appréciables dans la lutte contre l'alcoolisme, c'est ce que démontre victorieusement l'exemple des millions d'ouvriers abstinents, qui existent de par le monde et, principalement, en Angleterre, aux États-Unis ou au Canada [1].

1. ROWNTREE and SHERWELL, *The Temperance problem and social reform*, p. 5; London, 1901 : « Il est malheureusement impossible de fixer le nombre exact des abstinents totaux adultes dans le Royaume-Uni; mais, en prenant l'évaluation la plus basse, on peut affirmer sans crainte que la classe des gens, âgés de plus de quinze ans, qui ne boivent pas (*teetotalers* ou abstinents de fait), représente au moins 3 millions. » — D'après BUNGE, « en Amérique, on estime le nombre de ceux qui ont renoncé complètement aux boissons alcooliques à 10 millions, en Angleterre à 5 millions. Dans les pays scandinaves, le nombre de ceux qui ont fait vœu d'abstinence se chiffre par centaines de mille ». *La*

La propagande directe contre l'alcoolisme peut donc avoir une efficacité réelle, abstraction faite de tout changement dans les conditions matérielles d'existence du prolétariat. Mais, hâtons-nous de l'ajouter, nous ne partageons pas les illusions de ceux, toujours plus rares, qui placent leurs espérances, ou le principal de leurs espérances, dans la seule vertu de cette propagande directe. Car si l'usage des boissons fortes ne répond, en aucun cas, à une *nécessité physiologique*, il est malheureusement certain que, pour les déshérités de ce monde, elle constitue presque une *nécessité psychologique*.

Demandons-nous, en effet, ce qui pousse l'homme à consommer des boissons alcooliques !

Certes, l'habitude y est pour beaucoup, ainsi que la contagion de l'exemple, l'obligation, par respect humain, de faire comme les autres, la difficulté que l'on éprouve fréquemment, dans les établissements publics, à se procurer d'autres boissons, soit parce que l'eau est mauvaise [1], soit parce qu'on n'ose demander une consommation qui ne coûte rien.

---

question de l'alcoolisme, p. 23; Berne, Haller, 1896. Inutile de dire que ces évaluations ne peuvent être que très incertaines et approximatives d'autant qu'il ne suffit pas toujours d'avoir fait vœu d'abstinence pour être réellement abstinent.

1. Le Dr Jean Demoor, professeur à l'Université libre de Bruxelles, nous écrit à ce sujet : « Dans beaucoup de communes rurales, l'emploi de l'eau ne peut pas être recommandé. Comme il n'est pas toujours possible de trouver du café, du thé, et, comme les limonades en petites bouteilles sont douteuses souvent au point de vue de l'eau, il y a nécessité de dire : « Ne buvez pas, ou buvez de la bière, mais ne prenez

Il faut tenir compte, en outre, dans une large mesure du préjugé alcoolique, de la croyance, encore si répandue et si rigoureusement entretenue par certains médecins, que l'alcool est utile, ou même nécessaire, surtout pour ceux qui se livrent à des travaux fatigants et prolongés.

Mais le motif initial de l'alcoolisme, le seul qui soit assez général et assez puissant pour expliquer, et sa diffusion, et ses progrès foudroyants chez les sauvages qui apprennent à le connaître, et sa résistance tenace aux plus actives propagandes, c'est incontestablement le besoin de se distraire, de s'égayer, d'échapper, un instant, aux réalités pénibles de la vie ; c'est, en d'autres termes, le besoin d'*euphorie*, le désir de se procurer l'ivresse, légère ou profonde, l'engourdissement des sensations de douleur ou de fatigue, l'impression fugitive de bien-être, qui suit immédiatement l'absorption de l'alcool, ou des substances qui le remplacent chez d'autres peuples, comme le bétel, le haschisch ou l'opium.

« Les substances narcotiques — dit Grotjahn — n'agissent pas, en première ligne... par la satisfaction gustative qu'elles procurent ; elles agissent directement

« jamais d'eau. » J'estime qu'au nom de l'hygiène (maladies infectieuses; fièvre typhoïde surtout), il faut donner à l'ouvrier, comme à tous, la peur de l'eau qui n'est pas celle d'une distribution surveillée. »

On voit que les conditions hygiéniques déplorables qui existent dans certaines localités constituent un obstacle de plus à la propagande contre l'alcoolisme.

sur l'écorce cérébrale et éveillent des sentiments de plaisir complètement indépendants des organes sensoriels et des perceptions du monde extérieur. C'est pourquoi la jouissance qui résulte de l'absorption de ces substances occupe une place tout à fait exceptionnelle parmi les jouissances de la vie. Il n'existe, en effet, aucun autre moyen indépendant des perceptions extérieures et du fonctionnement de l'appareil sensoriel, de se procurer ainsi des impressions agréables, dont nous pouvons, en outre, doser la durée et l'intensité[1] ».

Aussi est-il naturel que, toutes autres conditions étant égales, le besoin psychologique de substances comme l'alcool, ou ses succédanés, soit d'autant plus fort que la monotonie de l'existence, la défectuosité des conditions de travail, la multiplicité des occasions de soucis, la pauvreté de la vie intellectuelle et morale, limitent, plus étroitement, le champ des autres jouissances, des jouissances d'ordre supérieur.

Le retraité, le fonctionnaire de province, l'officier de « petite garnison » boivent parce qu'ils s'ennuient, parce que leur existence est désespérément vide[2].

1. Dr Alfred Grotjahn, *Der Alkoholismus*, S. 126-127 ; Leipzig, Wigand, 1898.

2. Pages libres, 11 mars 1905 : « Le problème de l'alcool... Fonctionnaires de petites villes, » par un fonctionnaire : « Le café est la seule ressource dans le désœuvrement de la province. Je ne parle même pas de celui que ses goûts portent de ce côté : je parle du fonctionnaire jeune, frais émoulu et qui a travaillé pour parvenir. Il arrive assez souvent d'une grande ville ; il a mené une vie laborieuse et remuante, il tombe dans un trou où, à 10 heures du soir, il n'y a plus dehors que les rats, les filles et les sous-officiers ; ou, parfois, les environs n'offrent

L'homme qui a des chagrins, des tracas et qui manque de ressort moral, s'alcoolise parce que l'alcool l'étourdit et endort ses inquiétudes ou ses souffrances. Le travailleur, enfin, lorsqu'il est surmené, sous-alimenté, hanté par la crainte du chômage, privé de jouissances intellectuelles, dépourvu d'idéal, se livre à la boisson, parce qu'il n'a pas d'autres plaisirs (d'autres plaisirs, du moins, qui ne s'associent pas au cabaret), ou parce que l'alcool lui offre le moyen de se soustraire, pendant quelques minutes ou pendant quelques heures, selon la dose, aux sensations pénibles qui lui viennent de ses mauvaises conditions de salaire, de travail, de logement ou d'alimentation.

Et c'est ici qu'apparaissent les facteurs économiques de l'alcoolisme, les rapports qui existent entre le besoin d'*euphorie*, inhérent à la nature humaine, et la situation qui est faite au travailleur dans la société.

Certes, tout ce que nous avons dit, jusqu'à présent, montre bien que nous ne prétendons pas ramener à cette cause unique un phénomène aussi complexe que l'alcoolisme. Mais alors même que l'on fait la part du climat, de l'hérédité, de la coutume, il n'en reste pas

aucune ressource, soit qu'il n'y ait aucune excursion intéressante, soit que la ville soit trop mal desservie.

« J'ai ressenti, à mes débuts, cette impression de vide, d'oisiveté bête et forcée ; rien n'est abêtissant, douloureux comme cela, rien n'est plus propre à descendre un homme, à le pousser au « laisser-aller », à lui faire prendre un bock ou une absinthe de plus chaque jour. Celui-là est bien heureux, qu'un concours de circonstances arrache à l'engrenage. Mais, si tous ne sombrent pas, tous voient l'écueil de bien près. »

moins vrai que les conditions économiques exercent une influence considérable — nous sommes même porté à dire prépondérante — sur le développement de l'alcoolisme[1].

Domela Niewenhuys s'exposait, évidemment, à des réfutations faciles, lorsqu'il écrivait naguère que l'abus de l'alcool est une conséquence du système capitaliste et ne disparaîtra qu'avec le système lui-même[2] ».

Il y avait des ivrognes, et des ivrognes de marque, avant le régime capitaliste. Il y en aurait encore, selon toutes apparences, si le système capitaliste venait à disparaître. Mais cela n'empêche pas que l'alcoolisme généralisé, démocratisé, mis à la portée de toutes les bourses, répandu dans les couches profondes de la population, soit un phénomène corrélatif du capitalisme et que le développement du régime capitaliste agisse, à la fois, sur la *production*, le *débit* et la *consommation* de l'alcool[3].

Jusqu'en ces derniers siècles, l'eau-de-vie, produit de la distillation du vin, ne se vendait que chez les apothicaires ; l'alcoolisme, produit de la consommation du vin ou de la bière, restait le privilège des riches.

1. V. sur l'influence du climat et de la race, notre étude sur *Les facteurs économiques de l'alcoolisme*, dans la *Grande Revue*, du 1er mars 1901.

2. Domela Niewenhuys, *L'alcoolisme*, I, p. 255; Paris, Société nouvelle de librairie, 1882.

3. V., pour plus de développements, notre article, dans la *Grande Revue* du 1er mars 1901, sur *Les facteurs économiques de l'alcoolisme*.

Les paysans, qui formaient l'immense majorité de la population étaient trop pauvres pour consommer régulièrement des boissons fortes. A certains jours de fête, on s'enivrait sans mesure — comme aujourd'hui encore en Russie — mais, dans les intervalles, on était tempérant, par nécessité [1].

C'est le capitalisme qui a fait de l'alcool un produit accessible à tous, en révolutionnant les industries patriarcales de la brasserie, de la vinification, de la distillerie et en déversant, à bas prix, sur le marché des quantités encore croissantes à l'heure actuelle, de boissons alcooliques, depuis les bières, suralcoolisées pour l'exportation, et les vins, souvent sophistiqués par le *mouillage* ou le *sucrage,* jusqu'aux eaux-de-vie de mélasse, de pommes de terre et de topinambours [2].

C'est également le capitalisme qui, pour écouler cette production surabondante, tend à multiplier les débits de boissons, soit qu'il crée ces « palais de l'alcool » dont le faux luxe constitue l'unique salon du peuple, soit qu'il pousse des catégories nombreuses de citoyens, ouvriers ou petits bourgeois, à ouvrir un cabaret, pour vivre, ou pour se procurer un complément de ressources.

1. Matti Helenius, *Die Alkoholfrage,* S. 16.

2. On trouvera des données statistiques très complètes, sur le développement des industries alcooliques au xixe siècle, dans Hoppe, *Die Talsachen über den Alkohol,* 3 Auflage, § 1-25; Berlin, 1904.

Tels, par exemple, les « meneurs », boycottés par leur patron, qui ne trouvent plus d'autre moyen de gagner leur vie, qu'en vendant de la bière ou du genièvre ; les habitants des banlieues, qui, par suite de la hausse des loyers, résultant de l'accroissement des villes, se font débitants, afin de boucler leur budget ; ou bien encore, les ouvriers, si nombreux dans notre « pays noir », qui obtiennent en location des logements appartenant à un brasseur ou à un négociant de liqueurs en gros, à charge d'y mettre une enseigne et d'y vendre la marchandise de leur propriétaire[1].

1. Sur l'accroissement du nombre des débits, sous l'influence du capitalisme, v. E. VANDERVELDE, « L'alcoolisme et les conditions du travail en Belgique », *VIIe Congrès international contre l'abus des boissons alcooliques* (Paris, 1899), t. I, p. 328 et suiv. — Voici, notamment, ce que nous écrivait M. H..., député, à Mons :

« La plupart des brasseurs du Borinage (région minière située à l'ouest de Mons), sont, en même temps, marchands de liqueurs, et ils ont un procédé très curieux pour multiplier le nombre des cabarets :

« *a)* Ils tâchent de devenir propriétaires de nombreuses maisons.

« Ils louent ces maisons à bon marché à des cabaretiers, ouvriers pour la plupart, à condition de se fournir chez eux de liqueurs et de bières. Souvent même, il fait crédit de façon à pouvoir être créancier du loyer ; dès que le cabaretier ne vend plus assez, ou s'il tente d'aller se procurer des marchandises ailleurs, on l'expulse de la maison. La plupart du temps, le brasseur, marchand de liqueurs est propriétaire du mobilier du cabaret, de sorte que le cabaretier n'a que quelques meubles insignifiants qui ne sont pas saisissables, et que les autres créanciers ne peuvent guère exécuter ; cette situation favorise les cabaretiers et les engage à rester d'accord avec le brasseur.

« *b)* S'il n'est pas propriétaire, le brasseur sous-loue, dans les mêmes conditions que ci-dessus, des maisons dont il est locataire principal.

« *c)* Mais on va plus loin, et des contrats stipulent expressément des clauses pénales, parfois très importantes, pour assurer l'exécution de l'obligation de se fournir de bière et de liqueurs, en même temps que le droit pour le brasseur de visiter par lui-même, ou ses délégués, les caves du cabaretier, afin de constater qu'il n'y a pas de fournitures d'autres brasseurs.

« *d)* Encore un autre système qui est employé : il consiste à vendre un terrain, moyennant une simple inscription hypothécaire pour tout ou partie du prix, avec stipulation d'y construire un débit de boissons et de se fournir de bières et liqueurs, pendant un temps déterminé.

C'est le capitalisme, enfin, qui tend à accroître la consommation alcoolique, par la prolongation excessive des heures de travail, l'entassement des familles ouvrières dans les quartiers pauvres des villes, l'assujettissement du prolétariat, ou, tout au moins, de la majeure partie du prolétariat, à des conditions d'existence à la fois précaires et anormales.

Sous ce rapport, si l'on reste dans les généralités, si l'on n'expose pas les résultats d'enquêtes spéciales, il n'y a pas grand'chose à ajouter à cette page classique de Frédéric Engels, dans son livre, paru en 1845, sur la *condition des classes ouvrières en Angleterre* :

« Toutes les séductions, toutes les tentations se réunissent, pour inciter les ouvriers à la boisson. L'alcool est pour eux, à peu près, la seule source de joie, et tout concourt à le mettre à leur portée. L'homme rentre fatigué, énervé de son travail : il trouve une maison sans aucun enfant, humide, désagréable et sale. Il a impérieusement besoin d'une distraction ; il doit avoir *quelque chose* qui le défatigue, qui lui rende suppor-

chez le prêteur, ou même chez un tiers, brasseur ou marchand de liqueurs.

« Ou bien encore à prêter sur hypothèque au propriétaire d'un terrain qui veut bâtir, une certaine somme, sous les mêmes conditions. »

Sur l'influence désastreuse du *Tied House System* (appropriation des débits par les brasseurs et les marchands de liqueurs en gros), en Angleterre et, pour les débits de bière, dans les pays scandinaves, v. Rowntree and Sherwell, *The temperence problem*, p. 539 et suiv.; les mêmes : *Public Central of the Liquor traffic*, p. 123, London, 1903.

Lorsque la loi intervient pour limiter, directement ou indirectement, le nombre des débits, il arrive, trop souvent, que s'ils diminuent en nombre, ils augmentent en importance. Cf. Rowntree et Sherwell, *The Temperence problem*, p. 80 et suiv.

table la perspective d'un triste lendemain. Son état d'épuisement, de dépression, d'hypocondrie, qui résulte déjà d'une hygiène forcément mauvaise, se trouve porté jusqu'à l'intolérabilité par l'insécurité de sa vie, par sa dépendance vis-à-vis de tous les accidents, par son impuissance à obtenir une situation stable ; son corps affaibli par le mauvais air et la mauvaise nourriture réclame avec force un stimulant ; ses instincts de sensibilité ne peuvent être satisfaits qu'au *public house* ; c'est là seulement qu'il peut rencontrer ses amis. Comment veut-on que, dans ces conditions, l'ouvrier n'éprouve pas, au maximum, la tentation de boire et soit à même de résister aux séductions de l'alcool ? N'est-il pas évident, au contraire, que, fatalement, sous l'action de tels facteurs, une très grande quantité de prolétaires *doivent* s'adonner à la boisson. »

Nous savons bien, nous avons dit nous-même, qu'en ayant recours à l'alcool, dans l'espoir d'alléger les maux dont ils souffrent, les travailleurs ne font qu'en préparer l'aggravation.

Mais nous savons aussi que la plupart d'entre eux restent persuadés du contraire, que l'usage même de l'alcool, par le réconfort momentané qu'il apporte, contribue à entretenir leur erreur. En admettant, d'ailleurs, qu'une propagande intensive les désabuse, elle ne supprimerait pas l'attrait de la narcose alcoolique, la tentation, si naturelle à ceux qui peinent et qui souffrent, de se procurer, par un artifice, les moments de bonheur que la vie normale se refuse à leur donner.

L'efficacité de la propagande anti-alcoolique dépend donc, dans une large mesure, de l'accession du prolétariat à une vie plus heureuse.

Certes, la question de l'alcool n'est pas, ou, plutôt, n'est pas uniquement — comme le disent Wurm et ses amis — une question de logement et une question de salaire, mais l'amélioration des logements, le relèvement des salaires, sont des éléments essentiels de la solution du problème alcoolique.

Par conséquent, en matière d'anti-alcoolisme, l'action directe et l'action indirecte, loin de s'exclure, doivent se prêter un mutuel appui.

En luttant contre l'alcoolisme, on travaille au relèvement des salaires, car on augmente les ressources et les énergies de la classe ouvrière ; en luttant pour le relèvement des salaires, on travaille à la diminution de l'alcoolisme, car on tend à supprimer, au moins en partie, les motifs qui poussent les prolétaires à s'alcooliser.

Seulement, de ces deux propositions, la bourgeoisie, patronale ou philanthropique retient volontiers la première, en lui donnant d'ailleurs une signification bien différente de celle que nous lui donnons ; mais elle repousse la seconde et va même jusqu'à prétendre que le relèvement des salaires aurait plutôt pour conséquence d'accroître que de diminuer l'alcoolisme.

Que de fois, par exemple, n'avons-nous pas entendu dire que, si l'on augmentait les salaires, directement, ou indirectement, par la réduction des heures de travail, les ouvriers, ne sachant que faire de leur argent et de leur temps, s'empresseraient de boire plus d'alcool.

On invoque, d'ailleurs, à l'appui de cette opinion, un certain nombre de faits, qui semblent, à première vue, la confirmer, au moins en partie.

Ce qui prouve, dit-on, que l'accroissement des salaires ne diminuerait pas l'alcoolisme, bien au contraire, c'est que les ouvriers, relativement sobres en temps de crise, ne boivent jamais plus que pendant les périodes de prospérité. Quand les salaires montent, la consommation d'alcool augmente; quand ils baissent, elle fléchit en proportion.

D'autre part, ce ne sont pas, ou ce ne sont pas toujours, les ouvriers les plus mal payés, les plus mal nourris, les plus mal traités, qui consomment, en fait, le plus d'alcool : ainsi, par exemple, les ouvriers agricoles, en général, gagnent moins et boivent moins que les travailleurs des villes; les filles de fabrique, dont les conditions de travail sont presque toujours misérables, boivent moins que leurs compagnons mieux payés. Les Japonais, avec leurs salaires, sont plus sobres que les Européens. Le prolétariat famélique des campagnes de la grande Russie, les ouvriers des usines de Donetz qui, logés dans d'affreux taudis, travaillent quatorze ou quinze heures par jour, s'enivrent peut-être plus, à certains jours, mais s'alcoolisent, en moyenne, beaucoup moins, que les paysans de la Normandie et les ouvriers, à forts salaires, des charbonnages du Pas-de-Calais.

De même, en Belgique, les provinces flamandes qui, suivant le mot de Bertillon, collectionnent tous les *minima* sociologiques, ont une consommation d'alcool et, surtout, une consommation de spiritueux, plus faibles que la riche et industrielle Wallonie. Comment peut-on prétendre, dès lors, que l'insuffisance des salaires, avec tous les maux qui en résultent, constitue l'une des principales causes de l'alcoolisme, que leur relèvement amènerait une diminution de ce fléau?

Pour répondre à ces objections, sans méconnaître, bien entendu, la part de vérité qu'elles peuvent contenir, examinons d'abord s'il est vrai de dire que, toujours, la consommation d'alcool augmente ou fléchisse, en fonction du taux des salaires.

C'est un fait que, dans tous les pays industriels, les années de crise — 1848 et 1886, par exemple — ont été marquées par un recul ; les années de prospérité, comme celles qui ont suivi la guerre franco-allemande, ou, plus récemment, les années 1899-1900, par une augmentation, plus ou moins forte, de la consommation alcoolique [1].

1. V., pour 1899-1900, les tableaux 1, 3, 4A, 5A, 7A, dans l'appendice

Dans la conférence sur le Travail et l'Alcool, que John Burns fit au *Free Trade Hall* de Manchester, le 31 octobre 1904, il produisit un diagramme, sur les variations de la condition du peuple, de 1888 à 1903, qui montre un parallélisme plus ou moins net, entre le mouvement des salaires et la consommation de bière ou de spiritueux [1].

Voici, d'après Burns, les chiffres justificatifs de ce diagramme.

ANNÉES	SALAIRES L'année 1900 étant représentée par 100.	NOMBRE de CHÔMEURS p. 100 des Trad. Unionistes entièrement occupés.	CONSOMMATION DE BOISSONS FORTES		CAS D'IVRESSE pour 100 de population.
			BIÈRE gallons partête	SPIRITUEUX gallons partête	
1888	84,72	95,1	27,81	0,93	5,91
1889	87,51	97,9	28,88	0,96	6,13
1890	90,26	97,9	30,00	1,02	6,60
1891	91,54	96,5	30,16	1,04	6,44
1892	90,06	93,7	29,75	1,03	5,91
1893	90,13	92,5	29,55	0,98	5,68
1894	89,49	93,6	29,41	0,97	5,94
1895	89,11	94,2	29,58	1,00	5,56
1896	89,92	96,6	30,79	1,01	6,08
1897	90,80	96,5	31,29	1,02	6,20
1898	93,20	97,0	31,76	1,03	6,42
1899	95,37	97,6	32,53	1,09	6,72
1900	100,00	97,1	31,56	1,12	6,33
1901	99,07	96,2	30,77	1,09	6,45
1902	97,78	95,6	30,24	1,05	6,36
1903	97,20	94,9	29,69	0,99	

du livre de Hugo Hoppe, *Die Tatsachen über den Alkohol*, p. 460 et suiv.; Berlin, Calvary, 1904.

1. John Burns, *Labour and Drink*, pp. 20-27; London, Kent and Matthews, 1905.

Faisant le commentaire de ces chiffres, Burns ajoute les considérations suivantes :

« La théorie qui affirme dogmatiquement que la pauvreté est la cause de l'alcoolisme, se trouve fortement battue en brèche par ce fait que les dépenses en boissons fortes, dans les familles de la classe moyenne ou supérieure sont deux fois et demi plus considérables que dans les familles de la classe ouvrière, bien qu'à raison d'autres causes, les effets de ces dépenses y soient moins apparents.

« Mais la réponse la plus forte que l'on puisse faire à cette théorie, c'est le fait, établi par la statistique, que si les salaires haussent, les condamnations pour ivresse publique se multiplient, les cas de folie augmentent et les infractions dues aux excès de boisson suivent du même pas. D'autre part, on observe que, dans les districts ruraux, où les salaires sont bas, l'ivresse publique est plus rare, et les cas de folie causés par la boisson, plus exceptionnels. A l'appui de ces vues et de ces chiffres, *le Prison commissioner's report* (p. 16 judicial statistics, 1899) dit : « Une année de grande prospérité, 1899, fut aussi une année de grande intempérance ».

« *Cependant, les cas d'ivresse par* 10.000 *habitants, pour* 1899, *furent, je me plais à le dire, beaucoup moins nombreux que dans les périodes précédentes de prospérité, comme* 1890 *et* 1884; 1875, *notre année la plus prospère, fut aussi celle qui fut marquée par les plus grands excès de boisson* ».

Nous soulignons ces derniers mots, parce qu'ils vont nous aider à comprendre ce qu'il y a d'erroné dans la théorie que Burns semble accepter à peu près sans réserves.

En réalité, si les ouvriers, quand ils ont plus d'argent en poche, ont une tendance, très naturelle, à faire plus de dépenses alcooliques, il a cessé d'être vrai, et il cesse, de plus en plus, d'être vrai, que, toujours, la consommation d'alcool s'élève ou s'abaisse, proportionnellement à la hausse ou à la baisse des salaires.

C'est ce que montre, nettement, l'exemple de la Belgique.

De 1893 à 1903, l'industrie belge a passé par une phase d'exceptionnelle prospérité. Les salaires, surtout en 1899 et 1900, ont subi une hausse considérable.

Néanmoins, la consommation alcoolique est restée à peu près stationnaire. Elle tend plutôt à fléchir, ainsi qu'il résulte du tableau suivant, dans lequel nous mettons en regard, les salaires des ouvriers à veine dans les charbonnages, et les chiffres fournis par le gouvernement, quant à la consommation de l'eau-de-vie :

ANNÉES	SALAIRE des ouvriers à veine [1]	CONSOMMATION par tête d'habitant (par litre) [2]
1893	3,74	10,04 ⎱ 10,01
1894	3,85	9,98 ⎰
1895	3,85	10,62
1896	3,97	9,15 — 9,76 Relèvement des droits.
1897	4,30	9,51
1898	4.62	8,60
1899	5,28	8,55
1900	6,41	9,37 — 8,98
1901	5,53	9,91
1902	5,06	8,45
1903	5,04	5,37 Relèvement des droits.

Il convient de noter, cependant, trois faits qui diminuent, dans une certaine mesure, la portée de ces chiffres :

1° La production frauduleuse de l'alcool paraît avoir augmenté, après le relèvement des droits, en 1896, et, surtout, depuis leur fixation, le 18 février 1903, à 150 francs l'hectolitre.

2° Le renchérissement de l'alcool peut avoir contrebalancé, quelque peu, l'effet du relèvement des salaires.

1. MAROILLE, *Rapport présenté au Congrès national des mineurs*, à Charleroi, des 11 et 12 décembre 1904, p. 34 ; Cuesmes, imprimerie coopérative, 1905.

2. Chambre des représentants (Documents), session de 1903-1904 : *Budget des recettes et des dépenses pour l'année* 1904, p. 55 ; Bruxelles, 1904. L'évaluation fournie par ce document, en ce qui concerne l'année 1903, a été faite d'après les indications qui nous ont été données par une lettre de M. de Smet de Nayer, ministre des finances, à la date du 7 juin 1905 : « La consommation de l'alcool, pendant les années 1903 et 1904, peut être évaluée respectivement à 5 lit. 37 et 5 lit. 94 par tête d'habitant. J'ai à peine besoin d'ajouter que l'évaluation, pour 1903, est forcément entachée d'erreur, à raison de la réduction du stock qui s'est produite au cours de l'année. »

3° La consommation de bière a augmenté, pendant que la consommation d'eau-de-vie tendait à diminuer : de 182 litres par an et par tête, à 4 1/2 p. 100 d'alcool, en 1893, elle s'est élevée à 219 litres, en 1900.

Néanmoins, si l'on doit admettre que la consommation d'alcool absolu n'a pas fléchi, pendant la période décennale 1893-1903, autant que les chiffres officiels tendraient à le faire croire, il n'en reste pas moins certain qu'elle n'a pas, ou n'a guère augmenté, pendant les années exceptionnellement prospères 1899-1900; d'où l'on peut conclure que le relèvement des salaires ne se traduit pas, toujours, par une augmentation correspondante de la consommation alcoolique.

En réalité, s'il est exact que des ouvriers peu développés, bénéficiant d'une *brusque* et *transitoire* augmentation de salaire, en profitent, trop souvent, pour multiplier leurs excès de boisson, il apparaît, au contraire, que tout relèvement *normal* et *permanent* du niveau d'existence tend à amener — les autres conditions restant égales — un recul de l'alcoolisme.

Mais alors, dira-t-on, comment expliquer ce fait incontestable que, dans les Flandres, et, d'une manière générale, dans les pays agricoles, la consommation des spiritueux soit moins élevée, en moyenne, que dans les régions industrielles comme la Wallonie?

D'abord, et accessoirement, parce que la bière des Flandres est, d'ordinaire, plus alcoolisée que la bière du pays Wallon. Ensuite, et surtout, parce que dans les Flandres, le besoin de spiritueux, si intense qu'il soit, trouve plus malaisément à se satisfaire que dans les villes où les régions de grande industrie : les cabarets sont plus rares; les salaires sont plus bas.

Or, pas d'argent, pas d'alcool.

De même que ce ne sont pas les plus affamés qui constituent les meilleurs clients des boulangeries ou des boucheries, ce ne sont pas les plus assoiffés d'eau-de-vie qui sont nécessairement les meilleurs clients des débits de boisson.

Aussi rencontre-t-on deux *minima* d'alcoolisme parmi les travailleurs : d'une part, dans les contrées les plus pauvres, dans les couches les plus misérables du prolétariat, parce que le manque d'argent, le taux infime des salaires agissent comme une sorte de frein automatique; d'autre part, dans les contrées les plus prospères, dans les couches supérieures du prolétariat, parce que d'autres freins, d'ordre moral et intellectuel, concourent, avec des conditions d'existence meilleures, à réduire le besoin, ou plutôt, le désir de l'alcool, et, par conséquent, la consommation des boissons fortes [1].

Seulement, entre le minimum d'en haut et le mini-

---

1. V. sur ce point notre enquête sur « L'alcoolisme et les conditions du travail en Belgique », dans le *Compte rendu du VIIe Congrès international contre l'abus des boissons alcooliques*, vol. I, pp. 324 et suiv.; Paris, 1900.

mum d'en bas, il y a une différence fondamentale :
les ouvriers de la couche supérieure boivent d'autant
moins que leur situation s'améliore, tandis que les
ouvriers de la couche inférieure boivent d'autant plus
que leurs moyens de se procurer de l'alcool vont crois-
sant.

C'est, notamment, ce que constatait le gouverneur
de la Flandre occidentale, dans une déposition, très
étudiée et très documentée, lors de l'enquête agricole
belge de 1886 :

« La population ouvrière des campagnes, disait-il, est
moins adonnée à l'intempérance que celle des villes,
mais il y a certaines localités, notamment dans la zone
poldérienne [1] où les fermiers se livrent à l'abus des
boissons alcooliques et négligent ainsi les soins de leur
ferme. Notons encore qu'à la campagne il est rare de
trouver des femmes qui s'adonnent à la boisson et qu'en
général, on n'y constate l'ivresse que les dimanches et
les jours de fête ».

Seulement, ajoutait le gouverneur, en réponse à la
question de savoir si le taux des salaires exerce une
influence sur les habitudes d'intempérance, *à l'inverse
de ce qui se passe dans les villes, à l'augmentation des
salaires ruraux correspond, presque toujours, une augmentation proportionnelle de la consommation.*

---

1. On appelle *polders*, les terres, situées le long du littoral, qui ont
été gagnées sur la mer par des endiguements successifs.

C'est un fait bien connu, par exemple, que les ouvriers agricoles, relativement sobres pendant le reste de l'année, sauf les dimanches et jours de fête, se livrent à des excès alcooliques effrayants, pendant la moisson, lorsqu'ils reçoivent de plus forts salaires.

Voici quelques années déjà, nous demandions à un journalier du Condroz [1], combien de « gouttes » il lui arrivait de boire en un jour?

Et l'homme de répondre, non sans fierté : « L'été dernier, pendant la moisson, j'ai fait une journée de soixante gouttes». Puis, il ajouta : «Si l'on avait donné moitié autant à un *entier*, la bête eut crevé sur place! »

— Mais, à vous, qu'advint-il?

— Je m'en trouvai si bien que le lendemain midi, avant déjeuner, j'avais déjà bu trente nouvelles gouttes. Seulement, pour boire ainsi, je vous prie de croire qu'il ne faut pas avoir l'estomac en papier de soie! »

Notez que cet ouvrier, au dire des gens du village, n'était pas ce que l'on peut appeler un ivrogne; qu'il restait parfois quinze jours sans boire un seul verre de genièvre, faute d'argent pour s'en procurer.

Mais supposez, maintenant, que le même homme, imitant un grand nombre de ses pareils, émigre vers la ville, s'en aille travailler dans quelque centre industriel, devienne briquetier, houilleur, carrier, ouvrier de

---

1. Le Condroz est la région agricole située au sud et à l'est de la Meuse, dans les provinces de Liège et de Namur.

laminoir, bref reçoive un plus haut salaire, pour un travail plus pénible ou plus malsain. Vous verrez croître sa consommation d'alcool. C'est ainsi que les *maxima* d'alcoolisme se rencontrent plutôt aux degrés moyens qu'aux plus bas degrés de l'échelle ouvrière.

Il suffit, pour s'en convaincre d'étudier un certain nombre de budgets ouvriers [1] ou bien, si l'on préfère procéder par masses, de comparer entre eux les principaux pays industriels, au double point de vue du taux des salaires et de la consommation alcoolique :

	SALAIRE moyen par famille ouvrière [2]	CONSOMMATION D'ALCOOL A 100° par an et par tête [3]			
		Bière.	Vin ou cidre	Eau-de-vie.	Total.
	francs.	litres.	litres.	litres.	litres.
États-Unis. . .	3 920	2,74	0,20	2,74	5,68
Angleterre.. .	2 599	7,20	0,23	2,54	9,97
France	2 323	1,26	15,39	4,60	21,25
Belgique.. . .	1 796	9,86	0,53	4,80	15,17
Allemagne.. .	1 411	5,63	0,73	4,4	10,76
Russie.. . . .	?	0,18	0,43	2,44	3,05

Ces chiffres n'ont évidemment qu'une valeur grossiè-

1. V., par exemple, les 79 budgets ouvriers dressés par GROTJAHN, *Der Alkoholismus,* § 245, 260; Leipzig, Wigand, 1898.

2. GROTJAHN, *Der Alkoholismus,* p. 291; Leipzig, 1898.

3. HOPPE, *Die Tatsachen über den Alkohol,* p. 478; Berlin, Calvary, 1904. — Les chiffres qui ont servi à dresser ce tableau se rapportent aux années 1899-1900. On trouvera des chiffres plus récents, mais qui ne modifient en rien les conclusions du tableau de Hoppe, dans le rapport du Board of Trade, à la Chambre des Communes : *Alcoholic Beverages,* 1903; London, 1904.

rement approximative. Néanmoins il est certain que les *minima* d'alcoolisme se trouvent, d'une part, dans les deux pays qui ont les salaires les plus élevés, l'Angleterre et les États-Unis et, d'autre part, en Russie, où la condition du prolétariat industriel et rural est incontestablement plus mauvaise que celle du prolétariat allemand, belge ou français.

Mais, comme il est aisé de le prévoir, ces *minima* d'alcoolisme se présentent sous des formes très différentes.

La Russie, en effet, est, à la fois, le pays où l'on boit le moins, en moyenne, et où, cependant, l'ivrognerie est la plus répandue. C'est ce qu'Ossipof expliquait, en ces termes, au 7e Congrès international contre l'abus des boissons alcooliques :

« ..... le Français, et chaque Européen en général, consomme les spiritueux, en réalité, quotidiennement, tandis que le peuple russe ne connaît pas cette habitude; le Russe boit sa portion annuelle non pas eu 365 fois, mais en 15 ou 20 fois au plus, ce qui représente déjà plus d'une bouteille et demie par fois. Par conséquent, l'Européen boit, en général, beaucoup, mais il est rarement ivre; le Russe, au contraire, boit en général peu, mais une fois qu'il boit, il est presque toujours ivre[1] ».

---

1. Ossipof, « De quelques questions se rattachant à l'alcoolisme », *VII*e *Congrès international contre l'abus des boissons alcooliques,* pp. 10 et 11; Paris, 1899.

Nous retrouvons donc, en Russie, la forme typique de l'alcoolisme des populations pauvres, que nous avons déjà rencontrée chez les ouvriers agricoles : les gens font de nécessité vertu; ils boivent peu, faute de ressources; mais, dès qu'ils ont un peu d'argent, leur avidité pour l'alcool se manifeste par une consommation frénétique.

Par contre, en Angleterre, et, surtout aux États-Unis, la faiblesse relative de la consommation des boissons fortes, le succès indéniable de la propagande contre l'alcool, s'expliquent, principalement, par l'élévation du *standard of life* de la classe ouvrière et par la possibilité pour les travailleurs de se procurer des jouissances plus hautes et plus saines.

Aussi peut-on dire, modifiant un mot célèbre, qu'un peu de bien-être pousse à l'alcoolisme, que plus de bien-être en éloigne.

Augmentez les salaires, diminuez les heures de travail d'ouvriers incultes, ignorants, démoralisés par leur esclavage même et, peut-être en profiteront-ils, ou, du moins, certains d'entre eux en profiteront-ils, pour s'alcooliser un peu plus.

Mais que ces augmentations de salaires, que ces diminutions des heures de travail soient des conquêtes, syndicales ou politiques, d'un prolétariat conscient, organisé, préparé par son éducation, à employer utilement ses ressources ou ses loisirs et il n'est pas douteux que ces réformes, bien loin de développer l'alcoolisme, lui porteront des coups décisifs[1].

C'est ce que reconnaissait, par exemple, un industriel suisse, M. Blocher, dans une conférence faite à Bâle, dix ans après la mise en vigueur de la loi fédérale réglementant le travail des adultes :

« On avait craint chez nous, disait-il, de voir les ouvriers user des loisirs que leur assure la limitation de la journée de travail pour fréquenter plus souvent les cabarets et se livrer davantage à la débauche. Je n'ai rien remarqué de semblable. C'est lorsqu'on travaille jour et nuit que j'ai constaté le plus grand libertinage. Alors se commettaient les faits les plus graves, non seulement le dimanche et le soir, mais même à l'atelier, pendant le travail. La faute, sans doute, n'en était pas toute entière au travail beaucoup trop long et trop fatigant; mais la mise en pratique d'une journée de travail plus courte a eu pour conséquence l'introduction

---

1. On objectera peut-être que, d'après des enquêtes récentes sur les budgets ouvriers, les dépenses de chaque famille en boissons alcooliques sont d'autant plus fortes que les salaires de la famille sont plus élevés. V., notamment, BLOCHER et LANDMANN, *Die Belastung des Arbeiterbudgets durch den Alkoholgenus;* Basel, 1903; et WLASSAK, *« Der Alkohol im Arbeiterhaushalt »*, dans *Der Abstinent,* 1er juin 1905. Seulement, il convient de noter que ces dépenses se rapportent à toutes espèces de boissons alcooliques, y compris le vin ou la bière. Leur augmentation ne prouve pas qu'il y ait augmentation des quantités d'alcool consommées par le chef de famille. Elle peut aussi provenir de ce que, dans les familles ouvrières les plus aisées, l'on consomme des boissons plus chères, ou de ce que la femme et les enfants participent plus largement à la consommation de vin ou de bière. Très intéressantes donc, au point de vue économique, les recherches de ce genre ne peuvent rien nous apprendre sur les quantités d'alcool consommées, en moyenne, par tête.

d'une discipline plus forte et, depuis, l'ivrognerie a été réduite au minimum [1]. »

En somme, il n'est pas possible de dire que, nécessairement, toute amélioration matérielle de la condition des ouvriers se traduit par une diminution de l'alcoolisme, mais il serait bien plus faux encore de prétendre que l'alcoolisme ne décroît point, lorsque le *standard of life* s'élève d'une manière normale et permanente.

Par conséquent, tous ceux qui veulent, sincèrement, combattre l'alcoolisme, doivent, en même temps, seconder le prolétariat dans son effort de libération sociale; mais, d'autre part, tous ceux qui poursuivent l'affranchissement du prolétariat doivent, au point de vue même du succès de la lutte contre le capitalisme, mener la lutte contre l'alcool, cet ennemi intérieur qui constitue l'un des plus redoutables obstacles à l'organisation ouvrière, à l'émancipation des travailleurs.

1. Blocher, *Die Wirkungen des eidg. Fabrikgesetz auf die Schweiz Baumwollspinnerei und ihre Arbeiter* (1887), cité par Van Overberghe, *Les inspecteurs du travail*, p. 342; Paris, 1893.

III

Le point de vue politique

> « Les prolétaires boivent pour oublier
> leur misère ; ils boivent avec l'intention
> plus ou moins nette de s'illusionner, et,
> comme notre effort tend à ce que le
> prolétariat n'oublie point, mais, au
> contraire, se souvienne et se révolte,
> chaque homme que nous arrachons à
> l'alcool est un homme gagné pour
> notre parti, gagné pour notre cause.
>
> « V. Adler. »

Un certain nombre de nos amis, sans méconnaître
que la question de l'alcoolisme ait une grande importance, estiment que c'est une question libre, qu'elle n'intéresse pas les partis socialistes comme tels, qu'elle
doit, par conséquent, rester en dehors de leur sphèr
d'action.

Pareille attitude — que les débitants de boissons,
affiliés aux groupes socialistes, considèrent, sans doute,
d'un œil favorable — pourrait se comprendre, si la
lutte contre l'alcoolisme n'était pas, en dernière analyse, un des aspects de la lutte que le prolétariat mène
pour son affranchissement ; s'il était vrai que, dans

l'état actuel des choses, cette lutte soit fatalement inefficace; si l'on était en droit d'affirmer que dans une société qui donnerait à tous le bien-être, l'alcoolisme disparaîtrait de lui-même, sans qu'il faille aucun effort de propagande, ou de coercition, pour le faire disparaître.

Mais, si l'on est d'accord avec nous, au point de vue physiologique et social, il devient impossible de maintenir aucune de ces trois assertions.

Même en régime communiste ou collectiviste, les travailleurs continueraient à s'alcooliser — comme nombre de gens aisés s'alcoolisent aujourd'hui — s'ils persistaient à croire que l'alcool est nécessaire pour résister à la fatigue des heures de travail, ou pour tromper l'ennui des heures de loisir.

Par contre, nous croyons avoir montré que, même en régime capitaliste, les travailleurs pourraient se passer d'alcool et qu'ils s'en passent effectivement, lorsqu'ils joignent, à la conscience de son inutilité ou de sa nocuité, le courage, difficile, de résister aux séductions de la narcose alcoolique.

Enfin, il est indéniable que la lutte contre l'alcoolisme — telle, bien entendu, que doivent la mener des socialistes — se rattache directement, étroitement, à la lutte du prolétariat pour son émancipation intégrale.

Nous ne pensons pas seulement aux ressources que la classe ouvrière trouverait, pour ses œuvres d'éducation et d'organisation, si elle détournait, à leur profit, une partie des millions qui alimentent, aujourd'hui, le budget de l'alcool, et, par contre-coup, le budget de l'État bourgeois[1].

Un publiciste belge, Louis Bertrand, calculait naguère que sur les dix centimes que coûte un verre de genièvre, un centime seulement représente la valeur de l'alcool, trois centimes le bénéfice du vendeur et six centimes l'impôt payé à l'État. Or, comme on estime à plus de cent millions la somme que les ouvriers belges

[1]. En Angleterre (Royaume-Uni), par exemple, le revenu fiscal des boissons alcooliques (fermentées ou distillées) s'élevait, en 1903, à 42.385.396 livres sterling. Quant aux dépenses résultant de la consommation des boissons alcooliques, le Rev. Dawson Burns en donne l'évaluation suivante :

ANNÉES	DÉPENSES	PAR TÈTE			ANNÉES	DÉPENSES	PAR TÈTE		
	£	£	s.	d.		£	£	s.	d.
1880	140 130 055	4	1	3 3/4	1892	161 527 717	4	4	9 1/4
1881	145 538 760	4	3	4	1893	159 020 709	4	2	8 3/4
1882	144 707 971	4	2	0 1/2	1894	158 932 134	4	1	11 1/2
1883	143 887 204	4	0	9 3/4	1895	163 133 935	4	3	4 1/2
1884	144 734 214	4	1	0 1/4	1896	170 426 467	4	6	4 1/2
1885	141 039 141	3	18	3 3/4	1897	174 365 372	4	7	6 3/4
1886	140 550 126	3	17	4 3/4	1898	176 967 349	4	8	0 3/4
1887	142 784 438	3	18	0 1/4	1899	185 927 227	4	11	8
1888	142 426 153	3	17	2 3/4	1900	184 881 196	4	10	4 1/4
1889	151 064 035	4	1	3 1/4	1901	181 788 245	4	7	8 1/4
1890	159 542 700	4	5	1 1/2	1902	179 499 817	4	5	6 3/4
1891	161 765 291	4	5	7 1/4	1903	174 445 271	4	2	4

V., pour détails complémentaires, John Burns, *Labour and Drink*, p. 8 et suiv.; London, Kent and Matthews. 1905. — En 1882, une commission spéciale de la *British Association*, qui comptait parmi ses membres des statisticiens comme Jevons et Leone Levi, aboutissait à cette conclusion que, dans la somme globale dépensée en boissons fortes, la dépense de la classe ouvrière, qui représentait les trois quarts de la population, entrait approximativement pour les deux tiers. Dans le budget alcoolique des travailleurs, la bière comptait pour deux tiers et l'eau-de-vie pour un tiers environ. V. Rowntree and Sherwell, *The Temperence problem*, pp. 7 et suiv.. et, pour la consommation dans les autres pays, Matti Helenius, *Die Alkoholfrage*, pp. 272 et suiv.

dépensent annuellement, rien que pour l'eau-de-vie, ce pourcentage représente dix millions pour l'alcool, trente millions pour les cabaretiers et plus de soixante millions pour le gouvernement!

Mais, si importante que soit cette question d'argent, elle n'est rien auprès du surcroît d'énergie dont les travailleurs seraient à même de faire preuve, s'ils échappaient à l'influence déprimante des boissons alcooliques.

Les syndiqués, les coopérateurs, tous ceux qui s'occupent d'organisation ouvrière savent qu'un militant, un administrateur, un secrétaire de groupe, qui se met à boire, est un homme perdu pour la cause : c'est une des forces du Trade unionisme anglais que la plupart de ses *leaders* soient des abstinents [1]. Mais ce que l'on sait moins, ce que l'on voit moins, parce que des phénomènes de cette nature réclament une observation plus attentive, c'est le mal que fait au prolétariat dans son ensemble, non pas l'ivrognerie, qui est exceptionnelle, mais l'usage, prétendument modéré, des boissons fortes, qui est la règle presque générale.

C'est en prenant de l'alcool pour échapper aux soucis, aux inquiétudes, aux incertitudes de leur condition, aux fatigues excessives de leur travail, bref à la cons-

---

1. V., à ce sujet, l'intéressant article du Dʳ RICHARD FROHLICH, « Die britischen Geverkschaften und ihre Stellung zur Alkoholfrage », dans *Internationale Monatsschrift zur Erforschung des Alkoholismus und Bekampfung der Trinksitten*, Januar, 1905; Bâle, Reinhardt, 1905.

cience de leur misère, que les travailleurs se résignent à cette misère et s'habituent à ne pas donner tout leur effort pour s'en délivrer.

Aussi est-il naturel que les classes privilégiées, tout en professant une indignation pharisaïque pour les abus de l'alcool, ne fassent rien de sérieux, cependant, pour en faire disparaître l'usage.

Il en est, pour elles, de l'alcoolisme comme de la prostitution.

Elles méprisent les individus qui vivent de la prostitution, mais elles considèrent, en même temps, que leur existence est la condition même de l'existence du mariage bourgeois.

De même, si elles honorent les grands distillateurs, elles accablent de leur dédain la foule des petits débitants, mais, au fond, elles tiennent les uns et les autres pour des soutiens indispensables de la société capitaliste, au même titre que les curés ou les gendarmes !

« On ne peut se dissimuler cette vérité — disait le professeur Gruber — que l'alcool est un des fondements du régime social actuel. Sans lui, pour les déshérités, ce régime serait, depuis longtemps, devenu intolérable. »

A leur point de vue donc, les conservateurs n'ont pas tort d'être indulgents pour ceux qui vendent ou qui consomment des boissons fortes. Seulement, c'est un motif de plus pour que, rompant avec l'indifférence que beaucoup d'entre eux ont montré jusqu'ici, les socialistes entament la lutte contre l'alcoolisme avec toute l'énergie qu'ils savent mettre au service des causes qui leur tiennent à cœur.

Est-ce à dire que nous devions — oubliant ce qui nous sépare — confondre notre action avec celle des Bons Templiers ou des Ligues anti-alcooliques bourgeoises?

Ce n'est point notre pensée.

Assurément il faut rendre justice à tout le monde et nul, plus que nous, ne rend hommage au dévouement, à l'énergie, aux services rendus par des hommes de bonne volonté qui luttent contre l'alcool, dans d'autres milieux ou par d'autres moyens.

Néanmoins, si notre but, à ce point de vue spécial, est le même, si nos efforts peuvent et doivent se compléter, s'il est désirable que nos contacts soient fréquents et nos relations cordiales, nous n'avons pas, nous ne pouvons pas avoir, le même langage, les mêmes méthodes. Ils sont anti-alcooliques, mais ils ne sont pas socialistes. Nous sommes anti-alcooliques, mais nous sommes, avant tout, socialistes et, par ce motif, nous avons, nous devons avoir, la préoccupation d'unir étroitement notre propagande contre l'alcool à notre propagande générale.

De même, en effet, que le problème de l'alcoolisme

est, à nos yeux, inséparable de la question sociale dans son ensemble, la lutte contre l'alcoolisme doit être envisagée comme un des moyens d'affranchissement de la classe ouvrière. Or, cela seul suffit pour différencier nécessairement notre action de celle des autres groupes anti-alcooliques.

Nous n'avons pas les préoccupations religieuses de la Croix-Bleue ou de certaines loges des Bons Templiers. Nous ne nous inspirons pas seulement de considérations hygiéniques ou morales, comme la plupart des Ligues de tempérance. C'est en faisant appel à la conscience de classe du prolétariat, en lui montrant tout ce qu'il dissipe de ressources et de forces en buvant, tout ce qu'il gagnerait en ne buvant pas, que nous entendons lui prêcher la guerre contre l'alcoolisme ; et c'est au sein même des groupes ouvriers, dans les coopératives, dans les mutualités, dans les syndicats, que nous nous proposons de porter notre effort.

Dès à présent, d'ailleurs, les résultats obtenus ne sont pas négligeables.

Il n'y a pas, ou il n'y a pas encore, un grand nombre d'abstinents parmi les socialistes, mais leur influence dépasse, de beaucoup, leur importance numérique : ceux-là même qui n'ont pas le courage, ou qui ne croient pas nécessaire, de renoncer complètement au vin ou à la bière, comprennent, du moins, qu'il est indispensable de combattre, par tous les moyens, ce que l'on a justement appelé la *peste du schnaps.*

Rien de plus caractéristique de cet état d'esprit, que les décisions récentes, prises par les Congrès du parti ouvrier belge, au sujet de la vente des spiritueux dans les Maisons du Peuple.

On sait que, depuis longtemps, la plupart de nos grandes coopératives socialistes s'interdisent de débiter de l'alcool, sous forme de boissons distillées, dans les établissements qu'elles exploitent.

A cette règle, toutefois, il existait, il existe même encore un certain nombre d'exceptions.

C'est dans l'espoir d'y mettre fin, par la persuasion, que, au Congrès de 1903, nous proposâmes, d'émettre le vœu que, désormais, tous les groupes affiliés au Parti ouvrier s'abstiennent de vendre des liqueurs.

Il y a quelques années, pareil vœu eût été voté sans doute, mais sans que la plupart y attachent une réelle importance. Cette fois, au contraire, il donna lieu à une longue discussion. Nombre d'orateurs lui reprochèrent de n'être qu'une manifestation platonique. On proposa de prendre une résolution ferme, de désaffilier les coopératives qui ne s'y soumettraient pas, et, finalement, cette proposition fut admise par la quasi unanimité du Congrès, malgré les représentations de ceux, et nous en étions, qui craignaient qu'elle ne fût malaisément applicable.

L'année suivante, cependant, plusieurs groupes n'étaient pas encore en règle. Ils demandèrent de nouveaux délais, mais tout ce qu'ils purent obtenir, c'est que la décision n'entrerait en vigueur qu'au Congrès de 1905. Plus d'un an s'est passé depuis lors et certaines associations continuent à se montrer récalcitrantes. Néanmoins, aucune mesure définitive n'a été prise contre elles et, finalement, il est probable qu'on n'ira point jusqu'à les exclure du Parti.

Nous avons insisté sur cet épisode parce qu'il montre, à la fois, l'importance que les travailleurs commencent à attacher à la lutte contre l'alcoolisme et, aussi, les résistances auxquelles on se heurte, dès l'instant où on passe de la propagande théorique à l'action pratique.

Aussi longtemps, en effet, que les habitués des Maisons du Peuple conservent l'habitude de boire de l'eau-de-vie, les coopératives qui se refusent à en vendre, se condamnent à perdre une partie de leur clientèle et se privent de bénéfices qui leur sont parfois indispensables pour nouer les deux bouts.

D'autre part, il est malheureusement trop facile de constater que, dès l'instant où l'on cesse de vendre des liqueurs dans un local socialiste, on voit s'établir, dans les alentours, une ou plusieurs « distilleries du peuple » où nombre d'ouvriers vont boire la goutte qu'ils ne trouvent plus à leur local habituel.

Ce n'est pas un motif, naturellement, pour conclure

que la suppression de la vente des spiritueux, par les coopératives, soit inopérante. Elle a une efficacité réelle pour les uns. Elle a une valeur d'exemple pour les autres. Mais, à elle seule, elle est insuffisante, lorsque la masse des travailleurs continue à réclamer du genièvre, soit par habitude, soit par préjugé, soit encore parce qu'ils n'ont pas à leur disposition d'autres boissons, non alcoolisées.

C'est le cas de dire, en effet : « On ne détruit que ce qu'on remplace. » Que de fois, lorsque nous vantions à l'un ou l'autre de nos camarades, les avantages de l'abstinence, ne lui avons-nous pas entendu répondre : « Si nous ne buvions pas d'alcool, que nous resterait-il à boire? »

A pareille question la réplique est aisée, dans les pays où le mouvement anti-alcoolique existe de longue date, où les cafés de tempérance sont nombreux, où, même dans les autres établissements, on n'a que l'embarras du choix, parmi les boissons sans alcool : en Suisse, par exemple, ceux qui ne se contentent pas de thé, de café, de limonade, ou de l'eau que fournissent à toutes les villes des distributions admirablement aménagées, trouvent, jusque dans les gares de chemins de fer, toutes les variétés imaginables de vins, de bières ou de cidres non fermentés [1].

1. Sur les boissons sans alcool, v. *VIIe Congrès international contre l'alcoolisme*, II, pp. 215, 225, 636 ; Paris, 1900.

Mais il en va tout autrement dans un pays comme la Belgique, où les abstinents sont rares et où, dans les cabarets et les locaux que fréquentent les travailleurs, ces derniers n'ont souvent le choix qu'entre une bière insipide et des eaux-de-vie frelatées.

Il serait donc très désirable que les associations ouvrières, les ligues socialistes anti-alcooliques se préoccupent de développer, dans les Maisons du Peuple, l'usage du thé, des limonades, des vins et des bières sans alcool.

Jusqu'à présent, toutefois, on n'a fait à cet égard que des tentatives insignifiantes. Parmi les ouvriers belges, le préjugé en faveur du vin et de la bière conserve toute sa force. Il convient d'ajouter, au surplus, que sauf dans quelques villes, où l'on boit des bières très alcoolisées, comme le lambic, le faro, l'*uitzet*, ou les bières soi-disant allemandes, la consommation du genièvre apparaît seule comme un fléau social. Aussi la tactique anti-alcoolique de nos administrateurs de coopératives vise-t-elle surtout à substituer aux boissons distillées des boissons fermentées.

Dans beaucoup de localités, par exemple, on a essayé, sans grand succès d'ailleurs, de mettre à la mode le verre de vin à dix centimes.

Dans le Centre et le pays de Charleroi, où les ouvriers prennent souvent la goutte, parce que la bière est mauvaise, on a créé des brasseries coopératives, qui fournissent à leur très nombreuse clientèle une bière agréable au goût et d'un titre alcoolique peu élevé.

Cette méthode de substitution ne trouvera probablement pas grâce auprès des abstinents qui savent, par expérience, les maux que l'alcoolisation par la bière engendrent dans certains pays [1].

Il ne faut pas oublier, cependant, que, sauf dans quelques villes, comme Gand ou Bruxelles, les bières de consommation courante dans les centres industriels de Belgique ne contiennent pas plus de 2 à 3 p. 100 d'alcool. Ce sont, en somme, de petites bières de ménage, dont l'amélioration qualitative peut certainement contribuer à la diminution de l'abus du genièvre et des conséquences néfastes qui résultent de cet abus.

Nous ne saurions donc condamner, d'une manière absolue, l'œuvre très florissante des brasseries coopératives.

Seulement, pour éviter que la question de la bière vienne à se poser quelque jour, au lieu et place de la question de l'eau-de-vie, nous estimons que les militants des Partis ouvriers, les *leaders* des organisations ouvrières, devraient montrer, par leur exemple, qu'il est possible, qu'il est avantageux, de se passer radicalement d'alcool, même sous forme de boissons fermentées.

Certes, nous ne tomberons pas dans le ridicule de

1. Hoppe, *Die Tatsachen über den Alkohol*, p. 163 et suiv., Berlin, 1904.

prétendre qu'un peu de bière ou de vin puisse faire un mal appréciable à ceux qui en consomment, fût-ce quotidiennement.

Nous faisons, à coup sûr, dans le cours de notre existence de socialistes, quantité de choses infiniment plus préjudiciables à la santé, quand ce ne serait que passer des soirées interminables au milieu d'une fumée épaisse, dans l'atmosphère empoisonnée des salles de réunion.

Au point de vue individuel, nous ne voyons pas, à parler franc, de différence notable entre l'usage *très modéré* de la bière ou du vin et l'abstinence complète des boissons alcooliques.

Si donc nous préconisons l'abstinence totale, c'est moins dans l'intérêt de ceux qui s'abstiennent, que dans l'intérêt de ceux qui abusent; moins dans un but d'hygiène individuelle, que dans un but de propagande sociale.

Il ne faut pas, en effet, que des travailleurs auxquels on conseille de ne pas boire d'alcool, sous forme d'eau-de-vie, puissent se dire qu'il est vraiment trop facile de leur donner pareils conseils, quand, soi-même, on ne s'abstient pas d'alcool, sous forme de bière, de bourgogne ou de champagne.

Nous savons bien — la rédaction du *Vorwärts* le rappelait naguère — que, pour beaucoup de nos camarades, ce peut être un sacrifice, après une longue journée de travail, que de s'astreindre à ne pas boire autre chose que du thé, de l'eau de seltz ou de la limonade.

Mais qu'est-ce que ce léger sacrifice, auprès des avantages irrécusables d'une propagande par le fait, qui est seule à même de frapper les imaginations ?

Il suffit, d'ailleurs, de quelques mois, de quelques semaines d'abstinence, pour que le « buveur modéré » qui renonce complètement à l'alcool, y trouve un avantage personnel : on ne saurait nier, en effet, que l'alcool, à si petites doses que ce soit, et alors même qu'il est peut-être, inoffensif pour des travailleurs manuels, exerce une influence nocive, une action paralysante, sur les centres cérébraux, sur le travail intellectuel.

Soyons donc tolérants pour les autres, mais sachons être rigoureux pour nous-mêmes. Attachons-nous à créer, dans la masse prolétarienne et, surtout parmi les nouvelles générations, des groupes de socialistes abstinents qui soient, pour leurs compagnons, de vivants exemples et qui montrent, par l'accroissement de leur puissance de travail, de leur activité organisatrice, de leur énergie révolutionnaire, tout ce que la classe ouvrière, dans son ensemble, gagnerait en dignité et en force, si elle parvenait à se soustraire à la tyrannie de l'alcool.

En résumé, nous pensons que la démocratie socialiste ne peut, ni se désintéresser de la question de l'alcool, ni se borner à faire preuve d'une neutralité, plus ou moins bienveillante, à l'égard de ceux qui, dans les organisations ouvrières, font de la propagande pour l'abstinence ou pour la tempérance.

Bien loin que cette propagande puisse être considérée comme un dérivatif à d'autres préoccupations plus urgentes ou plus essentielles, c'est, au contraire, l'alcoolisme lui-même, qui est un puissant, un redoutable dérivatif aux préoccupations révolutionnaires du prolétariat.

Des travailleurs alcoolisés peuvent, dans un moment d'excitation passagère, être bons pour l'émeute. On ne peut absolument pas compter sur eux pour mener à bien l'œuvre pénible et difficile de l'affranchissement de leur classe.

Ce n'est donc point par un ascétisme inconscient — comme d'aucuns semblent le croire — que les socialistes abstinents mettent leurs camarades de lutte en garde contre l'abus des boissons fortes et leur conseillent même d'y renoncer complètement.

Il ne s'agit pas de les priver d'une jouissance, mais de substituer à une jouissance dangereuse et factice des jouissances à la fois plus grandes et plus élevées.

Sous l'influence de l'alcool, ils voient le monde tel qu'il n'est pas. Nous voulons, au contraire, que le monde se montre à eux tel qu'il est, car la vision nette, la conscience claire des maux, des injustices, des abus dont ils souffrent, sont la condition préalable de la suppression de ces maux, de ces injustices, de ces abus.

Si nous voulons que le prolétariat, au lieu de cher-cher dans l'alcool l'oubli de sa misère, poursuive l'abo-lition de la misère, nous devons lutter contre l'alcoolisme ; si nous voulons voir à la tête de nos organisations de combat des hommes de sang-froid, de ferme volonté, nous devons lutter contre l'alcoolisme ; si nous voulons que les générations qui viennent soient plus énergiques et plus saines que les générations qui s'en vont, nous devons lutter contre l'alcoolisme.

Mais, pour que cette lutte nécessaire soit réellement efficace, il faut ne jamais perdre de vue que des mesures superficielles ne peuvent donner que des résultats superficiels : la question de l'alcool se rattache par des liens trop étroits et trop multiples à la question sociale dans son ensemble pour qu'on puisse espérer la résoudre, sans agir, en même temps, sur les causes profondes du paupérisme moral et matériel.

Créons, par conséquent, des ligues d'abstinence. Travaillons, comme le proposait Wurm, au Congrès de Mayence, à établir des locaux où l'on puisse, sans être obligé de boire, rencontrer ses amis, ou assister à des réunions. Accordons notre appui aux mesures législatives anti-alcooliques, à condition qu'elles ne soient pas seulement un prétexte fiscal pour rançonner les travailleurs. Multiplions surtout nos efforts de propagande pour détruire les préjugés en faveur de l'alcool, qui existent encore parmi les ouvriers.

Seulement, que ces efforts s'accomplissent, non pas en marge du mouvement socialiste, mais dans les cadres mêmes de l'organisation ouvrière. C'est du prolétariat, avant tout, que doit venir une réforme morale indispensable pour assurer la victoire du socialisme sur toutes les puissances de domination et de démoralisation qui asservissent la chaîne ouvrière. En cette matière, comme en toute autre, l'affranchissement des travailleurs sera l'œuvre des travailleurs eux-mêmes!

LE SOCIALISME ET LA RELIGION

Pour Marcel HÉBERT.

> « Quand on pense que toute chose
> se retrouvera là-haut rétablie, ce n'est
> plus tant la peine de poursuivre l'ordre
> et l'équité ici-bas.
>
> « Notre principe, à nous, c'est qu'il
> faut régler la vie présente comme si la
> vie future n'existait pas, qu'il n'est
> jamais permis, pour justifier un état ou
> un acte social, de s'en référer à l'au-
> delà. En appeler incessamment à la vie
> future, c'est endormir l'esprit de
> réforme, c'est ralentir le zèle pour
> l'organisation rationnelle de l'huma-
> nité.   (RENAN.) »

Parmi les questions qui provoquent des divergences
de vues dans les milieux socialistes, il en est une qui
touche, à la fois, aux principes et à la méthode, qui présente le plus grand intérêt, tant au point de vue de la
pénétration du socialisme dans les masses prolétariennes, que de ses relations avec les partis bourgeois :
nous voulons parler de la question religieuse, de l'attitude que les socialistes adoptent, ou devraient adopter, à
l'égard de la religion, ou, plutôt, des religions, des
Églises et des partis cléricaux.

A première vue, les solutions les plus diverses, les plus contradictoires même, semblent prévaloir, selon les pays.

Dans le même temps ou les social-démocrates d'Allemagne votaient le rappel des jésuites, les socialistes français, d'accord avec les radicaux, expulsaient les congrégations et, à lá Chambre italienne, le 29 février 1904, c'était un député socialiste, Annibale Vigna, qui reprochait au ministre de l'intérieur d'avoir nommé le Père jésuite Ehrle à la Bibliothèque nationale de Turin et qui réclamait l'application inflexible de la loi du 25 août 1848, chassant les jésuites du territoire italien [1].

On comprend que, dans ces conditions, notre camarade Robert Michels ait pu, dans un article de la *Riforma soziale*, parler « des incohérences internationales du socialisme contemporain » et, certes, il serait désirable que les mandataires d'un parti qui s'internationalise de plus en plus ne soufflent pas ainsi le chaud et le froid, et ne poussent point la diversité nécessaire des tactiques nationales jusqu'à faire, dans certains pays, exactement le contraire de ce qu'ils font dans les autres !

Mais cette unité d'action est-elle possible ? N'est-ce pas un de ces pieux souhaits que la différence des

---

1. Robert Michels, « Le incoerenze internazionali nel socialismo contemporaneo », *Riforma sociale*, vol. XIII, fasc. 8; Torino, 1904.

conditions, des tempéraments nationaux, des traditions historiques, condamnent à rester indéfiniment dans le domaine des rêves?

On serait tenté de répondre affirmativement lorsqu'on songe que la diversité d'attitude du prolétariat socialiste, vis-à-vis des Églises, s'explique et, partiellement, se justifie, par la diversité d'attitude des Églises, vis-à-vis du prolétariat. Il est certain, par exemple, que la question religieuse ne se pose pas de la même manière dans les pays où domine le catholicisme romain et dans ceux où il n'est qu'une religion parmi les autres.

Malgré tout, cependant, le socialisme ne serait point internationaliste, s'il ne s'efforçait pas de faire disparaître les contradictions, assurément choquantes, de ses tactiques nationales, et, si malaisée que puisse être pareille tâche, nous ne pensons pas qu'il faille désespérer du succès, car — c'est, du moins, notre conviction — les divergences socialistes, en matière religieuse, sont plus apparentes que réelles.

. Dès à présent, en effet, et à condition de faire large part aux exceptions individuelles ou locales, il ne paraît pas impossible de dégager un certain nombre de traits communs dans la pensée et dans l'action des partis socialistes, au regard des questions religieuses.

En premier lieu, on admet généralement, même en France et en Italie, que les partis socialistes n'ont pas à demander compte à leurs adhérents de leurs croyances individuelles, qu'ils doivent les laisser entièrement libres de pratiquer n'importe quel culte, d'appartenir à n'importe quelle Église.

Nous ne connaissons guère qu'une seule exception : c'est en France, avant l'unification des partis socialistes, le *Parti Ouvrier socialiste révolutionnaire* (Allemaniste) qui, le 22 août 1901, adoptait la résolution suivante : « Les citoyens adhérents au P. O. S. R. s'engagent à n'accomplir, quelles que soient les circonstances, aucun acte religieux, avec le représentant d'un culte quelconque. »

Mais, cette exception ne fait, en somme, que confirmer la règle, car, dans tous les pays, la démocratie socialiste compte des milliers d'adeptes qui continuent à pratiquer l'un ou l'autre culte, soit par respect de la coutume, soit par réelle conviction.

Seulement — et c'est la seconde constatation générale que l'on peut faire — il n'est pas douteux que, dans leur immense majorité, les dirigeants des partis socialistes soient absolument étrangers à toute religion positive. Ceux-là même qui ne voient dans l'anticléricalisme qu'un dérivatif, qui prêchent, à l'égard des religions, la neutralité la plus stricte, sont souvent les plus dégagés de toute croyance religieuse.

On objecterait vainement que, surtout dans les pays Anglo-Saxons, il se trouve, parmi les militants socialistes, des pasteurs protestants, voire des prêtres catholiques : les prêtres catholiques qui ont adhéré au socialisme, d'une manière plus ou moins explicite, comme le Dr J. van den Brink, en Hollande, Thomas Hagerty et Mac Grady, aux États-Unis, n'ont pas tardé à rompre avec l'Église[1]; quant aux pasteurs socialistes, tous, ou presque tous, se rattachent au protestantisme libéral, dont on a pu dire qu'il n'était autre chose que « la collection des formes religieuses de la libre pensée ».

Une troisième constatation qui s'impose, c'est que, dans tous les pays, même dans ceux ou le socialisme prétend se désintéresser des luttes religieuses, l'Église catholique et, avec non moins d'âpreté parfois, les Églises d'État, non catholiques, le dénoncent comme une « peste léthifère ». Partout les orthodoxies sont les plus fermes soutiens du capitalisme, dans ses efforts de domination sur les prolétaires. Aussi n'est-il pas étonnant que ces derniers, rencontrant les Églises sur leur chemin, constatant l' « alliance du coffre-fort et de l'autel », soient presque irrésistiblement entraînés à

---

1. HAGERTY et Mc GRADY ont renoncé à la prêtrise; ils n'ont cependant pas été formellement condamnés. Quant au D^r VAN DEN BRINK, il s'est vu interdire de dire la messe, pour avoir écrit à un de ses amis une lettre commençant par ces mots : « Cher compagnon; » v. sa brochure : *De groot vraag*, verkriggbaar : Bureau « de Eendracht » Eindhoven et : *Open brief aan de Redaktie's der Couranten, die mij vorige week anviellen over de uitgaven mijuer brochure « de Groote Vraag »*: Breda, 28 novembre 1904. — Depuis sa publication, Van den Brink a constitué un parti socialiste chrétien qui, sans se confondre avec la social-démocratie, soutient, dans les élections, les candidats social-démocrates.

prendre l'offensive et à mener campagne, non seulement contre le capitalisme, mais contre ses alliés.

Ce sont là des faits incontestables.

Que l'on s'en réjouisse, ou que l'on s'en afflige, il reste certain que, malgré toutes les affirmations socialistes sur le caractère privé des croyances religieuses, la grande masse et, surtout, le noyau dirigeant des partis ouvriers, se compose, à peu près exclusivement de libres penseurs et que, d'autre part, les chefs de l'Église catholique, et de toutes les Églises qui lui ressemblent, prêchent à leurs fidèles l'horreur du socialisme « athée, matérialiste, antireligieux ».

Seulement, on peut se demander s'il est inévitable que les choses soient ainsi, si l'hostilité des Églises contre le socialisme ne tient pas à des causes contingentes, à des malentendus historiques, s'il ne serait pas possible d'opérer une conciliation théorique et pratique entre les doctrines socialistes et les croyances religieuses, si bien que l'on puisse, suivant le mot d'un campagnard de nos Ardennes, être « catholique pour les choses du ciel et socialiste pour les choses de la terre ».

D'aucuns pensent, en effet, que l'on peut établir, entre le monde temporel et le monde spirituel, le monde visible et le monde invisible, une cloison étanche. Ils sont d'avis que l'antagonisme actuel entre le socialisme et les Églises chrétiennes n'est pas irréductible. Ils affirment que l'idée socialiste ferait plus aisément la conquête des masses prolétariennes, s'il renonçait, sinon à toute action anticléricale, du moins à toute propagande antireligieuse.

C'est à l'examen de ces trois questions que notre étude est consacrée.

I

Les contacts du socialisme et de la religion

> « La méthode religieuse consiste à
> mettre des principes à la base des ins-
> titutions ; la méthode scientifique con-
> siste à mettre des institutions à la base
> des principes.   (Emm. Levy.) »

Pour mettre de la clarté dans les observations qui vont suivre, la première chose à faire c'est de dire en quel sens nous prenons le mot religion.

Il est peu de termes, en effet, qui, par la multiplicité de leurs acceptions, prêtent à autant de malentendus et d'équivoques.

Pour les uns « l'essence de la religion est dans le mouvement puissant et sérieux qui dirige les émotions et les désirs vers un objet idéal » (Stuart Mill) ; pour d'autres, l'élément fondamental de la religion c'est « la croyance en un pouvoir dont on ne peut concevoir les limites dans le temps ou dans l'espace » (Herbert Spencer) ; ou bien encore « la religion c'est la croyance en un Dieu éternel, c'est-à-dire en une volonté et un esprit divins, gouvernant l'Univers et entretenant des relations morales avec l'humanité » (Dr Martineau), ou bien « c'est la croyance à un être, existant hors de la sphère des efforts humains, mais pouvant être attiré par des moyens spéciaux, sacrifices, cérémonies, prières, pénitences, renoncement de soi-même » (Gruppe)[1].

On voit que ces définitions, dont on pourrait allonger indéfiniment la liste, donnent au même mot des significations très différentes ; suivant que l'on choisit l'une ou l'autre d'entre elles, le problème des rapports du socialisme et de la religion se modifie du tout au tout.

Si l'on accepte, par exemple, la définition de Mill, si la religion n'est autre chose qu'un mouvement vers l'idéal, le socialisme, envisagé sous un certain angle, devient une religion.

Si l'on prend la définition de Spencer, il est évident que la religion de l'inconnaissable, par son imprécision même, ne peut entrer en conflit, parce qu'elle n'entre pas en contact, avec le socialisme, qui se renferme dans les limites du connaissable.

Mais il en va tout autrement, dès l'instant où il s'agit, non plus de la religion au sens le plus général et, aussi, le plus vague, mais de la religion, au sens étroit, ou plutôt, des religions, des religions positives, caractérisées par la croyance au surnaturel, à l'inter-

---

1. Sur les définitions de la religion, v., par exemple, KIDD, *l'Evolution sociale*, trad. française, 1896.

vention d'un être transcendant, d'un Dieu personnel, extérieur au monde, dans le gouvernement du monde et, spécialement, des affaires humaines.

C'est à l'égard de ces religions, représentées par des Églises, prolongées même dans l'ordre politique, sous la forme de partis confessionnels, que le socialisme doit définir son attitude et que les partis socialistes sont nécessairement amenés à prendre position.

Tout le monde connaît la solution que les social-démocrates allemands et, d'une manière générale, les socialistes formés à l'école de Marx, donnent à ce problème : pour eux, la religion doit être affaire privée ; c'est la formule célèbre du programme d'Erfurt : « *Erklærung der Religion zur Privatsache* [1] ».

Seulement, cette formule, que tous les partis socialistes semblent d'accord pour admettre, présente, comme d'ailleurs toutes les formules de ce genre, l'inconvénient de prêter aux interprétations les plus diverses, et même les plus contradictoires.

Aussi importe-t-il de l'examiner de près, afin de dégager son véritable sens et d'établir sa véritable portée.

Remarquons, tout d'abord, qu'elle ne se trouve pas dans la déclaration de principes qui forme la première

---

1. *Theil II*, 6 : Erklärung der Religion zur Privatsache. Abschaffung aller Aufwendungen aus öffentlichen Mitteln zu kirchlichen und religiösen Zwecken. Die kirchlichen und religiösen Gemeinschaften sind als private Vereinigungen zu betrachten, welche ihre Anlegenheiten vollkommen selbständig ordnen.

partie du programme d'Erfurt, mais dans la partie de
ce programme qui concerne les réalisations immédiates.

Nous nous trouvons donc en présence d'une règle
pratique, qui, dans la pensée de ceux qui la posent,
paraît concerner uniquement la situation présente et
l'attitude actuelle de la social-démocratie.

Religion est affaire privée : cela veut dire que pour
lutter contre le capitalisme, les partis socialistes font
appel à tous les travailleurs exploités par le capitalisme, sans leur demander s'ils sont croyants ou libres
penseurs, juifs ou chrétiens, catholiques ou protestants,
voire même, puisque le socialisme a pris pied dans
l'Extrême-Orient, bouddhistes ou disciples de Confu-
cius ; cela veut dire également que, la religion ne
devant pas être affaire publique, les socialistes s'efforcent de réaliser la séparation complète des Églises et
de l'État, la sécularisation absolue de tous les services
publics, et, notamment de l'instruction et de la bienfaisance.

Ainsi comprise, la formule d'Erfurt nous paraît accep-
table par les partis socialistes de toutes les nationalités. Mais il n'en est pas moins vrai — c'est notre
seconde observation — que les auteurs du programme
de la social-démocratie allemande ont eu surtout en
vue les conditions spéciales de leur pays.

Or, partout où le protestantisme domine, il est relativement facile de maintenir, dans la pratique, la neutralité religieuse du mouvement socialiste.

Rien n'est plus conforme, en effet, à l'esprit du protestantisme lui-même que de considérer la religion comme chose individuelle, d'admettre, suivant le mot bien connu de Madame, mère du Régent « que chacun se fait son petit religion à part soi ».

C'est la pensée qui se dégage de toutes les réponses protestantes à *l'Enquête sur la réunion des Églises*, organisée en août-septembre 1904, par *la Revue*.

Luthériens et calvinistes, anglicans et non conformistes, baptistes, méthodistes, protestants libéraux, sont d'accord pour dire que le principe essentiel du protestantisme, c'est l'indépendance absolue de la conscience.

« La piété et la foi religieuse — dit, par exemple, M. Édouard Stapfer, doyen de la Faculté de théologie de Paris — sont choses essentiellement subjectives. Elles sont affaire d'adhésion individuelle[1]. »

Et M. le pasteur Lafon, directeur de la *Vie Nouvelle*, de Montauban, montre fort bien les conséquences politiques et sociales qui découlent logiquement de cet individualisme religieux :

« A cause de cette diversité inévitable que produit toute investigation libre le protestantisme ne peut plus aspirer à être, comme l'Église romaine, un gouver-

1. *La Revue* (ancienne *Revue des Revues*), 15 septembre 1904, p. 103.

nement des âmes, à plus forte raison un gouvernement des peuples. Chaque conscience protestante est
autonome, et dans l'ordre politique, et dans l'ordre
social, aussi bien que sur le terrain des croyances
religieuses, les protestants français appartiennent à
des écoles très différentes. Néanmoins, comme la
liberté de conscience est génératrice de toutes les
autres, la grande majorité des protestants est, en
France, passionnée d'émancipation politique et de
réforme sociale [1]. »

Peut-être ne faut-il pas, même en ce qui concerne
la France, ou la Suisse, accueillir cette dernière affirmation sans quelques réserves. On peut objecter, en
tous cas, que dans d'autres pays, et notamment en
Allemagne, le protestantisme orthodoxe n'a pas précisément les mêmes caractères. Comment, d'ailleurs, en
serait-il autrement, puisque les Églises protestantes
nationales, détachées de l'Église romaine, s'efforcent
de ressembler le plus possible à celle-ci, sauf à substituer à l'autorité d'un pape l'autorité d'un souverain?
Mais, en dépit de ces tendances conservatrices, ou réactionnaires, d'une grande partie du clergé protestant, il
n'en reste pas moins que le principe individualiste,
inhérent au protestantisme, aboutit logiquement à considérer la religion comme affaire privée et que, par
conséquent, si l'application de la formule d'Erfurt, en

1. *La Revue*, 1er septembre 1904, p. 39.

pays protestants, peut être difficile, elle ne se heurte point à des obstacles invincibles.

Par contre, les choses se présentent tout autrement dans les pays catholiques, où la seule affirmation que la religion est affaire privée va directement à l'encontre des prétentions de l'Église.

Certes, ce n'est pas un motif pour que les partis socialistes renoncent à cette formule, en tant qu'elle comporte, d'une part, la liberté absolue des croyances individuelles de leurs adhérents et, d'autre part, la sécularisation absolue des services publics.

Seulement, ce serait une illusion dangereuse que d'espérer ainsi, par une séparation rigoureuse du spirituel et du temporel, établir un *modus vivendi* entre le socialisme et le catholicisme.

Nous savons bien que tel est le rêve de certains et, comme les conceptions théoriques tendent toujours à refléter les particularités du milieu social qui les a vu naître, il n'est pas étonnant que cette opinion ait trouvé son expression la plus nette et la plus tranchante aux États-Unis, où toutes les communautés religieuses sont des associations privées, où la multiplicité même des Églises empêche aucune d'elles de devenir prépondérante, où les luttes politiques sont à peu près indemnes de toute immixtion cléricale :

« C'est une absurdité complète — écrivait au *Mouvement socialiste*, en 1903, un prêtre catholique américain, l'abbé Thomas Hagerty — c'est une absurdité complète de parler de l'incompatibilité de la philosophie du socialisme et des doctrines du catholicisme. Personne n'irait demander à un boucher un *beefsteak* catholique, une côtelette méthodiste ou un morceau de veau presbytérien. La religion n'a pas davantage à voir avec le socialisme qu'avec la viande et le pain. Le socialisme est une science économique, non une interprétation métaphysique du monde. L'Église n'a pas plus à s'occuper des questions d'économie sociale, que le parti républicain à s'occuper de l'exégèse des psaumes de David [1]. »

L'événement, au surplus, a montré que l'Église catholique réprouve énergiquement cette théorie de la cloison étanche. Bien qu'ils n'aient pas été formellement condamnés, l'abbé Hagerty et son compagnon de lutte, le P. Mac Grady, ont abandonné la prêtrise et, somme toute, on peut dire que cette forme socialiste de l'*américanisme*, sans avoir jamais beaucoup vécu, a totalement cessé de vivre.

Nous nous rencontrons d'ailleurs avec les catholiques pour penser qu'entre le socialisme et la religion, telle qu'ils la conçoivent, on ne saurait établir un règlement de frontières qui empêche tous contacts et, partant, tous conflits.

1. V. *Le Mouvement socialiste*, du 15 avril 1903, « Enquête sur l'anticléricalisme », réponse XXIII, p. 652. Cf. D' J. VAN DEN BRINK, *De Groote Vraag*, Einhoven, 1904.

Il faudrait, pour cela, que le socialisme soit exclusivement, comme le soutient Hagerty, une doctrine économique et que la religion soit, non moins exclusivement, une conception métaphysique, étrangère aux choses sociales.

Or, ni l'une, ni l'autre de ces conditions ne correspond à la réalité.

La religion, tout d'abord, n'est pas exclusivement une conception métaphysique, ou un ensemble de conceptions métaphysiques.

Il y a de longues années déjà, Prévost Paradol écrivait à Taine : « De l'origine ou de la constitution du monde, tel que chacun le conçoit, découle une politique et, surtout, une morale appropriée ». Et un professeur de l'Institut catholique de Paris, A. D. Sertillanges, auquel nous empruntons ce passage, le complète en disant : « A plus forte raison, cela découle-t-il d'une religion qui prend parti non seulement dans la question de l'origine ou de la constitution du monde, mais, par une conséquence naturelle, dans celle de son aboutissement [1]. »

Au reste, les gouvernements et les classes maîtresses n'ont jamais eu garde de méconnaître le lien intime qui existe entre toutes les formes du conservatisme, social, politique ou religieux.

[1]. A.-D. SERTILLANGES, *La Politique chrétienne*, p. 12; Paris, Lecoffre, 1904.

Lorsque le roi Jacques Ier d'Angleterre eut une conférence à Hampton Court avec les puritains, qui marquaient leurs préférences pour le presbytérianisme, il les interrompit avec colère : « Le Presbytère — s'écriat-il, — s'accorde avec la royauté, comme le Diable avec Dieu ! Alors Jacques Will et Tom pourraient venir critiquer mes actes. Jacques dira : Cela devrait être ainsi et Will répondra : Non, cela devrait être de telle façon ». Puis, congédiant les délégués, le roi jeta comme un axiome sa formule favorite : « *No bishop, no king !* »

De même en France, sous la Restauration, quand on commençait à discuter entre catholiques, sur la chronologie biblique ou l'universalité du déluge, Joseph de Maistre écrivait à son ami, le comte Jean Potocki, dont les travaux historiques lui semblaient s'écarter de l'orthodoxie, cette lettre typique :

« Je veux vous dire une grande vérité : l'irréligion est canaille. Ainsi, en faisant même abstraction de toute recherche sur le oui ou sur le non, un homme distingué se garde bien, non seulement, comme on dit, de casser les vitres mais de dire ou d'écrire un seul mot qui blesse, directement ou indirectement, les dogmes nationaux. Il y a, dans tous les pays, un certain nombre de familles conservatrices sur lesquelles repose l'État : c'est ce qu'on appelle l'aristocratie ou la noblesse. Tant qu'elles demeurent pures et pénétrées de l'esprit national, l'État est inébranlable, en dépit des vices des souverains; dès qu'elles sont corrompues, surtout sous le rapport religieux il faut que l'État croule, quand il serait gouverné de Charlemagne en Charlemagne. *Le patricien est un prêtre laïque : la religion nationale est sa première propriété et la plus sacrée, puisqu'elle conserve son privilège qui tombe toujours avec elle. Il n'y a pas de plus grand crime pour un noble que d'attaquer les dogmes* [1].»

Or, ce que pensaient jadis Jacques Ier et de Maistre, les rois et les nobles, la bourgeoisie, devenue classe maîtresse, le pense à son tour

Après avoir été voltairienne, sceptique, anticléricale, aussi longtemps qu'elle était révolutionnaire, nous la voyons aujourd'hui, partout où le socialisme menace, se faire dévote, ou, du moins, incliner à la dévotion, travailler à la sainte alliance de toutes les confessions religieuses, organiser le *trust* des dieux, pour la défense de la société contre les entreprises du collectivisme ; et, dans son livre *Sur les chemins de la croyance*, l'un de ses chefs de file, M. Ferdinand Brunetière, se charge de nous faire la théorie de cette régression :

« Non seulement, dans l'histoire — dit-il — toutes les religions nous apparaissent comme étant des « sociologies » — et, pour en faire en passant la remarque, c'est ce que le catholicisme veut dire quand il dit que

---

1. Lettre du 5-17 juin 1810. Cité par Houtin, *la Question biblique chez les catholiques de France au XIXe siècle*, p. 190; Paris, Picard, 1902.

« l'Église est une société complète » — mais encore on ne peut toucher à l'intégrité d'une religion pour des motifs purement religieux, qu'il n'en résulte des conséquences sociales ; et *toute hérésie contient le germe d'une révolution* [1]. »

C'est évidemment sous l'empire de cette idée que, dans une conférence aux calvinistes de Genève, le directeur de la *Revue des Deux Mondes* est allé jusqu'à prédire que le protestantisme arriverait à accepter non seulement les dogmes de l'autorité en général, mais aussi le principe de l'infaillibilité ; « car le salut du monde et sa défense contre le socialisme envahissant ne sera que dans le principe d'autorité, grandissant tous les jours et qui finira par être reconnu par tout le monde pensant [2]. »

Nous ne nous proposons pas de rechercher ce que vaut cette prophétie et si le catholicisme de gouvernement, enseigné par M. Brunetière, a chances d'amener le protestantisme à ce suicide par persuasion ; mais il est impossible, on l'avouera, d'affirmer avec plus de franchise que, pour les classes maîtresses, la religion est, avant tout, un instrument de règne, un moyen de maintenir le *statu quo* politique et économique [3].

1. Brunetière, *Sur les chemins de la croyance. Première étape : l'utilisation du positivisme*, p. 217 ; Paris, Perrin et Cᵢᵉ, 1904.

2. *La Revue*, 15 août 1904, p. 400, « Introduction à l'enquête de M. de Morsier sur la réunion des Églises. »

3. Ruskin : « Notre religion nationale est l'accomplissement de cérémonies religieuses et l'enseignement de vérités (ou de mensonges) soporifiques qui maintiennent la foule dans le travail pendant que nous nous amusons. »

Assurément, nous sommes loin de prétendre que la religion ne soit pas autre chose ; il est évident, en effet, que le problème de nos origines et de nos destinées se poserait, et donnerait sans doute naissance à des hypothèses métaphysiques, aussi bien dans une société collectiviste que dans la société actuelle ; mais d'autre part, on ne saurait méconnaître que, l'Église étant ce qu'elle est, la morale faisant partie de son enseignement, il est inévitable qu'elle s'inquiète de la politique « non pas sous tous les rapports, mais par le point précis où politique équivaut à morale et où morale n'est qu'un aspect du mot religion »[1].

Cette constatation suffirait à elle seule pour réfuter le système de la cloison étanche. Mais il y a plus : si la religion, comprise, du moins, comme la comprennent les catholiques, ne se confine pas et ne peut se confiner dans le domaine métaphysique, le socialisme, de son côté n'est pas seulement, et ne peut pas être seulement, comme le soutient Hagerty, une « science économique » ou bien, pour parler comme A. Schaeffle « une question d'estomac ».

Assurément, le prolétariat socialiste poursuit, avant tout, une révolution économique : la socialisation des moyens de travail, l'établissement d'une société où la propriété des instruments de production sera collective, au lieu d'être capitaliste.

1. Sertillanges, *la Politique chrétienne*, p. 12 ; Paris, Lecoffre, 1904.

Mais, si les socialistes s'accordent à considérer cette transformation comme essentielle, c'est à cause de ses retentissements, de ses répercussions, dans tous les autres domaines de la vie sociale.

En réalité, ce qu'on appelle le « but final » du socialisme, est moins un but qu'un moyen.

Le véritable but, c'est de faire des hommes libres; le moyen, et nous ajoutons, le seul moyen d'arriver à ce résultat, c'est de fonder un état économique qui assure à tous ce minimum de bien-être, sans lequel la liberté, que Louis Blanc définissait avec raison le *pouvoir d'agir*, n'existe pas.

Si donc nous plaçons les solutions économiques au premier plan de notre action, c'est parce que nous les considérons comme indispensables aux libérations intellectuelles et morales, qui sont au premier plan de nos préoccupations.

Que telle ait été la pensée des grands théoriciens du socialisme, que tous se soient accordés à y voir autre chose que la solution d'un problème purement économique, c'est ce qui apparaît, en toute évidence, lorsqu'on envisage l'ensemble de leur œuvre.

Le fait se passe de démonstration pour tous les socialistes de la première moitié du xixe siècle. Aucun d'eux n'a confiné le socialisme dans le domaine des intérêts matériels.

Les essais sur la morale, les théories sur l'éducation,

sur la formation du caractère tiennent une aussi large place, dans l'œuvre de Robert Owen, que les conceptions purement économiques, comme la réglementation du travail ou la coopération communiste [1].

De même, en France, le fouriérisme est une cosmologie. Le saint-simonisme est une religion. Pecqueur, Cabet, Pierre Leroux, Proud'hon ne se bornent pas à être des économistes; ils nous proposent une synthèse sociologique, une conception générale du monde.

En est-il autrement de ceux qui ont exercé la plus grande influence sur le socialisme contemporain : les auteurs du *Manifeste communiste*, Karl Marx et Frédéric Engels?

Le soutenir, parce que Marx s'est voué principalement aux questions économiques, ce ne serait pas seulement oublier l'œuvre philosophique d'Engels ; ce serait, surtout, méconnaître grossièrement la portée véritable de ce que l'on est convenu d'appeler le marxisme.

Qui ne sait, en effet, que si les marxistes se préoccupent, avant tout, de l'affranchissement économique du prolétariat, c'est parce qu'ils y voient la condition préalable, la condition *sine qua non* de son affranchissement intellectuel?

Il suffit d'ailleurs, pour s'en convaincre, de relire ce passage célèbre du Capital :

1. On trouvera une bonne analyse des œuvres principales de Robert Owen, dans le livre de DOLLÉANS, *Robert Owen* (Bibliothèque socialiste, nᵒˢ 28-29); Paris, Soc. nouv. d'édit., 1905.

« Le monde religieux n'est que le reflet du monde réel. Une société où le produit du travail prend généralement la forme de marchandise et où, par conséquent, le rapport le plus général entre les producteurs consiste à comparer la valeur de leurs produits, et, sous cette enveloppe de choses, à comparer les uns aux autres leurs travaux privés à titre de travail humain égal, une telle société trouve dans le christianisme avec son culte de l'homme abstrait, et surtout dans ses types bourgeois, protestantisme, déisme, etc., le complément religieux le plus convenable. Dans les modes de production de la vieille Asie, de l'antiquité en général, la transformation du produit en marchandise ne joue qu'un rôle subalterne, qui cependant acquiert plus d'importance à mesure que les communautés approchent de leur dissolution..... Le degré inférieur de développement des forces productives de travail qui les caractérise et qui, par suite, imprègne tout le cercle de la vie matérielle, l'étroitesse des rapports des hommes, soit entre eux, soit avec la nature, se reflète idéalement dans les vieilles religions nationales. *En général, le reflet religieux du monde réel ne pourra disparaître que lorsque les conditions du travail et de la vie pratique présenteront à l'homme des rapports transparents et rationnels avec ses semblables et avec la nature.* La vie sociale, dont la production matérielle et les rapports qu'elle implique forment la base, ne sera dégagée du nuage mystique qui en voile l'aspect, que le jour où s'y manifestera l'œuvre d'hommes librement associés, agissant consciemment et maîtres de leur propre mouvement social. *Mais cela exige dans la société un ensemble de conditions d'existence matérielle qui ne peuvent être elles-mêmes le produit que d'un long et douloureux développement* [1]. »

Ce qui différencie donc le socialisme, dit matérialiste, de Marx, du socialisme idéaliste ou utopique, ce n'est pas un rétrécissement, mais un renversement des points de vue. Pas plus que le fouriérisme ou le saint-simonisme, le marxisme ne se restreint à la seule question des intérêts matériels. Seulement, au lieu d'admettre que c'est « la conscience de l'homme qui détermine sa manière de vivre », il enseigne que c'est « sa manière de vivre qui détermine sa conscience »; au lieu de considérer les principes de la morale, du droit ou de la religion, comme des « vérités éternelles », il en fait des « catégories historiques », dont les transformations dépendent, en dernier ressort, des transformations qui s'opèrent dans l'ordre matériel.

Mais de ce que, d'après Marx, la morale, le droit ou la religion se trouvent sous la dépendance des conditions économiques, il serait absurde de conclure que le socialiste doit se désintéresser des questions juridiques,

---

1. KARL MARX, *Le Capital*, vol. I, trad. fr. de J. Roy, p. 31 ; Paris, Lachâtre, 1872.

morales ou religieuses, pour se consacrer exclusivement à la défense des intérêts économiques du prolétariat[1].

Idéalistes ou matérialistes, utopiques ou scientifiques,
tous les systèmes socialistes ont ceci de commun qu'ils
impliquent non seulement une économie politique nouvelle, mais une philosophie, une morale et un droit
nouveaux.

A ce point de vue, le socialisme de Marx est aussi
« intégral » que celui de Benoît Malon.

En résumé, le socialisme, comme les religions, est
une sociologie. Mais, au lieu d'être une sociologie mystique, qui met des principes à la base des institutions,
c'est — dû moins chez Engels et Marx — une sociologie
réaliste, qui met des institutions à la base des principes.

En partant de la croyance au surnaturel, les religions,
et, en première ligne, la religion catholique, tendent à
régler les mœurs et, par les mœurs, la vie sociale tout
entière. En partant de la transformation du régime
économique, le socialisme aboutit à révolutionner toute
la superstructure juridique, morale, philosophique ou
religieuse. Il est donc inévitable que les religions et
le socialisme entrent en contact, bien que leurs points
de départ soient diamétralement opposés.

---

1. Nous renvoyons sur ce point à l'introduction du présent volume,
pp. 13 et suiv.

Reste à savoir — ce sera l'objet du prochain para-
graphe — si l'interpénétration, la rencontre des deux
doctrines, au point de jonction qui s'appelle la morale,
se traduit nécessairement par un antagonisme, ou s'il
est possible, au contraire, de concilier les théories
économiques, ou politico-économiques du socialisme
avec les conceptions métaphysiques qui se trouvent à
la racine des religions.

Le socialisme et les religions d'autorité

> « Là où la vie céleste est une vérité,
> la vie terrestre est un mensonge ; où
> la fantaisie est tout, la réalité n'est
> rien. Qui croit à une vie paradisiaque
> éternelle, ne trouve pas la moindre
> valeur dans la vie passagère d'ici-bas.
> Que dis-je? Depuis longtemps, elle a
> perdu pour lui toute importance, car la
> foi à la vie future est la foi à la nullité
> et au vide absolu de la vie présente.
>
> « Feuerbach. »

Pendant la première moitié du xixe siècle, la plupart des socialistes, bien loin de mettre en doute la possibilité d'une conciliation entre le socialisme et le christianisme, se réclamaient du christianisme et se proclamaient les disciples du « sans-culotte Jésus ».

Depuis lors, les idées ont beaucoup changé, sur ce point, et, pour mesurer l'importance de ce changement, il n'est pas d'exemple plus caractéristique que celui des socialistes français.

Aujourd'hui, le socialisme en France apparaît, au point de vue religieux, comme l'expression la plus énergique, pour ne pas dire la plus outrancière, de l'anticléricalisme. Il n'est pas seulement anticlérical, mais anticatholique et antichrétien. Il n'envoie pas seulement « le Saint-Père au diable », mais « le Christ à la voirie ».

A l'époque de la révolution de 1848, au contraire, le socialisme se posait, théoriquement et pratiquement, en continuateur de l'Évangile. Il était venu pour l'accomplir et non pour l'abolir. Au local de la plupart des associations ouvrières et chez nombre de travailleurs socialistes, on voyait une gravure figurant Jésus en charpentier, avec cette devise : « Jésus de Nazareth, premier représentant du peuple ». Au lieu de dîner gras le vendredi saint, pour fêter la mort du Christ, on se réunissait en banquets démocratiques, le jour de Noël, pour célébrer sa naissance. Proudhon lui-même, malgré son anticléricalisme, était contraint de sacrifier à la mode du jour et d'insérer, dans son journal, les annonces et les comptes rendus de ces agapes christiano-socialistes [1].

Ainsi, par exemple, le 25 avril 1848, une commission, composée de femmes démocrates-socialistes avait organisé, salle Valentino, un « banquet anniversaire de la naissance du Christ à 1 fr. 50 par tête (50 centimes pour les enfants) ». Or, le *Peuple*, le journal de Proudhon, publia, de cette réunion, le compte rendu suivant :

[1]. JOLY, *Le Socialisme chrétien*, p. 107 et suiv.; Paris, Hachette, 1892 : BENOIT MALON, *Exposé des écoles socialistes en France*, p. 230; Paris, 1872.

« La lecture du discours sur la Montagne a ouvert dignement la séance; l'hymne à la fraternité, chanté avec recueillement, a précédé les toasts, dont nous donnons la liste :

« *Au Christ, père du socialisme !* par une dame dont le nom nous échappe. *A l'avènement de Dieu sur la terre !* par Mme Jeanne Déroin, etc.

« Notre ami Pierre Leroux, qui est toujours prêt à répondre aux appels de ses frères et amis a repris et commenté le discours sur la Montagne, et salué l'avènement d'une religion nouvelle, basée sur la solidarité, réunissant l'affirmation du cœur à la sanction de la science. Cette improvisation, dite avec effusion et enthousiasme, a été accueillie par les plus vifs applaudissements.

« Suivent les toasts :

« A Noël ! par Mme Brazier.

« A Saint-Just ! martyr de Thermidor ! par Hervé.

« Au Christ vivant, à la France ! par Bernard ».

On se demande ce que diraient des journaux comme la *Raison* ou l'*Action*, si les socialistes de 1904 se réunissaient le jour de Noël, donnaient lecture du *Sermon sur la Montagne*, saluaient l'avènement de Dieu sur la terre et portaient un toast au Christ, père du Socialisme !

Il y a un demi-siècle, cependant, ces manifestations, qui nous semblent, à nous, si étranges, ne soulevaient aucune critique. Au lendemain des massacres de Juin, à la veille du coup d'État, la classe ouvrière croyait encore à la démocratisation possible de l'Église et ce n'étaient pas seulement des hommes du peuple, des femmes dégagées à peine du confessionnal, c'étaient des théoriciens et des philosophes, comme Pierre Leroux, Buchez, Pecqueur et, avant eux, Fourier ou Saint-Simon, qui cherchaient à concilier, ou à réconcilier, l'Église et la Révolution, le Christianisme et le Socialisme.

De même, aux premiers temps de l'ère chrétienne, les chrétiens judaïsants soutenaient, contre saint Paul, que l'on pouvait adhérer à l'Église nouvelle tout en restant fidèle au Temple, que la doctrine du Christ n'était qu'un développement, une continuation, un perfectionnement, de la Loi et des Prophètes.

Rien de plus conforme d'ailleurs, aux habitudes de l'esprit humain : étant donné notre conservatisme mental, il faut toujours un certain temps avant que toutes les conséquences d'un principe se dégagent, et ceux-là même qui apportent une doctrine nouvelle, ne conçoivent pas toujours, de prime abord, son originalité.

C'est ainsi que les Pères du socialisme français, les fondateurs des deux grandes écoles qui exercèrent une influence prépondérante, pendant la première moitié du XIXe siècle, crurent, eux aussi, que le socialisme n'était pas autre chose que l'accomplissement du christianisme, la réalisation du royaume de Dieu sur la terre.

En arrivant au terme de l'exposé des théories sociétaires, Fourier en cherchait la confirmation dans les « Saints Evangiles » ; il s'efforçait d'établir, avec textes à l'appui, que sa révélation sociale était annoncée dans l'Écriture sainte, qu'elle était implicitement contenue dans la révélation du Christ [1].

Saint-Simon de son côté achevait son œuvre en écrivant le *Nouveau Christianisme*. Il déclarait, tout en se livrant à une critique acerbe du catholicisme et du protestantisme, que le principe de la fraternité chrétienne renfermait déjà toutes les idées comprises dans ce précepte de la religion saint-simonienne : « Toute la société doit travailler à l'amélioration morale et physique de la classe la plus pauvre ; la société doit s'organiser de la manière la plus convenable pour lui faire atteindre ce grand but [2] »

1. *Nouveau monde industriel* (1829) : « Le royaume des cieux ou harmonie sociétaire était annoncé aux humains ; ils pouvaient y entrer sans délai, s'ils eussent voulu voir de leurs yeux et entendre de leurs oreilles ; voir l'absurdité du régime philosophique nommé civilisation, toujours favorable à l'injustice et à l'oppression ; entendre la parole divine qui lui promet le royaume des cieux dès ce monde, s'ils veulent le chercher : *Quærite et invenietis*, Cherchez et vous trouverez.

« J'essaie de dessiller leurs yeux, dans cette homélie où j'expliquerai le sens mystérieux d'une parabole non comprise jusqu'à ce jour, celle du ROYAUME DES CIEUX, que le Messie conçoit en double sens ; il annonce le royaume de justice en l'autre monde et en celui-ci, annonce évidente des biens terrestres qu'il garantit formellement aux hommes, dès l'instant où ils auraient trouvé le *royaume de Dieu et sa justice*, l'harmonie sociétaire, image du royaume céleste et avant-coureur de la félicité promise aux élus dans une autre vie. » *L'Harmonie universelle et le Phalanstère*, exposés par FOURIER, t. II, pp. 367 et suiv. ; Paris, librairie phalanstérienne, 1849.

2. SAINT-SIMON, *Nouveau Christianisme*, dialogues entre un conservateur et un novateur, p. 71 ; Paris, 1825.

Malgré tout, cependant, il est bien difficile de soutenir que le panthéisme saint-simonien ne soit pas autre chose que le monothéisme de Jésus-Christ, ou bien que l'attraction passionnelle de Fourier et ses théories sur le mariage se trouvent implicitement contenues dans la révélation chrétienne !

Et, d'une manière générale, il paraît non moins difficile de prétendre que le christianisme, fondé sur la croyance au surnaturel et qui tend à détacher l'homme des choses de ce monde, ne diffère pas essentiellement du socialisme, qui ne s'occupe pas du monde invisible et entend réaliser sur cette terre son idéal de justice et de fraternité.

Est-ce à dire toutefois, que, malgré cette différence fondamentale, d'où dérivent tant d'autres différences importantes, il y ait, entre le socialisme et le christianisme de tels abîmes que l'on ne puisse, en bonne logique, se déclarer, à la fois, chrétien et socialiste ?

Pour répondre à cette question, le plus nettement possible, une distinction s'impose entre le christianisme de l'Évangile et les religions qui procèdent de l'Évangile.

En ce qui concerne, d'abord, le christianisme évangélique, nous ne voyons aucun obstacle à ce qu'un disciple du Christ, ne relevant que de sa conscience, n'acceptant le magistère d'aucune Église, adhère au programme politique ou économique de l'un ou l'autre des partis socialistes. On peut, sans contradiction, croire à la divinité du Christ et à la nécessité d'une transformation sociale dans le sens du collectivisme. Quant aux doctrines économiques ou politiques qui peuvent se trouver dans l'Évangile, elles sont manifestement trop vagues, trop indéterminées, pour s'opposer, d'une manière irréductible, à d'autres doctrines politiques et économiques.

Nous n'en voulons pour preuve que les controverses innombrables et sans cesse renaissantes, sur la portée sociale véritable des textes évangéliques.

Les uns — c'est la grande armée des conservateurs — découvrent en certains de ces textes le germe de la théorie de non-résistance, ou interprètent la phrase fameuse, « Vous aurez toujours des pauvres parmi vous » en ce sens que la division des classes serait conforme au plan providentiel.

D'autres, au contraire, voient dans le Nouveau Testament un socialisme avant la lettre, une prédication sociale pour le relèvement des opprimés.

D'autres, enfin, soutiennent que, pour Jésus et les premiers chrétiens, le royaume des cieux était proche ; il allait bientôt arriver « comme un voleur » ; le Messie ne tarderait pas à venir « sur les nuées du ciel ». Par conséquent, ils ne pouvaient avoir qu'une indifférence dédaigneuse pour un monde qui allait finir et ce serait aller à l'encontre du sens primitif des textes évangéliques que d'y prétendre trouver une doctrine politique et sociale :

« La vérité historique est — dit l'abbé Loisy — que la pensée d'un état social régulièrement constitué selon les principes évangéliques n'existe pas en dehors de la perspective du prochain royaume des cieux, où il n'y aura plus ni pauvres, ni riches, où il ne saurait être question de propriété privée,. ni de propriété collective, et où la félicité divine est le bien de tous. Reste seulement la possibilité de tirer de cet idéal du royaume, comme de celui du renoncement et du précepte de la charité, telles applications qui conviendront à un état donné de la société humaine » [1].

Cette interprétation est-elle plus exacte que les précédentes ?

Pour examiner cette question — nous nous gardons bien de dire pour la trancher — il faudrait un gros livre et, pour l'écrire, une compétence qui nous manque. Mais la diversité même et la divergence de ces interprétations, qui mettent aux prises les plus éminents des théologiens et des critiques, suffisent pour conclure qu'au point de vue politique et social, on peut trouver dans le Nouveau Testament, à peu près tout ce que l'on veut y voir. Par conséquent, tout homme qui ne se laisse pas imposer une interprétation par voie d'autorité, peut fort bien, en partant de l'Évangile, abou-

1. A. Loisy, *L'Évangile et l'Église*, p. 29; Paris, Picard, 1902.

tir, soit à l'anarchisme tolstoïen, soit au socialisme démocratique.

C'est ainsi que nous voyons en France des hommes comme Paul Passy ou Raoul Biville être, à la fois, des chrétiens ardents et des membres actifs du Parti socialiste.

En tête de leur journal la *Cloche d'alarme*, « organe du christianisme primitif », ils inscrivent cette profession de foi caractéristique :

« A bas le règne de l'argent et l'oppression sous toutes ses formes, et l'exploitation de l'homme par l'homme, et l'état social fondé sur l'injustice, où les uns crèvent d'or et les autres de faim ! A bas les superstitions absurdes et l'obscurantisme stupide et le cléricalisme intrigant et le sacerdotalisme autoritaire et les dévotions niaises qui détournent l'homme du travail viril, du devoir moral et social ! A bas le matérialisme brutal et l'athéisme intolérant et l'incrédulité desséchante et le scepticisme qui alourdit la pensée et qui énerve la volonté !

« Et vive l'Évangile de la vie, de la joie et de la pureté, message de salut personnel et collectif, moral et social !... Vive le christianisme primitif, débarrassé de toutes les falsifications » [1].

Il va sans dire que ce socialisme évangélique, mys-

____

1. *La Cloche d'alarme*, organe du christianisme primitif, laïque et démocratique; rédacteur en chef : PAUL PASSY, à Bourg-la-Reine (Seine).

tique, hyperidéaliste, diffère, en bien des points, du socialisme tel que nous le concevons, tel que le conçoivent les socialistes formés à l'école de Marx. Cependant, au point de vue de l'action pratique, ce qui nous divise est peu de chose, en somme, auprès de ce qui nous rapproche. On peut, du reste, espérer que, de plus en plus, les aspirations un peu vagues du christianisme social se préciseront au contact du socialisme collectiviste.

Mais, si l'expérience démontre que le christianisme primitif, le christianisme évangélique peut faire bon ménage avec le socialisme démocratique, la question se pose tout autrement, lorsqu'il s'agit du catholicisme, ou même du protestantisme constitué en Églises.

Dans ce cas, certes, la conciliation devient à tout le moins difficile, d'autant plus difficile, pour ce qui concerne les protestants, que leur conception et leur organisation ecclésiastique ressemble plus à celle de l'Église romaine.

Seulement, de ce que la conciliation est difficile, faut-il conclure qu'elle soit impossible ?

Nous ne tenterons pas d'examiner la question, d'une manière spéciale, pour les diverses Églises protestantes. Rien ne serait plus décevant et plus chimérique, car suivant la juste expression du pasteur J. L. Roberty, les Églises protestantes sont autant de têtes :

« Jamais — ajoute-t-il — dans l'histoire du protestantisme, on n'a vu la minorité d'une assemblée ecclésiastique, sur un point important de doctrine ou d'activité pratique, se croire tenue de se soumettre à la majorité. Dans le catholicisme, on sait à qui parler. Le souverain pontife se présente seul. Un mot de sa bouche (du moins ainsi le veut le dogme) et toute l'Église catholique peut être modifiée. Mais, dans notre seul protestantisme français nous comptons plus de six cent mille papes. Auquel de ces six cent mille vous adresserez-vous ? Le seul Maître est au ciel ! [1] »

S'il en est ainsi, pour les questions religieuses, à plus forte raison en est-il de même pour les questions politiques et sociales. Aucune autorité doctrinale, aucune autorité disciplinaire n'empêche, et ne pourrait empêcher des protestants de professer des opinions socialistes et de participer à l'action des partis ouvriers.

En fait, d'ailleurs, si nous voyons certains protestants chercher un terrain d'entente avec les catholiques, afin de combattre les « doctrines subversives », il en est d'autres, au contraire, qui s'orientent, plus ou moins nettement, vers le socialisme démocratique.

C'est le cas, pour choisir un exemple caractéristique,

---

1. *La Revue.* Enquête de DE MORSIER sur la réunion des Églises, 15 septembre 1904, p. 160. — C'est ce qu'Auguste Comte exprimait, en d'autres termes, dans le vol. V de son *Cours de philosophie positive* p. 212 : « Chacun sait certainement encore ce que c'est qu'un catholique, tandis qu'aucun bon esprit ne saurait se flatter de comprendre ce que c'est qu'un chrétien, qui pourrait indéfiniment appartenir à l'une quelconque des mille nuances incohérentes qui séparent le luthérien primitif du pur déiste actuel. »

parmi bien d'autres, de la plupart des pasteurs qui rédigent « l'*Avant-Garde*, organe des chrétiens sociaux de langue française. »

Chaque numéro de ce journal, pour ainsi dire, nous apporte des preuves nouvelles du progrès des idées socialistes dans une minorité, faible du reste, mais vivante et agissante, du clergé protestant.

Récemment encore, l'un de ses principaux rédacteurs, Wilfrid Monod faisait accueil aux « *Demandes et réponses d'un enfant du peuple* », du pasteur Zurichois Paul Pflüger, qui sont moins un tract évangélique qu'une alerte brochure de propagande collectiviste[1]. Et, comme le ton de cet opuscule avait véhémentement choqué certains lecteurs de l'*Avant-Garde*, Wilfrid Monod intervint lui-même, dans le débat, pour prendre

1. On en jugera par l'extrait suivant :

I. « Qu'est-ce que tu es, cher enfant?
R. Un enfant d'ouvrier.

II. Que veux-tu dire par là?
R. Mon père travaille comme salarié et il est pauvre.

III. Pourquoi les salariés sont-ils pauvres?
R. Parce qu'ils touchent un petit salaire et, par conséquent, ne peuvent pas acheter beaucoup.

IV. Pourquoi touchent-ils un petit salaire?
R. Non parce qu'ils travaillent peu, mais parce que les employeurs veulent tirer un gros profit de leur travail.

V. Le salarié ne reçoit-il pas tout le profit de son travail?
R. Non; l'ouvrier ne reçoit qu'une partie de son travail comme salaire; l'autre partie est retenue par l'employeur.

VI. Ainsi, d'où viennent aux puissants leurs richesses?
R. Uniquement du travail des pauvres, auxquels on ne donne parce qu'ils ont produit et qui devrait, à bon droit, leur être attribué.

VII. Est-il juste que les uns vivent dans le superflu et les autres dans l'indigence?
R. Non, il est très injuste que beaucoup d'hommes, qui travaillent sans jamais s'arrêter, vivent dans la misère, tandis que d'autres, même quand ils ne font rien, disposent de tous les biens imaginables. »

la défense de Pflüger et justifier ses propres opinions :

« La Réforme — disait-il notamment — a fait de tout protestant un pape ; la Révolution a fait de tout citoyen un souverain ; si l'autorité religieuse et le pouvoir politique sont devenus la possession indivise de tous, la logique immanente mène le monde vers la propriété commune des moyens de production. Le domaine économique est peuplé de Grégoire VII et de Louis XIV, despotes absolus qui revendiqueraient la possession individuelle et inaliénable de l'air, de l'eau et du feu — s'il était possible — et qui se rabattent sur la possession de la terre, c'est-à-dire de tout ce qu'elle con-- tient et de tout ce qu'elle produit sur une superficie donnée. Le simplisme barbare d'une prétention pareille ne mérite aucun respect. *Il n'y a ni papauté, ni royauté, ni propriété de droit divin.* (Encore une fois, je vise la propriété des moyens de production, les moyens grâce auxquels on arrache au sol et on manipule ce qui est nécessaire à la subsistance de l'être humain) [1] ».

Nul ne méconnaîtra l'inspiration socialiste de pareil langage.

Il est vrai que W. Monod conserve, à l'égard de ce qu'il appelle, dans la suite de son étude, le « collectivisme étatiste », des préventions qui, selon nous, s'expliquent en partie par son individualisme protestant, en partie par la confusion que l'on fait, trop fréquem-

1. *Avant-Garde*, 15 octobre 1901.

ment, entre l'État bourgeois, bureaucratique et centralisé et l'État socialiste, démocratique et décentralisé [1]. Mais ce désaccord, qui l'incline plutôt vers une sorte de syndicalisme antiparlementaire, ne l'empêche nullement d'être, de cœur, avec le prolétariat militant.

Il serait facile de citer d'autres exemples, en Suisse, en France, en Hollande, en Angleterre, aux États-Unis, qui achèveraient de montrer que le socialisme rencontre, dans les milieux protestants, de notables sympathies [2]. Seulement, si précieuses que soient ces sympathies, si nombreuses que puissent être les adhésions protestantes au socialisme, ce serait une illusion d'optique de les prendre pour autre chose que des exceptions.

1. V., sur ce point, EMILE VANDERVELDE, *Le Collectivisme et l'évolution industrielle*, p. 173 et suiv.; Paris, G. Bellais, 1900.

2. V., notamment, la série de discours qu'un autre pasteur zurichois, HERMANN KUTTER, publiait en 1904, sous le titre de « Sie müssen » et dont *L'Avant-Garde* (15 octobre 1904) résume ainsi les idées maîtresses : « L'auteur s'en prend aux Églises, qui accusent la social-démocratie de repousser Dieu et de faire fi de la loi morale. Parlant au nom du Dieu de l'Évangile, il s'écrie : « C'est toi, Église, qui nies « Dieu dans la vie, qui ensevelis sous tes décombres la vérité chré- « tienne qui t'inclines lâchement devant le péché et sa puissance, qui « t'attaches à la matière et repousses l'esprit, qui nies pratiquement la « valeur absolue du droit et de la morale.

« Toute la vie que l'Église a laissé échapper, le socialisme en est « rempli; il en déborde, malgré ses violences et ses négations en « paroles, c'est lui qui croit vraiment en Dieu, puisqu'il a soif du Dieu « suprême; il fait mieux que de reconnaître le péché; il le traque et « veut le détruire; sous ses préoccupations économiques, il y a une « ardente inspiration vers la justice et la fraternité. L'Église détient « la formule du Christianisme, mais ce sont les socialistes qui en ont « l'esprit; et l'esprit les pousse; il faut qu'ils marchent de l'avant, vers « le progrès, vers Dieu, vers l'établissement de son royaume sur la « terre. »

En effet, dans tous les pays où existe une église protestante nationale, la masse de ceux qui y appartiennent, autrement que d'une manière nominale, forment, en même temps le gros des partis conservateurs et antisocialistes.

A Genève, par exemple, les « mômiers » représentent, par excellence, l'aristocratie bourgeoise et capitaliste. En Angleterre, tandis que les *dissenters* sont généralement libéraux ou radicaux, les *tories* se recrutent surtout parmi les conformistes. En Hollande, jusqu'aux élections dernières, calvinistes et catholiques, faisant trêve à leurs anciennes querelles, gouvernaient, sous la direction du Dr Kuyper, contre les libéraux et les socialistes. En Allemagne, l'orthodoxie luthérienne est aussi réactionnaire que l'orthodoxie catholique. Dans les pays Scandinaves, la plupart des pasteurs sont, au même titre que nos curés, des soutiens de l'ordre établi :

« Ce n'est pas seulement le clergé catholique — écrivait notre camarade danois Knudsen, dans l'enquête du *Mouvement socialiste* sur l'anticléricalisme [1] — ce n'est pas seulement le clergé catholique qui cherche à accaparer une puissance injuste pour l'exercer au détriment du peuple. Dans les pays protestants comme le nôtre, la robe noire ne le cède en rien à celle des nations catholiques, ni pour sa convoitise de puissance,

1. KNUDSEN, « Enquête sur l'anticléricalisme et le socialisme, *Mouvement socialiste*, 15 janvier 1903, p. 119 et suiv.

ni pour sa manière de procéder. L'Église luthérienne est celle qui, en Danemark, a été autorisée et est subventionnée par l'État, sous le nom d'Église populaire... Au sein de notre Église populaire s'est formée une secte se disant la « mission intérieure », laquelle, pour ce qui est de l'intolérance et des aspirations tyranniques, ne le cède en rien aux éléments les plus réactionnaires de l'Église catholique... Maintes fois, les prêtres ont refusé à nos drapeaux syndicaux et politiques l'accès des cimetières et des chapelles y attenant, et défendu aux parents ou camarades d'un défunt de lui dire adieu devant la tombe entr'ouverte. En général, ils ne négligent aucune occasion d'affermir et d'élargir leur pouvoir et celui de l'Église ».

Bref, entre ce protestantisme et le socialisme, l'opposition est incontestable.

Mais cette opposition tient-elle à des causes essentielles ou contingentes? Ne provient-elle pas, surtout, de la dépendance des Églises nationales vis-à-vis de l'État dont elles font partie? Faut-il l'attribuer, au contraire, à un antagonisme de principes, qui persisterait même si le milieu social dans lequel elles évoluent venait à se démocratiser?

Nous avons déjà dit pour quels motifs ce serait une entreprise vaine que de vouloir répondre à pareilles questions, même pour les Églises protestantes qui ressemblent le plus à l'Église catholique : s'il n'y a qu'un catholicisme, il y a autant de protestantismes qu'il y a de fidèles; pour chacun d'eux, le problème de la conciliation entre le socialisme et la religion se pose en des termes différents. Mieux vaut, par conséquent, ne pas insister sur les cas intermédiaires, auxquels on peut appliquer, dans des proportions variables, une partie de ce que nous avons dit du christianisme évangélique, une partie de ce que nous allons dire du catholicisme.

Examinons donc immédiatement s'il est possible ou impossible que ce dernier se concilie, théoriquement ou pratiquement, avec le socialisme démocratique?

A première vue, la réponse ne paraît point douteuse : sauf de très rares exceptions, comme celles de Van den Brink ou de Hagerty, catholiques et socialistes sont d'accord pour proclamer leur désaccord irréductible.

On l'a dit maintes fois, ce qui les sépare, c'est la question du péché originel [1].

C'est par la malédiction divine, poursuivant de génération en génération les descendants du premier couple, que l'Église catholique explique et justifie la souffrance, l'asservissement au travail, la pérennité de la misère :

---

1. « C'est ... le péché qui a introduit dans le monde la différence des qualités ou des conditions, car, le péché ou la concupiscence supposés, c'est une nécessité qu'il y ait de ces différences. (Malebranche.) » Cité par JOLY, *Le Socialisme chrétien*, pp. 148 et 151 ; Paris, Hachette, 1892.

« Pour ce qui regarde le travail en particulier — dit l'encyclique *Rerum novarum* — l'homme dans l'état même d'innocence n'était pas destiné à vivre dans l'oisiveté, mais ce que la volonté eut embrassé librement, comme un exercice agréable, la nécessité y a ajouté, après le péché, le sentiment de la douleur et l'a imposé comme une expiation. *Maledicta terra in opere tuo : in laboribus comedes ex ea cunctis diebus vitæ tuæ.* Il en est de même de toutes les autres calamités qui ont fondu sur l'homme ; ici-bas, elles n'auront pas de fin ni de trêve, parce que les funestes fruits du péché sont amers, âpres, acerbes, et qu'ils accompagnent nécessairement l'homme jusqu'à son dernier soupir. Oui, la douleur et la souffrance sont l'apanage de l'humanité, et les hommes auront beau tout essayer, tout tenter pour les bannir, ils n'y réussiront jamais, quelques ressources qu'ils déploient et quelques forces qu'ils mettent en jeu[1] ».

Dans cette impossibilité de bannir la douleur et la souffrance, on conclut — bien que cette conclusion soit d'une logique discutable — à l'impossibilité de faire disparaître les inégalités sociales.

Donc, il y aura toujours des pauvres, et, par conséquent, il y aura toujours des classes.

C'est par un décret de la Providence que les sociétés

____

1. Lettre encyclique de N. T. S. P. Léon XIII, *De la condition des ouvriers*, p. 14; Bruxelles, Schepens, 1891.

humaines se partagent en capitalistes sans travail, nés pour la jouissance, et en travailleurs sans capital, nés pour l'expiation. Quoi que nous disions, quoi que nous fassions, quoi que nous tentions pour affranchir le travail, supprimer la misère, mettre fin aux souffrances causées par l'injustice sociale, nos efforts sont condamnés d'avance. Que les pauvres se résignent ! Que les riches les aident à prendre patience par « d'abondantes effusions de charité ».

Certes, le temps viendra, dans un monde meilleur, où toutes choses seront rétablies, où les comptes seront réglés, où les mauvais riches seront punis, les bons pauvres récompensés.

Mais, en attendant « ce qui importe par-dessus tout, au milieu de tant de cupidités en effervescence, c'est de contenir les masses dans le devoir », de conserver intactes les hiérarchies, de sauvegarder le principe d'autorité, d'éviter tout ce qui pourrait inspirer au peuple « une aversion pour les classes supérieures de la société ».

Aussi, contre ceux qui se révoltent, qui affirment que la division des classes ne sera pas éternelle, qui poursuivent l'expropriation de la propriété capitaliste, tous les chefs de l'Église sont d'accord pour prêcher le ralliement des forces conservatrices.

Pie IX appelle le socialisme « une peste léthifère » ; Léon XIII déclare que « la théorie socialiste de la propriété collective est absolument à répudier comme préjudiciable à ceux-là même qu'on veut secourir »; Pie X, enfin, dans son *motu proprio* sur l'action populaire chrétienne, sorte de *compendium* qui doit être pour les catholiques « la règle constante de leur conduite » affirme un ensemble de principes, qui constituent exactement le contre-pied des principes fondamentaux du socialisme :

« L'égalité véritable des divers membres de la société — dit-il notamment — consiste seulement en ceci que tous les hommes tirent leur origine de Dieu leur créateur, qu'ils furent rachetés par Jésus et qu'ils doivent, suivant une appréciation exacte de leurs mérites et de leurs démérites, être, par Lui, jugés, récompensés ou punis.

« *D'où il suit que, dans la société humaine, selon l'ordre établi par Dieu, il se rencontre des princes et des sujets, des riches et des pauvres, des doctes et des ignorants, des nobles et des plébéiens, qui, intimement unis par un lien d'amour, doivent s'aider réciproquement à atteindre leur fin dernière dans le ciel, et, sur la terre, leur bien-être matériel et moral*[1] ».

En présence de telles affirmations, émanant des chefs suprêmes de l'Église, il semble qu'aucun doute ne soit possible : être, à la fois, catholique et socialiste, ne constitue pas seulement une contradiction logique,

___

1. Cit. d'après le journal *Le XXe Siècle*, 27 décembre 1903.

mais une impossibilité pratique; et, certes, la question serait définitivement tranchée, si les catholiques, en matière politique et sociale, étaient obligés par un *motu proprio* ou par une encyclique.

Mais, tous ceux qui ont la moindre notion de ce qu'est l'infaillibilité papale savent que la question est moins simple qu'elle ne paraît, au premier abord.

En effet, pour qu'une décision ou définition pontificale soit obligatoire, nous disent les auteurs, il faut qu'elle soit rendue *ex cathedra* et pour qu'elle soit considérée comme rendue *ex cathedra*, il faut au moins quatre conditions.

Il faut :

1° *Ex parte pontificis.* — Que le pape s'adresse à la chrétienté comme docteur et pasteur suprême.

2° *Ex parte materiæ.* — Que la définition porte sur des matières qui sont l'objet du magistère infaillible de l'Église.

3° *Ex parte formæ.* — Que la définition soit proposée comme définitive et comportant, sous peine d'anathème, obligation de s'y soumettre.

4° *Ex parte termini.* — Qu'elle s'adresse enfin à l'Église universelle comme telle [1].

1. Cf. Girodon, *Exposé de la doctrine catholique*, p. 87 : « D'abord, l'objet de l'infaillibilité papale est strictement déterminé : c'est en ce qui concerne la foi ou les mœurs. En second lieu, même sur la foi ou les mœurs, le pape est infaillible seulement lorsqu'il se prononce *ex cathedra*. Cela suppose deux choses : qu'il s'adresse à l'Église universelle et non à un particulier ou à une Église spéciale; qu'il impose une doctrine, non comme probable, ni même simplement comme cer-

A cette seule énumération, on entrevoit toutes les difficultés qui peuvent naître, toutes les distinctions que l'on peut faire, lorsqu'il s'agit de déterminer la portée véritable des décisions et des définitions papales.

Le pape a-t-il parlé comme docteur et pasteur suprême? Sa définition concerne-t-elle la foi et les mœurs ? Est-elle obligatoire et définitive? S'adresse-t-elle à l'Église universelle comme telle?

Autant de questions difficiles, délicates, qui n'empêchent point l'adhésion ou l'obéissance de la masse des fidèles, mais qui fournissent à « l'élite » des échappatoires, des portes de sortie, des moyens de concilier l'obéissance du chrétien et l'indépendance du penseur ou de l'homme politique.

C'est ainsi qu'on a pu voir M. Ferdinand Brunetière, qui écrivait en 1903 : « le socialisme n'a rien de commun avec le christianisme », proclamer en 1904, dans une controverse avec Georges Renard, qu'il était d'accord, sur plus d'un point essentiel avec les « socialistes réformistes » à la manière de M. Millerand, et déclarer que, dans toutes les questions où la foi et les mœurs n'étaient pas engagées, rien ne l'empêchait de professer des opinions réprouvées par le chef de son Église :

« Je crois — disait-il — qu'en « matière politique

taine, mais comme de foi et avec obligation de l'accepter. Enfin, l'infaillibilité n'est pas une révélation, ni même une inspiration; c'est une assistance purement négative, dont tout l'effet consiste à préserver d'erreur les décisions portées *ex cathedra.* »

et sociale » un pape n'a que son autorité personnelle et, en quelque sorte, privée. Ses opinions n'engagent les fidèles que dans la mesure où ils les partagent, tout au rebours de ce qui se passe en « matière dogmatique et morale ». Vous en avez un exemple dans la résistance récente encore que toute une école a opposée chez nous aux « directions politiques » du pape Léon XIII et je connais d'excellents chrétiens qui ne se croient pas obligés en matière sociale par l'Encyclique *Rerum novarum*. Et ils ne se croient pas « obligés » parce que ces matières, à leur avis, ne sont pas de la compétence du souverain pontife en tant que tel, c'est-à-dire en tant que pasteur, docteur et chef de l'Église[1] ».

Étant donnée cette distinction, il ne paraît pas absolument impossible qu'un catholique adhère, sans manquer à ses obligations d'obéissance doctrinale, sinon au socialisme pris en bloc, du moins à la partie purement économique des théories socialistes[2].

---

1. Controverse sur le socialisme entre M. Ferdinand Brunetière et Georges Renard, dans *La Petite République*, 27 mars, 3 et 10 avril 1904.

2. Cf. Abbé Gayraud, *Un catholique peut-il être socialiste?* Paris, Blond, 1904. V., notamment, p. 73 : « L'opposition est irréductible en ce qui concerne les erreurs de droit naturel sur la propriété, la famille, la société et l'Etat; elle ne peut l'être moins au sujet des erreurs antichrétiennes de la libre pensée irréligieuse et de la politique sectaire. L'Eglise ne saurait, non plus, approuver les injustices et les violences, plus ou moins légales, dont quelques socialistes menacent les détenteurs du capital.

« Mais si, par une abstraction fort légitime et qui n'est pas un simple jeu d'esprit, l'on isole, pour ainsi parler, la formule économique essentielle du socialisme, si on la réduit à son expression dernière, d'après les plus récents écrivains et orateurs du parti, la contradiction théologique finit par disparaître sur le terrain des faits. »

Mais il n'en reste pas moins que, partout, l'Église catholique dans son ensemble, mène contre le socialisme une lutte sans merci.

Lorsque le pape dit « Frappe », les évêques crient « Assomme ». Sauf quelques rares exceptions, le clergé tout entier dénonce les socialistes comme les pires ennemis de la famille, de la propriété et de la religion.

« Quel est le devoir des catholiques envers le socialisme ? — écrivait naguère Mgr Rutten, l'évêque actuel de Liège. — Ils doivent le combattre sous toutes ses formes, et, cela, avec d'autant plus d'énergie que cet ennemi s'attaque aux bases mêmes de toute société civilisée [1] ».

Il serait oiseux de multiplier les citations de ce genre. Même aux États-Unis, le haut clergé commence à tenir pareil langage et nous savons, par expérience que, dans tous les pays catholiques, le mot d'ordre venu d'en haut est scrupuleusement observé.

Comment, d'ailleurs, pourrait-il en être autrement ?

« Ce serait manquer de cette docilité qui convient aux vrais fidèles — dit l'abbé Gayraud, dans son étude : *Un catholique peut-il être socialiste ?* — si l'on se dérobait obstinément à la direction doctrinale que les évêques et les papes, sentinelles vigilantes éclairées

1. RUTTEN, *Cours élémentaire d'apologétique chrétienne*, p. 350, Bruxelles, Schepens, 1898.

d'en haut, impriment à l'Église dans certaines circonstances, en face de nouvelles erreurs ou de tendances hérétiques [1] ».

Dans ces conditions, ce serait une duperie que d'observer vis-à-vis de l'Église catholique une attitude passive, sous prétexte que la religion est affaire privée.

Certes, nous ne pouvons avoir que de la sympathie pour ceux dont le christianisme sincère, affranchi de tout magistère ecclésiastique, incline vers l'action socialiste. Nous manquerions à la tolérance, si nous prenions l'offensive contre des groupements religieux « dont le royaume n'est pas de ce monde » et qui laissent à leurs membres liberté entière au point de vue politique et social. Mais à ceux qui portent la lutte sur notre propre terrain, qui font de la religion un instrument de règne et de domination temporelle, nous devons nécessairement répondre par la lutte.

En résumé, s'il est impossible de considérer le socialisme comme un développement, une transposition terrestre du christianisme, rien n'empêche, cependant, d'être, à la fois, chrétien et socialiste, chrétien pour les choses du ciel, socialiste pour les choses de la terre.

Par contre, l'incompatibilité paraît absolue entre le socialisme et le catholicisme, dont les théories sociales,

1. Abbé GAYRAUD, *loc. cit.*, p. 9.

foncièrement conservatrices, sont, pour ainsi dire, le contre-pied des théories socialistes.

Certes, on peut concevoir qu'un catholique, se séparant de l'immense majorité de ses coreligionnaires, adhère à la partie purement économique du programme de la démocratie socialiste. Mais, si ingénieux que soit l'esprit humain à concilier les contraires, on ne saurait méconnaître qu'il y ait quelque chose d'irréductible entre deux conceptions, dont l'une considère les inégalités sociales actuelles comme un mal transitoire, tandis que l'autre affirme, au contraire, que ces inégalités sont voulues par Dieu et sont la conséquence inéluctable du péché originel.

III

L'anticléricalisme bourgeois et l'anticléricalisme socialiste

> « Notre religion nationale est l'accomplissement de cérémonies religieuses et l'enseignement de vérités (ou de mensonges) soporifiques qui maintiennent la foule dans le travail pendant que nous nous amusons.
>
> « Ruskin. »

Dans le précédent chapitre, nous avons été amené à conclure qu'il existe un antagonisme à la fois théorique et pratique entre le socialisme et les religions d'autorité, dont le catholicisme est la forme la plus typique.

Toutes les difficultés d'application de la formule « religion, affaire privée » dérivent de cet antagonisme.

D'une part, pour former le bloc prolétarien, pour rendre possible l'action et l'organisation commune de tous les travailleurs, sans distinction de croyances, il faut leur donner la certitude qu'ils ne seront nullement inquiétés dans leurs convictions religieuses, par leur affiliation à la démocratie socialiste, par le triomphe de celle-ci.

D'autre part, étant donnée l'attitude hostile de l'Église catholique, sans parler des autres, à l'égard du socialisme, il est inévitable et indispensable que les socialistes prennent part à la lutte contre le cléricalisme et se préoccupent d'affranchir les consciences, ne fût-ce qu'au point de vue du succès de leurs revendications économiques.

Seulement, ces deux attitudes sont-elles conciliables ? Est-il possible de combattre le cléricalisme sans toucher à la religion ? Est-il possible de toucher à la religion sans froisser, dans leurs sentiments intimes, les travailleurs croyants ? N'est-il pas à craindre que, dans ces conditions, la démocratie socialiste, emportée par ses préoccupations anticléricales, s'aliène une fraction importante du prolétariat ? Ne faut-il pas redouter en outre, que, versant dans l'anticléricalisme vulgaire, se détournant de son œuvre d'affranchissement intégral, lâchant, en un mot, la proie pour l'ombre, elle tende à n'être plus qu'un décalque du radicalisme bourgeois ?

Pour se convaincre que de telles appréhensions ne sont pas entièrement vaines, il suffit de songer à ce qui se passe dans beaucoup de pays.

En principe, tous les socialistes reconnaissent qu'il ne faut blesser les convictions religieuses de personne, qu'il est nécessaire de différencier nettement l'anticléricalisme socialiste et l'anticléricalisme bourgeois.

Mais, en fait, les choses vont tout autrement : que de

fois, dans des parades grossièrement, outrageusement antireligieuses, ne voyons-nous pas des socialistes jouer les premiers rôles ; que de fois, dans les Parlements, ne sont-ce pas des socialistes qui réclament, avec plus d'ardeur que les radicaux eux-mêmes, l'intervention de l'État pour forcer les consciences!

Il est juste d'ajouter, cependant, que dans l'un et l'autre cas, ce n'est point *parce que* socialistes, mais *quoique* socialistes.

La plupart des reproches, en effet, que l'on peut légitimement faire à la démocratie socialiste, au sujet de son attitude dans les questions religieuses, s'expliquent par ce fait que, dans les pays comme la France, l'Italie, la Belgique, où le problème se pose avec une acuité plus grande qu'ailleurs, beaucoup de militants ont passé par le radicalisme. Chez nombre d'entre eux, le vieil homme est loin d'avoir complètement disparu. Grattez le socialiste et, trop souvent, en dépit des programmes et des déclarations de principe, vous trouverez l'anticlérical à l'ancienne mode, avec les traditions, les habitudes d'esprit, les arguments et les procédés qui caractérisent la bourgeoisie radicale.

Pareille politique qu'un ministre belge appelait naguère « l'art d'embêter les curés ! » est évidemment fort commode. Elle n'exige pas grande étude chez ceux qui la pratiquent. Elle apparaît aux *beati possidentes* comme un dérivatif salutaire. Elle est assurée d'un

accueil favorable auprès du populaire, dont le misonéisme robuste préfère toujours les vieux clichés aux
formules nouvelles ; mais, d'autre part, cette politique
est incurablement stérile, car elle n'a et ne peut avoir
aucune prise, bien au contraire, sur les travailleurs
restés croyants.

Ce n'est pas en « embêtant les curés », en interdisant
les processions, en défendant aux prêtres de porter la
soutane, en applaudissant ce maire socialiste qui inter-
disait naguère à des religieuses de recueillir des lé-
gumes ou des rogatons à la porte des riches, que l'on
facilitera l'union des travailleurs et que l'on contri-
buera à faire du xx° siècle le siècle de la révolution
sociale.

Aussi importe-t-il de réagir et de ne jamais perdre
une occasion de mettre en lumière la vanité de cet
anticléricalisme superficiel, la nécessité d'une action
réellement socialiste, seule à même de ruiner, non pas
le sentiment religieux, au sens large, mais les religions
d'autorité, les formes despotiques du sentiment religieux, par la suppression des inégalités politiques et
sociales dont elles sont le reflet.

Ce n'est pas à dire, naturellement, que le socialisme puisse se désintéresser de la lutte directe contre
le cléricalisme. En admettant qu'il y songe, d'ailleurs,
les agressions cléricales le rappelleraient bien vite à la
réalité. Mais, si nul n'a le droit de déserter la lutte con-

tre l'ingérence des Églises dans l'ordre temporel, il est d'un très grand intérêt pour l'avenir du socialisme d'opérer une sélection rigoureuse parmi les moyens d'action à mettre en œuvre dans cette lutte.

Dans les pays où la longue prédominance de l'Église catholique a créé un état d'esprit peu favorable à la tolérance religieuse, certains de nos amis, chaussant les bottes des radicaux, n'hésitent pas à déclarer que, partout où la chose est possible, il faut recourir contre le cléricalisme — *salus populi suprema lex* — à des mesures d'exception.

Les intolérants, dit-on, n'ont pas droit à la tolérance ; les ennemis de la liberté n'ont pas droit à la liberté et, dans l'espoir, un peu naïf, d'en finir une bonne fois avec « les menées cléricales », on propose, par exemple, de réserver le monopole de l'enseignement à l'État, on s'efforce, comme en France, de supprimer les congrégations.

Ce n'est pas le moment de discuter, en détail, les arguments que l'on fait valoir pour le monopole de l'État en matière d'enseignement, ou tout au moins d'enseignement primaire.

Cependant nous ne saurions dissimuler les appréhensions que pareil système nous inspire.

Non pas que le droit d'enseigner soit à nos yeux un de ces droits primordiaux, de ces prérogatives indispensables, qui doivent appartenir à tous les citoyens, sans conditions préalables, comme le droit de s'associer, ou d'exprimer ses opinions par la parole ou par la presse.

Il est parfaitement légitime, au contraire, que l'État, en décrétant l'instruction obligatoire, exige des garanties, soumette les écoles-libres à son inspection, impose aux instituteurs ou aux professeurs des conditions de savoir et de moralité.

Mais quand nous songeons à ce que pourrait être, à ce que pourrait devenir le monopole scolaire, aux mains d'un gouvernement insoucieux, ou hostile à certaines tendances, ou sourdement inquiet de voir les travailleurs acquérir une instruction plus complète, nous nous refusons soit à enlever aux autres, soit à supprimer pour nous-mêmes le droit d'ouvrir des écoles, afin d'échapper à un enseignement officiel qui froisserait nos consciences, ou ne répondrait pas à nos aspirations.

Et si l'on nous objecte que, pratiquement, le droit d'ouvrir des écoles — sauf peut-être des écoles supérieures — ne profite guère qu'à l'Église, seule puissance à même de faire la concurrence à l'État ou aux communes, nous répondons que ce n'est pas un motif pour empêcher les catholiques, ou les protestants, ou les juifs, de faire ce que, le cas échéant, nous voudrions faire nous-mêmes. D'ailleurs, sans compter qu'il importe de réserver l'avenir, il n'est pas douteux que, dès à présent, des écoles modèles, même peu nombreuses, peuvent exercer une action éminemment favorable sur les méthodes suivies dans les écoles publiques.

Quant aux mesures contre les congrégations, autre chose est, évidemment, de combattre la mainmorte et de toucher au droit d'association des individus.

Nous répugnons à la pensée que l'on interdise à des personnes pieuses de vivre en commun, de porter des habits spéciaux, de faire vœu de pauvreté ou de chasteté, mais nous comprenons parfaitement que l'État interdise à ces associations communautaires de posséder au delà de certaines limites, comme il n'hésite pas à le faire, quand il s'agit de syndicats ouvriers.

Seulement, ceux-là se feraient d'étranges illusions qui attribueraient une importance pratique considérable à des mesures législatives toujours faciles à éluder.

Au surplus, on ne détruit que ce que l'on remplace : le législateur bourgeois devra forcément reculer devant des mesures décisives aussi longtemps que l'État ne sera pas en mesure de substituer aux œuvres d'assistance ou aux écoles congréganistes, une organisation supérieure de l'enseignement et un vaste système d'assurances contre tous les risques d'incapacité ou de privation de travail.

Par contre, supposons que, partout, il y ait des écoles publiques assez vastes et assez nombreuses pour répondre à tous les besoins, dirigées par des instituteurs convenablement rémunérés, complétées par des œuvres scolaires qui assurent aux enfants une alimentation suffisante, comme dans les cantines de Lille ou de Roubaix ; supposons que tous les citoyens aient la certitude d'obtenir du travail ou des moyens de subsistance, en cas de chômage, de vieillesse ou d'invalidité, sans devoir faire appel à la bienfaisance cléricale ; n'est-il pas évident que la question des ordres religieux perdrait une grande partie de son importance pratique et que l'État n'aurait plus besoin de recourir, pour combattre l'Église, ou les Églises, à des mesures d'exception.

Le droit commun pourrait lui suffire, mais, bien entendu, le droit commun strictement appliqué, sans faveurs et sans privilèges pour aucune institution religieuse.

Liberté des cultes, mais suppression du budget des cultes.

Liberté d'enseignement, mais suppression de toutes les subventions, de tous les avantages, directs ou indirects, que, dans la plupart des pays, l'État accorde à l'enseignement religieux.

Liberté d'association, mais limitation du droit de posséder à ce qui est nécessaire pour que chaque association remplisse son but.

Si telle était, partout, la politique suivie par la démocratie socialiste, en matière religieuse, nul ne pourrait prétendre que cette politique soit de nature à froisser les consciences religieuses.

C'est sur ce terrain que, malgré certains écarts individuels, le Parti ouvrier belge a toujours eu la préoccupation de se tenir.

Certes, il existe entre ses militants des différences d'appréciation sur la tactique à suivre.

Les uns veulent accentuer la lutte contre le cléricalisme ; d'autres sont dominés par la préoccupation de mettre au premier plan les questions économiques ; mais, sur le principe, tout le monde se trouve d'accord : la religion est affaire privée, affaire de conscience ; par conséquent, la démocratie socialiste ne doit vouloir de mesures d'exception, ni contre les Églises, ni en leur faveur, et le Parti ouvrier, formant un État dans l'État, doit garantir à ses adhérents la liberté de conscience qu'il voudrait voir régner dans la société tout entière.

Rien n'empêche donc un travailleur croyant — si ce n'est la défense qui lui en serait faite par son Église — de s'affilier au Parti ouvrier.

Il y a deux ou trois ans, un démocrate chrétien posa à notre Conseil général la question suivante : « Catholique sincère, mais respectueux des libertés modernes, j'adhère entièrement au programme économique et politique de la démocratie socialiste. Puis-je, sans abdiquer mes croyances religieuses, être admis dans vos rangs ? »

On lui répondit que, dès l'instant où il acceptait sans réserves les statuts et la déclaration de principes du Parti ouvrier, nul n'avait à lui demander compte de ses opinions sur l'existence de Dieu, sur l'immortalité de l'âme, ou sur le mystère de la Trinité.

L'affaire, au surplus, resta sans suite. Soit qu'il ait eu des scrupules théoriques, soit pour d'autres motifs, l'interrogeant ne demanda pas son affiliation au parti socialiste. Néanmoins, la décision de principe du Conseil général reste acquise. Elle montre que tous les socialistes belges sont d'accord pour accepter la formule d'Erfurt, avec l'interprétation qui vient de lui être donnée : le socialisme, *en tant que parti politique, en tant qu'organisation économique du prolétariat*, n'a pas à s'occuper des questions religieuses, des problèmes métaphysiques.

Mais, dira-t-on peut-être, la question religieuse est inséparable de la question cléricale. Ce qui fait la force du cléricalisme, ce qui permet à l'Église, nationale ou romaine, de donner un précieux appui au conservatisme des classes possédantes, c'est que, dans la masse de la population, il existe encore un grand nombre de gens qui ont la foi du charbonnier, qui croient fermement, naïvement, profondément, à tout ce que le clergé leur enseigne. Par conséquent, pour lutter efficacement contre le cléricalisme, il ne suffit pas de rester sur la défensive, il faut travailler à l'élimination des croyances sur lesquelles le cléricalisme s'appuie.

Nous ne songeons nullement à méconnaître la portée de cette objection. Nous pensons également que le cléricalisme ne sera définitivement vaincu que par la disparition des croyances qui lui servent d'aliment.

Seulement, nous sommes convaincus que ces croyances ne disparaîtront, ou, du moins, ne perdront leur prétention d'être des vérités absolues, s'imposant à tous, que par l'affranchissement économique des travailleurs, dont la libération se reflétera dans leurs conceptions philosophiques ; et, d'un autre côté, nous croyons que la propagande, dite rationaliste, doit être faite, non par les partis socialistes, mais par des groupes distincts, agissant dans la plénitude de leur indépendance, et, aussi, de leur responsabilité.

Qu'arriverait-il, en effet, si l'action de la démocratie socialiste et de la « libre pensée » venaient à se confondre ?

D'une part, les socialistes qui ne sont pas des libres penseurs — les protestants, par exemple, ou ces milliers de travailleurs qui continuent à pratiquer, plus ou moins, la religion catholique — se trouveraient, à chaque instant, blessés dans leurs croyances et la cohésion du prolétariat en serait affaiblie.

D'autre part, les libres penseurs qui ne sont pas des

socialistes, les bourgeois qui parviennent, tant bien que mal, à concilier leur conservatisme économique et leur libéralisme philosophique, se tiendraient à l'écart et l'activité de la propagande rationaliste en serait diminuée.

A tous les points de vue donc, il vaut mieux que le socialisme et la libre pensée restent choses distinctes. Mais, naturellement, et en vertu même du principe que la religion est affaire privée, que la question religieuse est une question libre, il appartient aux socialistes qui sont en même temps des libres penseurs de contribuer à l'émancipation ouvrière, en travaillant à libérer les esprits, au point de vue religieux et philosophique.

Tout ce qu'on est en droit de leur demander, c'est que, dans leur propagande rationaliste, ils n'oublient jamais qu'ils sont, avant tout, socialistes et que, comme tels, ils ont pour devoir de ne pas se livrer à des attaques outrageantes contre les convictions de ceux, parmi leurs compagnons de lutte, qui sont restés des croyants.

Une autre attitude, d'ailleurs, ne serait pas seulement préjudiciable au socialisme, mais à la libre pensée.

« Dans ma longue carrière politique — disait Liebknecht au Congrès de Halle — j'ai appris que ni les outrages, ni les attaques à la religion, n'ont pu ébranler la foi d'un seul croyant. Nous pouvons détrôner la religion en lui opposant la science. Il faut mobiliser l'école contre l'Église, l'instituteur contre le prêtre : une éducation forte et éclairée éloigne de la religion. La lutte, par contre, profite aux adversaires et ceux d'entre nous qui livrent bataille à la religion, tombent dans la même erreur que le gouvernement prussien combattant l'Église catholique et rendant l'ennemi plus fort ».

Ce n'est donc point par la persécution, mais par la persuasion, qu'il faut agir dans le domaine des croyances.

Pour dégager les travailleurs d'une servitude morale qui ne pourrait durer si leur conscience n'y acquiesçait point, c'est leur conscience qu'il faut éclairer et, pour atteindre ce résultat, nous ne connaissons pas d'adjuvants plus efficaces à l'action révolutionnaire des transformations économiques que la propagande par l'exemple et la propagande par l'enseignement.

La propagande par l'exemple, d'abord.

Autant les plaisanteries faciles sur la religion, les attaques bouffonnes et grossières contre des croyances qui ont droit à la tolérance, sont, à la fois, stériles et haïssables, autant nous considérons comme un devoir pour les libres penseurs de conformer, en toute occasion, leurs actes publics à leur pensée intime.

Si tous ceux qui ne croient pas rompaient ouvertement avec les cultes officiels, refusaient systématiquement de participer à des cérémonies qui ne représentent plus pour eux que de vains simulacres, il n'est point douteux que cette propagande par le fait remplacerait avantageusement les déclamations anticléricales de ces francs-maçons, de ces bourgeois voltairiens, de ces « mangeurs de prêtres », qui envoient leurs enfants dans les écoles congréganistes et, dans toutes les circonstances solennelles de leur vie, n'hésitent pas à réclamer les secours ou les concours de la religion.

Aussi considérons - nous comme une obligation inflexible, pour ceux-là, surtout, dont l'exemple peut avoir une action décisive, de ne pas donner le démoralisant spectacle d'une adhésion apparente à des dogmes auxquels ils ne croient pas.

Nous ne pouvons que répéter ici ce que nous avons dit à propos de la lutte contre l'alcoolisme : si nous voulons amener les autres à ne pas faire une chose, commençons par ne pas la faire nous-mêmes.

Mais il va sans dire qu'à elle seule, cette propagande par l'abstention ne peut suffire : elle a pour complément nécessaire la propagande par l'enseignement, c'est-à-dire l'exposition, aussi objective que possible, des résultats les plus importants de l'investigation scientifique.

Il est bien vrai qu'en théorie, les Églises prétendent n'avoir rien à craindre de cette propagande par l'enseignement, à condition, bien entendu, que l'on ne substitue pas aux résultats définitivement acquis, des hypothèses subjectives et incertaines. Mais, en fait, il n'est pas sérieusement contestable que, surtout dans les pays catholiques, elles font tout ce qu'elles peuvent pour soustraire leurs fidèles à l'examen des contradictions, au moins apparentes, qui existent entre les conclusions de la science positive et les données fondamentales de la foi.

Certes, nous admettons volontiers que, dès l'instant où la foi se réfugie dans le domaine de l'inconnaissable, elle échappe, par cela même, aux atteintes que pourraient lui porter le progrès des sciences positives.

C'est seulement quand elles prétendent se fonder sur des preuves historiques que les croyances religieuses deviennent justiciables de la critique; c'est seulement quand elles prétendent empiéter ou se maintenir sur le domaine conquis par la science, qu'elles risquent de se trouver en contradiction avec elle.

Aussi voyons-nous tous ceux qui veulent sauver de la religion ce qui peut en être sauvé faire des efforts, plus ou moins heureux, pour obtenir que, suivant l'expression de Benjamin Constant, « la religion se retire de ce que les hommes connaissent, afin de se replacer à la circonférence de ce qu'ils savent ».

Grâce à cette séparation du naturel et du surnaturel, des critiques comme Loisy, des savants spiritualistes comme Lapparent ou comme Pasteur, peuvent continuer à se dire et à se croire catholiques.

Seulement, ce catholicisme ne ressemble pas plus au catholicisme d'un ouvrier flamand ou d'un paysan breton, que la philosophie de Schopenhauer aux croyances d'un indigène de l'Inde ou du Thibet.

Le Dieu d'un Lapparent ou d'un Pasteur n'est que l'expression concrète de l'infini; c'est un souverain constitutionnel; il règne, mais ne gouverne pas; il laisse à ses créatures le soin de se gouverner elles-mêmes, d'après les lois naturelles immuables. Le Dieu d'un ouvrier flamand ou d'un paysan breton, au contraire, est un être anthropomorphe, que l'on peut gagner par des prières et fléchir par l'intercession de la Vierge ou des saints; c'est un souverain absolu; il règne selon son bon plaisir, sans être lié par ses propres lois.

Or, c'est dans cette seconde hypothèse, seulement, que la religion vaut comme instrument de règne. Pour qu'elle exerce, à ce point de vue, une véritable prise sur les âmes, il faut qu'elle suppose une intervention effective, directe, fréquente de la divinité dans les affaires humaines, il faut que les fidèles soient persuadés que Dieu fait la pluie et le beau temps, déchaîne la grêle ou empêche la sécheresse, récompense les bons, en leur ouvrant le paradis, et punit les méchants en les jetant aux flammes de l'enfer.

Dès l'instant où cette persuasion n'existe plus, la religion devient une métaphysique, un spiritualisme symbolique, n'exerçant qu'une action indirecte sur la conduite ou sur les opinions politiques et sociales. Ce qu'elle gagne en élévation, elle le perd en efficacité, non pas comme moyen de moralisation, mais comme moyen d'intimidation et de domination. Aussi voyons-nous les Églises, tout en s'efforçant, pour les gens éclairés, de concilier la foi et la science, continuer imperturbablement leur enseignement traditionnel, à l'usage des gens simples.

On persiste à dire à ceux-ci que tout est vrai dans les livres saints; que le récit de la Genèse, par exemple, doit être pris à la lettre; que Dieu forma de terre le corps d'Adam; qu'il forma le corps d'Ève d'une côte d'Adam; qu'il défendit à Adam, sous peine de mort, de manger du fruit d'un des arbres qui se trouvaient dans le paradis terrestre; que pour avoir enfreint cette défense, Adam fut assujetti aux souffrances et à la mort; que tous les hommes ont péché dans Adam; qu'après la mort notre âme ira au ciel ou en enfer; que le ciel est un lieu de délices, où les élus voient éternellement Dieu face à face; que l'enfer est un lieu d'incompréhensibles douleurs où Dieu punit éternellement les damnés[1].

On concède, au contraire, à ceux-là, que la Bible ne doit pas être interprétée littéralement, que dans sa

---

1. Ces lignes sont empruntées textuellement au *Cathéchisme de Malines, ou instructions pour les enfants qui se préparent à la première communion*, publié par le cardinal Goossens, archevêque de Malines ; Malines, 1000 ; 5ᵉ édition ; 13, 14, 18, 19, 21, 22, 24 ; 25ᵉ leçon ; 17, 22.

partie historique elle contient des erreurs dues à l'infirmité de l'esprit humain, qu'elle n'a pas été dictée mais inspirée par Dieu, que le récit de la Genèse n'est nullement incompatible avec l'hypothèse transformiste, que le ciel et l'enfer ne sont que des figures, pour désigner la récompense et la pénitence[1].

Grâce à cette double interprétation, l'une ésotérique, l'autre exotérique, on parvient à grouper, sous la même dénomination, des hommes qui ont, en réalité, des conceptions fort différentes. Mais, si l'habileté de cette tactique est de nature à retarder le processus de dissolution des croyances dogmatiques, elle ne peut empêcher

1. Dans son livre *La Question biblique au XIX* siècle, M. l'abbé Houtin nous donne un exemple frappant de la duplicité, ou même, dans l'espèce, de la « triplicité » de l'enseignement ecclésiastique. Pendant que théologiens, géologues, apologistes se trouvaient aux prises sur la question de l'universalité ou de la réalité du déluge, l'enseignement variait — le mot est de M. Houtin — *selon les classes :*
« Dans l'enseignement primaire, et à l'explication populaire du catéchisme, on représentait un cataclysme comme ayant été physiquement et absolument universel.
« Dans l'enseignement secondaire, on adoptait le sentiment qui le restreignait à la terre habitée par les hommes.
« Dans l'enseignement supérieur, on laissait complète la liberté d'opinion.
« Ainsi, ceux à qui une riche éducation permettait d'acquérir, soit les principes philosophiques de la possibilité du concours des plus grands miracles dans un événement, soit la distinction des sentiments religieux et moraux d'avec des conceptions enfantines, ceux-là recevaient l'enseignement le moins capable d'entraîner quelque jour la ruine de leur foi.
« Beaucoup plus nombreux, les enfants peu fortunés, ceux dont plus tard la foi devait être assaillie par les doctrines matérialistes et anticléricales, ceux-là recevaient le plus difficile à tenir. Ils le recevaient dogmatiquement lié à celui de l'existence de Dieu et aux préceptes moraux, de sorte que, l'accessoire venant à s'écrouler, le tout s'effondrait.
« Les historiens qui auraient à expliquer comment le peuple de France a perdu sa foi traditionnelle devront-ils négliger l'effort produit par de telles causes ? » (Houtin, *La Question biblique chez les catholiques de France au XIX* siècle; Paris, Picard, 1902.)

cependant que, par d'autres voies, cette dissolution s'accomplisse.

De deux choses l'une, en effet : ou bien la religion abandonne, une à une, les positions que la science conquiert et, se réfugiant dans le domaine de l'inconnaissable, renonce, par cela même, à exercer une influence autoritaire sur la vie morale et sociale; ou bien elle résiste pied à pied, elle se raidit contre l'inévitable, elle s'entête à enseigner ce que la science contredit et alors le moment vient où l'homme du peuple, longtemps berné, finit par s'apercevoir que le monde ne ressemble guère aux descriptions de son curé.

L'astronomie lui montre, dans les profondeurs du ciel, non plus des théories d'anges et de saints, des bienheureux « resplendissants et agiles, subtils et impassibles »[1] mais des mondes innombrables, des théories de soleils, entraînant leur cortège de planètes, à travers l'infini.

La géologie lui découvre, au lieu des six mille ans de la chronologie biblique, la succession des âges de la terre, depuis la nébuleuse primitive jusqu'aux formations de l'époque moderne.

Les sciences naturelles, à leur tour, emportent les dernières citadelles de la fixité métaphysique des choses en substituant définitivement la catégorie du devenir à la catégorie de l'être.

1. Catéchisme de Malines. 5ᵉ édition, Malines, 1900.

Enfin, le transformisme des institutions, des mœurs et des croyances, achève de mettre en lumière le caractère local, transitoire, relatif, des systèmes métaphysiques ou religieux.

Que l'on enseigne donc simplement, sans commentaires inutilement agressifs, l'histoire du monde, l'histoire de la terre, l'histoire de la vie, l'histoire des sociétés : l'incompatibilité qui existe entre les croyances au surnaturel — essence des religions positives — et les constatations des sciences expérimentales, éclatera pour tous ceux qui n'ont pas intérêt à la dissimuler.

Seulement, gardons-nous de l'oublier, la pénétration de cette propagande, si active soit-elle, trouvera fatalement ses limites dans l'obstacle que lui opposent les conditions économiques défavorables du prolétariat.

Aussi longtemps que la grande masse des hommes sera condamnée à vivre pour travailler, au lieu de travailler pour vivre, ce serait folie d'espérer des transformations décisives dans la mentalité générale.

C'est pour cette raison que l'anticléricalisme bourgeois se montre déplorablement superficiel, ou bien foncièrement hypocrite, lorsqu'il prétend libérer les esprits, en n'apportant que des modifications insignifiantes à l'organisation capitaliste actuelle.

Dans un état social où les classes possédantes ont intérêt à maintenir « une religion pour le peuple », où les enfants des travailleurs, lorsqu'ils vont à l'école, n'y vont qu'un petit nombre d'années et n'y reçoivent qu'un enseignement rudimentaire, tout imprégné encore de cléricalisme, où la majorité des travailleurs eux-mêmes n'échappent à l'isolement du travail agricole et du travail à domicile que pour connaître la servitude de la caserne ou l'esclavage de la fabrique, il est inévitable que les religions d'autorité subventionnées par l'État, ou soutenues par les riches, mais enracinées surtout dans la misère et l'ignorance des pauvres, soient en mesure de résister à toutes les attaques, d'échapper à toutes les réfutations.

Par conséquent, pour faire de l'anticléricalisme sérieux, il faut, avant tout, faire du socialisme.

On l'a dit, et redit, depuis Marx, mais il est de vieilles vérités toujours bonnes à redire, ce sont les révolutions dans les conditions matérielles de la vie, qui préparent et rendent possibles les révolutions dans les idées.

En résumé la formule du Congrès d'Erfurt « religion, affaire privée » doit être comprise en ce sens que le socialisme, en tant que parti, n'a pas à s'occuper des convictions religieuses de ses adhérents ; que, d'autre part, dans l'ordre politique, les Églises doivent être traitées, conformément au droit commun, comme des associations dépourvues de tout caractère public.

Par contre, cette formule ne signifie nullement que le socialisme doive se désintéresser des questions philosophiques et religieuses. Elle ne signifie pas non plus que, dans l'ordre théorique, ses principes puissent se concilier avec ceux qui servent de fondement aux religions, ou plus précisément, aux religions d'autorité.

A première vue, cependant, on pourrait croire que la conciliation soit possible, et même facile, entre le socialisme, doctrine économique, et les religions, conceptions métaphysiques, pourvu que l'on circonscrive nettement les deux domaines.

Qu'est-ce, en effet, que le socialisme?

C'est — en se plaçant exclusivement au point de vue économique — le mouvement du prolétariat, mouvement de révolte contre l'exploitation capitaliste, qui a pour but de réaliser l'appropriation collective, ou communiste, des moyens de production.

Qu'est-ce que la religion, au sens strict que nous avons donné à ce mot?

C'est la croyance au surnaturel, à l'intervention d'un être transcendant, d'un Dieu personnel, extérieur au monde, dans le gouvernement du monde et, spécialement, dans les affaires humaines.

Or, si l'on confronte ces définitions, il n'apparaît pas, tout d'abord, qu'il y ait incompatibilité entre la croyance au surnaturel et les revendications socialistes.

Ce sont là des faits appartenant à deux ordres différents. On peut croire au surnaturel, à l'intervention de la Providence dans les affaires humaines et avoir la conviction que l'évolution sociale actuelle tend au collectivisme.

On peut accepter intégralement les théories collectivistes et admettre, en même temps, le libre arbitre, l'immortalité de l'âme, l'existence d'un Dieu personnel.

Mais, nous l'avons vu, les religions d'autorité, et, en première ligne, la religion catholique, ne se bornent pas à des affirmations d'ordre métaphysique. Elles ont la prétention d'en faire découler des règles morales, des conceptions sociales déterminées.

« Du monde religieux — dit Donoso Cortès — l'ordre pénètre dans le monde moral, et, du monde moral, dans le monde politique. Le Dieu catholique, créateur et conservateur de toutes choses, a assujetti toutes choses au gouvernement de sa providence. Tout pouvoir vient de Dieu, dit saint Paul. *Non est potestas, nisi a Deo* [1] ».

D'autre part, s'il est vrai que le socialisme a pour but spécifique de réaliser l'appropriation collective ou communiste des moyens de production, il n'est pas moins certain que cette transformation radicale des conditions économiques entraînerait des transformations corrélatives dans toute la superstructure politique, juridique, religieuse de la société.

Aussi est-il naturel que ceux qui entendent maintenir intacte cette superstructure, qui ont conscience de la solidarité de toutes les formes du conservatisme, social,

1. Donoso Cortès, *Essai sur le catholicisme*, p. 30.

politique, religieux, considèrent le socialisme comme leur pire ennemi et le représentent comme subversif, à la fois, de « la propriété, de la famille et de la reli-gion ».

Pour que cette dernière affirmation, toutefois, soit exacte, il faudrait, au lieu de dire « la propriété, la famille et la religion», se borner à dire : les formes actuelles de la propriété, de la famille et de la reli-gion.

On ne saurait douter, certes, que si la propriété collective venait à se substituer à la propriété capitaliste, l'organisation de la famille, caractérisée aujourd'hui par l'inégalité juridique des sexes et l'indissolubilité légale du mariage (sauf le tempérament du divorce), subirait des transformations profondes dans le sens de la liberté et de l'égalité; mais cela ne toucherait en rien à ce qu'il y a de permanent et d'essentiel dans l'orga-nisation familiale : les liens d'affection entre l'homme et la femme, les parents et les enfants seraient, au con-traire, plus forts, si la famille cessait d'être l'organe de transmission des propriétés.

De même, dans une société d'hommes libres, politi-quement et économiquement, l'organisation autoritaire et hiérarchique des Églises, et, particulièrement, de l'Église catholique, apparaîtrait, selon toutes vraisem-blances, comme un anachronisme, un non-sens, une impossibilité; mais les problèmes qui se trouvent à la racine de toute religion n'en subsisteraient pas moins.

Que l'on suppose, en effet, une société collectiviste, où la division des classes aurait disparu, où les travailleurs seraient pleinement affranchis de toute sujétion matérielle ou intellectuelle.

Si importante que soit pareille transformation, elle n'empêcherait évidemment pas que, dans cette société, comme dans la société actuelle, les hommes continuent à se demander ce que c'est que la mort, ce que c'est que la vie?

Ceux-là seuls qui ne se rendent pas compte du caractère relatif de la science, de son incompétence pour nous apprendre quoi que ce soit sur l'essence des choses, peuvent avoir cette illusion que le progrès des connaissances sientifiques mettraient fin à cette ignorance philosophique, que Pascal décrivait naguère en ces termes :

« Je ne sais qui m'a mis au monde, ni ce que c'est que le monde, ni que moi-même. Je suis dans une ignorance terrible de toutes choses. Je ne sais ce que c'est que mon corps, que mes sens, que mon âme, et cette partie même de moi qui pense ce que je dis, qui fait réflexion sur tout et sur elle-même, et ne se connaît non plus que le reste. Je vois ces effroyables espaces de l'univers qui m'enferment et je me trouve attaché à un coin de cette vaste étendue, sans que je sache pourquoi je suis placé plutôt en ce lieu qu'à un autre, ni pourquoi ce peu de temps qui m'est donné à vivre m'est assigné à ce point plutôt qu'à un autre de toute l'éternité qui m'a précédé et de toute celle qui me suit. Je ne vois que des infinités de toutes parts, qui m'enferment comme un atome et comme une ombre qui ne dure qu'un instant sans retour. Tout ce que je connais est que je dois bientôt mourir, mais ce que j'ignore le plus est cette mort même que je ne saurais éviter. »

Aussi longtemps qu'il y aura des hommes, c'est-à-dire des êtres réduits, par la constitution même de leur esprit, à ne connaître que l'aspect phénoménal des choses, ces questions resteront posées.

Seulement, tandis qu'aujourd'hui, la plupart acceptent passivement les solutions que l'une ou l'autre Église leur propose, ou leur impose, tout fait prévoir que, dans une société affranchie, le sentiment religieux se dégagera, de plus en plus, des formes autoritaires qui sont le reflet idéologique de nos conditions politiques et sociales.

Nombre de gens, sans doute, dépourvus de tout mysticisme, convaincus de la stérilité des méditations sur l'au-delà, se contenteront du bonheur de vivre et attendront la mort, sans anxiété comme sans espérance.

D'autres, au contraire, ne résisteront pas au besoin de former des hypothèses et, selon la pente de leur esprit, inclineront vers l'un ou l'autre des systèmes qui se partagent l'humanité, depuis qu'il y a des religions ou des philosophies.

Mais tous seront d'accord pour reconnaître l'impossibilité de donner à leur foi un fondement historique ou scientifique ; ils auront conscience du caractère essentiellement subjectif de ces hypothèses et, par conséquent, ils renonceront à la prétention de les imposer à d'autres, comme des vérités certaines, comme des vérités absolues.

Cela ne veut pas dire, toutefois, que les croyances religieuses deviendront purement individuelles. Des groupements religieux, ou si l'on préfère, des Églises, pourront subsister et se fonder librement, entre ceux qui auront le même idéal, la même conception de la vie et du monde. Mais, il n'y aura plus *une* Église, et *une* religion, considérée comme la seule base possible de la morale et de la société.

Les individus pourront croire, ou ne pas croire à l'existence de Dieu ou à la vie future, mais c'est en dehors de ces notions, sans les nier ou sans les affirmer, que s'organisera la vie sociale[1].

1. Dès à présent, au surplus, cette séparation de la vie sociale et de la vie religieuse tend à se réaliser. Mais, dans la société bourgeoise, préoccupée, à la fois, de résister aux empiétements des Églises et de s'en servir comme moyen de gouvernement, la réalisation de l'idée laïque se heurte à des résistances tenaces, qui aboutissent aux compromis les plus ridicules entre l'ancienne religion d'État et la complète laïcité.

En Prusse, par exemple, le ministre des cultes. étant aussi le ministre de l'instruction publique, est « le ministre, à la fois, de la croyance et de l'incroyance » (Anton Menger.)

En France, en attendant la dénonciation du Concordat, c'est généra-

On peut donc appliquer mot pour mot au socialisme ce que Proudhon, dans son livre sur la Justice, disait de la Révolution :

« La Révolution, en écartant, avec le péché originel, l'hypothèse de Dieu, ne la nie pas en elle-même; interprète du droit social et de la raison scientifique, elle ne se croit pas qualité suffisante pour nier ou affirmer ce qui dépasse la raison et l'expérience. Restant dans la sphère des manifestations humaines, elle se borne à dire que l'idée de Dieu est étrangère à la morale humaine, qu'elle est même nuisible à la morale; non que Dieu soit mauvais en soi, mais parce que son intervention dans les affaires de l'humanité n'y produit que du mal, par les conséquences, les abus, les superstitions et le relâchement qu'elle entraîne. »

Aussi longtemps, en effet, que persistent les inégalités artificielles qui dérivent du capitalisme et qui maintiennent, en l'aggravant, l'exploitation de l'homme par l'homme, la croyance en un Dieu personnel, imposée

lement un franc-maçon, ne croyant ni à Dieu, ni à diable, qui désigne les chefs de l'Eglise, au milieu de ces intrigues édifiantes qui ont fourni à Anatole France le sujet de *L'Anneau d'améthyste*.

En Belgique, où la séparation des Eglises et de l'Etat existe, sauf en ce qui concerne les traitements, et où, par conséquent, le clergé échappe à tout contrôle, c'est aux frais de tous les contribuables, y compris les socialistes et les libres penseurs, qu'il mène son incessante campagne contre le socialisme et la libre pensée.

Dans la Grande-Bretagne, l'Etat, puritain en Ecosse, est antipuritain en Angleterre et laïque en Irlande.

Partout, en un mot, les derniers vestiges de l'Eglise nationale se mélangent, sous les formes les plus bizarres et les plus incohérentes, aux institutions séculaires de l'Etat moderne. La religion n'est plus complètement affaire publique; elle n'est pas encore affaire privée.

aux masses par les Églises, est, au point de vue social, une nuisance, car, sans agir efficacement sur les maîtres, elle contribue à consolider les privilèges de classe, en les faisant passer pour conformes au plan providentiel.

Par contre, en régime socialiste, il n'y aurait plus de croyances dangereuses, comme il n'y aurait plus de philosophies subversives. Nul n'aurait intérêt, soit à les imposer, soit à les combattre. Chacun pourrait se faire sa religion, ou adhérer à la religion des autres, ou se passer de toute religion, sans que la société s'en émeuve ou que la morale s'en inquiète, puisque la société et la morale ne seraient plus fondées sur un principe métaphysique; et, devant la grande énigme du monde, les travailleurs, affranchis de toute sujétion matérielle, délivrés de toute ingérence cléricale, pourraient librement adopter les hypothèses ou les solutions qui leur paraîtraient les plus conformes aux aspirations de leur cœur ou aux exigences de leur raison!

LE SOCIALISME ET LES ARTISTES

Pour Lalla VANDERVELDE.

> « L'idéal est une fleur qui a ses racines dans les conditions matérielles de l'existence. (PROUDHON.) »

Depuis que les « intellectuels », sortant de leur atelier ou de leur cabinet de travail, ont découvert qu'il existe un prolétariat, capable de s'intéresser à autre chose que la question du pain quotidien, on parle beaucoup d'art pour tous, d'art pour le peuple, d'art du peuple.

Dans tous les pays de civilisation occidentale, sous des formes et des noms divers, on a créé des *Sections d'art*, des *Théâtres du peuple*, des *Universités populaires*, où la musique et la littérature alternent avec des cours scientifiques.

Jusqu'à présent, toutefois, les résultats de ces initiatives ne laissent pas d'être discutables. Beaucoup d'entre elles marquent plus de bonne volonté que de connaissance réelle des besoins à satisfaire, et, dans les milieux socialistes on est fort divisé sur l'attitude à prendre vis-à-vis des artistes et des esthètes qui veulent « aller au peuple [1]. »

Certains socialistes manifestent le plus vif enthousiasme et nous parlent, comme d'une chose dès à présent possible, d'un « art socialiste », d'un art vraiment populaire.

D'autres, au contraire, restent méfiants et sceptiques. Ils craignent que les « préoccupations esthétiques » du prolétariat ne le détournent de préoccupations plus urgentes. Ils considèrent « l'art pour le peuple » et, à plus forte raison, « l'art du peuple » comme une décevante utopie, aussi longtemps que le régime économique actuel n'aura pas subi une radicale transformation.

C'est, au fond, la même question, la même controverse que nous avons rencontrée déjà, lorsqu'il s'agissait de la lutte contre l'alcoolisme, ou des rapports du socialisme et des religions.

Pour lui donner une solution satisfaisante, il est nécessaire de définir, au préalable, les relations, les liens de dépendance qui existent entre l'art et le régime économique, les conditions matérielles d'existence.

La réalité même de ces liens n'est plus contestée aujourd'hui par ceux qui s'occupent des questions d'art

1. V., par exemple, la polémique de DEWINNE et do JULES DESTRÉE, dans *Le Peuple*, de Bruxelles, mai-juin 1905.

en se plaçant au point de vue scientifique. Il ne faut nullement être un marxiste orthodoxe pour admettre qu' « une forme donnée de l'art correspond partout à une forme donnée de la production. »

C'est en partant de cette hypothèse initiale que, dans ses belles études sur les *Débuts de l'art*, Grosse établit, par de multiples exemples, la corrélation, chez les peuples primitifs, des occupations habituelles et des premières manifestations esthétiques :

« Les modèles que les chasseurs ont empruntés à la nature — dit-il — sont, presque toujours des formes animales et humaines. Ils choisissent donc les objets qui offrent pour eux le plus grand intérêt pratique. Le chasseur primitif abandonne aux femmes le travail, inférieur à ses yeux, de compléter son menu par des plats d'origine végétale, dont il ne peut se passer entièrement; mais il ne s'occupe pas lui-même des plantes. Dans ces conditions, il est clair qu'il n'y a pas dans l'art ornemental des peuples chasseurs trace de formes végétales, formes qui se sont si richement et si gracieusement développées chez les civilisés. Nous avons déjà dit que ce contraste a une signification très profonde. Le passage de l'ornement emprunté au monde animal, à l'ornement emprunté au monde végétal, est, en effet, le symbole du plus grand progrès qui se soit accompli, c'est-à-dire le passage de la chasse à l'agriculture. [1] »

1. Grosse, *Les Débuts de l'art*, pp. 117 et suiv.; Paris, Félix Alcan, 1902.

Cette interprétation « matérialiste » des phénomènes esthétiques les plus simples reste-t-elle valable, lorsqu'il s'agit de phénomènes complexes, comme ceux que nous rencontrons dans les sociétés contemporaines?

Il serait, à coup sûr, ridicule de prétendre expliquer l'art d'un Beethoven ou d'un Wagner par l influence immédiate du milieu économique. Mais, pour être moins directe, moins apparente, chez les peuples civilisés que chez les peuples chasseurs étudiés par Grosse, la dépendance de l'art vis-à-vis des conditions matérielles d'existence n'en est pas moins réelle.

Tout d'abord les artistes ne sont pas de purs esprits. Ils ne sont pas encore parvenus à vivre de l'air du temps. Le problème du pain quotidien se pose pour eux comme pour les autres mortels. Beaucoup sont des prolétaires, plus pauvres que les plus pauvres parmi les ouvriers manuels, et, par la force des choses, on doit trouver dans leur art quelque reflet de leur situation personnelle.

En second lieu, si la production des œuvres d'art est — sauf les cas de collaboration — un acte individuel, leur réalisation ou leur exécution, leur conservation, leur exposition, leur diffusion, exigent, dans l'immense majorité des cas, une action collective, un concours économique et social.

Si l'on fait abstraction des travaux de préparation et de documentation, qui peuvent exiger un matériel d'étude considérable, il ne faut guère autre chose qu'un pinceau ou une plume pour peindre un tableau, écrire un poème, composer une symphonie. Seulement, une fois le tableau peint, le poème écrit, la symphonie composée, il faut, pour les faire connaître au public, que des hommes de tous les métiers interviennent, depuis les typographes qui impriment les partitions ou les livres, jusqu'aux architectes, aux ouvriers du bâtiment, aux électriciens, qui construisent, décorent ou éclairent les musées et les bibliothèques, les théâtres et les salles de concert.

Ne fût-ce qu'à ce point de vue, la production esthétique se rattache, par d'innombrables. liens, à l'ensemble de la production sociale.

Mais, outre ces liens extérieurs et, en somme superficiels, il existe, entre l'œuvre créée par l'artiste et le milieu économique dans lequel il vit, un rapport à la fois moins apparent, moins immédiatement tangible, et plus intime, plus profond, plus essentiel.

En effet, la création et la jouissance des œuvres d'art, ces deux aspects de la vie esthétique, ne sont possibles que dans les groupes sociaux où toutes les énergies ne sont pas absorbées par la lutte pour la vie, par la nécessité de satisfaire les besoins physiques. Suivant le mot de Shakespeare, l'homme réduit au strict nécessaire est animal. Chez les individus, comme chez les peuples, l'art, qui a pour condition *sine qua non* une certaine somme de loisir, reste un luxe, aussi longtemps que le loisir même n'appartient pas à tout le monde.

C'est ce que montrent clairement les esthéticiens qui, suivant une méthode dont les biologistes, depuis longtemps, avaient donné l'exemple, ont étudié l'art dans ses expressions les plus simples, chez les peuples qui paraissent se rapprocher le plus de l'état primitif.

« Même chez les sauvages — dit Haddon — le loisir est essentiel pour la culture de l'art. On suppose trop souvent que tous les sauvages sont paresseux et ont du temps de reste en abondance, mais c'est bien loin d'être toujours le cas. Les sauvages font tout ce qui est nécessaire pour vivre ; c'est l'extra seulement qui reste pour l'amusement, l'esthétique ou la religion ; et, alors même qu'il y a beaucoup de temps pour ces dernières choses, il ne s'ensuit pas qu'il y ait un superflu d'énergie équivalent. L'homme blanc qui a entraîné ses facultés et qui déborde d'énergie, est porté à taxer de paresse ceux qui n'ont pas le même entraînement. Dans le cas de la Nouvelle-Guinée Britannique, il apparaît à l'évidence que *l'art fleurit lorsque la nourriture est abondante*. D'une manière générale, on est en droit de dire que tant valent les hommes, tant vaut l'art et que la capacité esthétique d'un peuple dépend des conditions favorables du milieu [1]. »

<hr>

1. Haddon, *Évolution in art;* London, Walter Scott, 1895.

On peut appliquer ces observations, *mutatis mutandis*, à tous les degrés de l'évolution économique et sociale.

Chez nous, comme chez les sauvages de la Nouvelle-Guinée — sur lesquels ont porté spécialement les recherches de Haddon — il faut du temps de reste pour s'intéresser aux choses d'art, et, à plus forte raison, pour produire des œuvres d'art.

Or, dans la société actuelle, le loisir n'est pas un droit, mais un privilège. Il appartient exclusivement au petit nombre de ceux qui ne doivent pas travailler pour vivre ou qui, du moins, ne doivent consacrer à ce travail qu'une partie de leur temps. Les autres ne cessent de travailler que pour prendre le repos indispensable à la réfection de leurs forces. Il leur est tout aussi impossible de participer à la vie esthétique en dehors de leur temps de travail, que de donner un cachet artistique aux produits d'un travail que le machinisme automatise de plus en plus.

Dans ces conditions, l'art ne peut être qu'une activité et une jouissance de luxe. De même, d'ailleurs, que la liberté, la propriété, l'instruction, il existe pour quelques-uns ; il n'existe pas pour la grande masse des travailleurs ; et cet état de choses ne prendra fin, l'art ne cessera d'être un luxe, que le jour où tous les citoyens seront à même de s'y intéresser, grâce à une plus équitable répartition des tâches et des produits du travail.

Cela ne veut pas dire, bien entendu, que toute tentative actuelle d'initiation d'une partie de la classe ouvrière à la vie esthétique, ou scientifique, soit nécessairement inefficace. L'expérience montre, au contraire, que la fraction la plus développée du prolétariat se montre capable d'un sérieux effort pour acquérir les premières notions des sciences, ou s'élever à la compréhension des œuvres d'art.

Mais il n'en reste pas moins vrai que, dans un état social caractérisé par l'asservissement du plus grand nombre à des travaux purement manuels, la jouissance et la production esthétiques se trouvent fatalement restreintes, entravées et amoindries.

Cependant, par une étrange inconscience, ce sont précisément les apologistes de pareil régime qui ne craignent pas de représenter l'avènement du socialisme comme un retour à la barbarie. A les entendre, il n'y aurait d'autre art, d'autre civilisation possibles , qu'un art, une civilisation de minorités. Et, par une aberration encore plus étrange, beaucoup d'artistes partagent cette opinion : malgré le mépris, l'aversion qu'ils affichent pour la bourgeoisie, ils se figurent que le maintien de la propriété bourgeoise est le seul moyen de les préserver de « la tyrannie déprimante du régime collectiviste ».

Aussi, croyons-nous utile, dans l'espoir de dissiper ces préventions, de comparer le sort des artistes dans la société actuelle, à la condition qui leur serait faite dans une société où, la propriété capitaliste étant abolie, les principaux moyens de production seraient propriété collective.

Il ne sera pas difficile de montrer que les artistes, comme les ouvriers, n'ont rien à perdre que leurs chaines et que, d'autre part, il n'y aura vraiment d'art pour tous, d'art pour le peuple, d'art du peuple, que dans un état social où le peuple sera économiquement affranchi.

I

L'art en régime bourgeois

> « Je ne veux pas de l'art pour quel-
> ques-uns, pas plus que de l'éducation
> pour quelques-uns, ou de la liberté
> pour quelques-uns.
>
> « Non, plutôt que de voir l'art vivre
> de cette pauvre et maigre vie parmi
> quelques hommes exceptionnels, mé-
> prisant ceux qui sont au-dessous d'eux
> pour une ignorance dont ils sont res-
> ponsables, pour une brutalité qu'ils
> n'ont pas combattue, — plutôt que de
> voir cela, je souhaiterais que le monde
> balayât tout art pour quelque temps.
>
> « W. Morris. »

Nous ne commettrons pas l'injustice de prétendre qu'en régime capitaliste l'œuvre d'art ne soit qu'une valeur d'échange, une marchandise comme une autre, dont le producteur aurait pour objectif principal de tirer le plus grand bénéfice possible. Ce qui fait, au contraire, l'artiste véritable, c'est l'absence d'esprit mercantile. S'il n'a d'autres ressources que son pinceau, sa plume ou son ébauchoir, force lui sera sans doute de brosser des portraits, d'écrire des articles de journaux, de faire du « bibelot », pour gagner un peu d'argent, mais il défendra jalousement une part, la meilleure part de sa vie, pour la consacrer à des travaux désintéressés. Néanmoins, quoi que fasse l'artiste pour échapper à l'influence du milieu, quels que soient les efforts ou les sacrifices auxquels il s'astreigne, pour s'affranchir de toute dépendance matérielle et morale vis-à-vis de la classe possédante, il est condamné à subir, consciemment ou inconsciemment, sa domination. C'est elle, en effet, qui lui fournit les moyens de vivre, soit en lui achetant ses œuvres, soit en lui procurant quelque emploi, soit encore — s'il appartient lui-même à la bourgeoisie — en lui garantissant des revenus capitalistes. De plus, comme le fait remarquer Grosse « toute œuvre d'art, prise en elle-même, n'est qu'un fragment. L'œuvre de l'artiste a besoin, pour être complète, des idées du spectateur ; ce n'est que de cette façon que naît tout ce que l'artiste a voulu créer ». Or, nous venons de constater que, dans un régime social où les richesses, et, par conséquent, les loisirs sont le privilège d'une minorité restreinte, le spectateur, l'auditeur, le lecteur, l'esthète, en général, appartiennent fatalement à cette minorité. C'est elle, c'est la minorité bourgeoise qui forme, à peu près, le seul public auquel l'artiste puisse s'adresser.

Il ne suffit pas, en effet, de créer quelques Sections d'art ou quelques Universités populaires pour modifier un état de choses qui tient à la structure même de la société actuelle. Certes, nous applaudissons quand on organise une exposition de peinture à Whitechapel, des représentations d'*Andromaque* ou de *Tartufe* au théâtre du Ba-ta-clan, un concert d'orchestre à la Maison du Peuple de Bruxelles. Seulement, à qui profitent ces initiatives, localisées, le plus souvent, dans quelques quartiers de quelques grandes villes ?

Les campagnards, tout d'abord, qui forment presque partout l'immense majorité de la population, y restent complètement étrangers.

On dira, peut-être, qu'à Bussang, Maurice Pottecher a créé un Théâtre du Peuple, dont les journées dramatiques ont lieu en pleins champs, au pied des Vosges ; que, dans les campagnes de Toscane, et, surtout, dans les cantons suisses, des paysans, continuant une tradition plusieurs fois séculaire, jouent des œuvres écrites à leur intention : telle, par exemple, la *Dîme*, de René Morax, pièce historique en quatre actes et sept tableaux, représentée à Mézières, près Lausanne, le 15 avril 1903[1].

Mais une hirondelle et même deux ou trois hirondelles ne font pas le printemps. Pris dans sa masse, le peuple des campagnes vit dans un véritable désert intellectuel et ne connaît de la vie urbaine que les marchés et les foires, les *music-halls* et les grands magasins. Sa litté-

1. Romain Rolland, *Le Théâtre du peuple*, p. 84 ; et n° IV des documents, dans *Les Cahiers de la Quinzaine*, 4ᵉ cahier de la 5ᵉ série ; Paris, 1903.

rature, quand il sait lire, se borne au catéchisme, à quelque vieil almanach ou à la prose insipide de la feuille d'annonces du canton. La musique ne lui parvient que par les instruments tumultueux et discords de la fanfare du village ou par ces phonographes qui font pénétrer partout le plus inepte répertoire des cafés-concerts parisiens. Les arts plastiques n'existent pour lui que sous la forme des chromolithographies sentimentales, que lui vendent les colporteurs, ou des images de saints et des chemins de croix qui décorent ses églises ; et si, par une apparente compensation, il vit plus près de la nature que les citadins, il ne voit pas la beauté des choses, car il les regarde seulement au point de vue de l'utile ; tout le monde a eu l'occasion d'entendre des propos analogues à ceux de ce paysan dauphinois, qui nous disait un jour : « Comment pouvez-vous nous venir voir dans ces tristes montagnes, alors que vous habitez un si beau pays, tout plat et tout en terres à blé [1]. »

Quant au peuple des villes, j'entends celui qui travaille de ses mains, peut-on dire qu'il profite, beaucoup plus que les campagnards, des œuvres et des manifestations d'art qui se trouvent à la portée de ses sens,

1. Cp. GUYAU, *Les Problèmes de l'esthétique contemporaine*, p. 24 ; Paris, F. Alcan, 1891 : « Un Américain trouvait l'Angleterre bien plus belle que son pays, parce qu'on peut y faire des milles sans rencontrer un arbre ailleurs que dans les haies. Grant Allen cite un paysan d'Hyères qui, félicité sur la vue que sa maison offrait du côté de la mer, se tourna à l'opposé, vers la plaine plantée de choux et s'écria : « En effet, il y a là une vue magnifique ! »

mais qui restent, hélas, trop souvent, hors de portée de son esprit ?

A l'ouverture des cours d'une U. P., aux premières séances d'une section d'art, on voit généralement beaucoup d'ouvriers. Mais, après quelque temps, le public se clairsème, ou se transforme. Les gens aux mains calleuses se font rares. Ils sont remplacés par des instituteurs, des employés, des petits bourgeois, auditeurs et spectateurs dont il est certes fort utile de faire l'éducation esthétique, mais dont la présence même, en poussant les organisateurs à raffiner leurs programmes, contribue à écarter les travailleurs manuels[1].

C'est ce qui apparaît clairement, par exemple, quand

1. Il serait exagéré cependant de dire que, dans les U. P., qui sont restées fidèles à leur but primitif et où les professeurs se donnent la peine de faire des leçons assez simples pour être accessibles à tous, l'élément ouvrier soit quantité négligeable.

Voici, par exemple, ce que nous écrit, à ce sujet, P. Crouzet, secrétaire de l'U. P. de Toulouse :

« Nous avons fait la statistique professionnelle de nos adhérents, au nombre de 800 environ. Le pourcentage est le suivant :

« Ouvriers, 20 p. 100; employés, 25 p. 100; petits commerçants, 10 p. 100; étudiants, 20 p. 100; professions libérales, 15 p. 100; dames, 5 p. 100; divers, 5 p. 100.

« Les dames sont bien peu nombreuses, en réalité : mais, dans ces 5 p. 100, ne sont comprises que celles qui prennent une carte spéciale d'adhésion : le plus grand nombre entrent avec leur mari, ce qui est conforme aux statuts. D'autre part, la proportion devrait être renforcée dans le sens ouvrier, car, de même qu'ils se parent un peu, pour venir à l'U. P., de même ils parent et embellissent leur profession. L' « épicier » s'intitule « négociant », etc. Je me souviens du colloque suivant que j'eus avec quelqu'un, le jour où je demandais les professions :

« — Votre profession ?
« — Employé de chemin de fer.
« — Pouvez-vous préciser ? Dessinateur ? Comptable ?
« — Non, je suis « bouillottier ».
« Voilà quelqu'un qui a été inscrit comme employé et qui est pourtant plus près d'un ouvrier. »

on suit, comme nous l'avons fait depuis plus de dix ans, les séances de la Section d'Art qui existe à la Maison du Peuple de Bruxelles.

Même dans ce local prolétarien, fréquenté presque exclusivement par des ouvriers, le public de la Section d'Art diffère de tous les autres. On y trouve, assurément, un certain nombre de travailleurs manuels, de *skilled labourers* des fines industries bruxelloises, mais ils ne forment point la majorité, et, malgré la préoccupation que l'on a de ne mettre au programme que des œuvres très simples, très accessibles à la foule ouvrière, il faut bien avouer que la foule ouvrière aime beaucoup mieux venir entendre, le dimanche soir, dans la grande salle des fêtes, le *Bossu*, la *Porteuse de pain* ou les *Deux Orphelines*.

Gardons-nous de laisser croire, au surplus, que dix années d'efforts pour modifier la table des valeurs esthétiques de la classe ouvrière, soient restés sans résultats.

En agissant directement sur un nombre restreint d'auditeurs ouvriers, la Section d'Art a exercé une influence épuratrice sur le programme de la plupart des fêtes qui s'organisent en dehors d'elle. Peu à peu, malgré des retours offensifs déplorables de l'ancien répertoire, les sociétés dramatiques, et, à un moindre degré, les sociétés chorales — que les succès à remporter dans les concours bourgeois occupent outre mesure — font des efforts louables pour amener leur public à préférer, aux chansonnettes de café-concert ou aux mélodrames de Féval et de d'Ennery, des œuvres classiques, de Beethoven, de Wagner, ou des drames modernes, comme les *Tisserands* de Hauptman ou l'*Assommoir* d'Emile Zola [1].

Mais en admettant même que ce public de deux ou trois mille personnes soit conquis, qu'est-ce que cette imperceptible élite, auprès de la multitude des *pauvres*, de ceux qui n'ont pas été, ou n'ont guère été à l'école, qui sont privés par un surmenage chronique de toute possibilité de développement intellectuel, qui ne peuvent songer à autre chose, après le travail du jour ou de la semaine, qu'à soulager leur faim, à reposer leurs membres, à chercher un instant de griserie dans l'alcool ou à procréer des générations nouvelles de souffre-douleur?

Il faut savoir le reconnaître, avoir le courage de mesurer l'étendue du mal, sans se leurrer d'exceptions heureuses, la plupart des travailleurs campés dans la civilisation moderne restent complètement étrangers à toute sensation d'art.

L'obstacle n'est pas, en général, la question d'argent : la plupart des musées sont publics; les éditions à bon marché foisonnent; les photographies, les cartes postales illustrées, permettent aux plus humbles d'avoir,

1. Sur la Section d'art de Bruxelles. V. Jules Destrée, « Préoccupations intellectuelles, esthétiques et morales », dans Vandervelde et Destrée, *Le Socialisme en Belgique*, 2ᵉ édit.: Paris, Giard et Brière, 1903.

en leur logis, des reproductions, souvent excellentes ; les petites places dans les concerts ou dans les théâtres, à l'*Odéon* ou à la *Comédie-Française* par exemple, sont à 0 fr. 50 ou 1 franc — nombre d'ouvriers dépensent, chaque dimanche, autant et plus pour leur boisson.

Mais, ce qui fait défaut, c'est l'éducation première, ou le loisir indispensable pour y suppléer ; et, pour que cela change, il faudra que la masse du peuple ne soit plus écrasée par la misère et le travail sans répit.

En attendant, les artistes ne peuvent s'adresser qu'à la classe riche, ou, plus exactement, à une minime fraction de la classe riche, car, si la conquête du pain absorbe la plupart des prolétaires, la conquête de l'or occupe exclusivement la plupart des bourgeois.

C'est donc une très faible partie de la population qui s'intéresse, ou qui affecte de s'intéresser, aux choses d'art. Seule, ou presque seule, la bourgeoisie, avec les restes d'aristocratie dont elle redore les blasons, dispose des ressources et des loisirs nécessaires pour remplacer les formes anciennes du Mécénat. Elle achète les tableaux et les livres. Elle fait vivre les théâtres. Elle forme les syndicats de garantie qui comblent le déficit chronique des concerts d'orchestre. Elle subventionne, par l'intermédiaire de ses ministres ou de ses magistrats municipaux, les sculpteurs ou les architectes. Et, naturellement, elle tend à imposer ses goûts aux ouvriers d'art qui dépendent d'elle.

Il suffit de songer, en effet, aux conditions d'existence et aux sources de revenu des artistes, dans notre état social, pour se convaincre qu'ils ne peuvent échapper à cette dépendance — et encore subissent-ils inconsciemment l'influence du milieu — qu'en faisant un pacte avec la misère ou en consacrant le meilleur de leur temps à des besognes ingrates.

Nous savons que, pour certains, ce sont là des considérations accessoires, intéressantes, à coup sûr, pour l'artiste, mais absolument indifférentes pour l'art.

A propos d'une enquête faite, par un journal bruxellois, sur la situation des écrivains en Belgique, un jeune littérateur, Léon Legavre, s'élevait naguère, en termes véhéments, contre ceux qui proposaient d'accorder à la littérature des encouragements, publics ou privés :

« Qui parle de littérature — écrivait-il dans l'*Idée libre*, du 15 septembre 1902 — ne parle pas de pain et qui parle de pain ne parle pas de littérature. L'idée littérature et l'idée pain sont des idées d'ordre différent. Le *primo vivere, deinde philosophari* est une absurdité... quand on parle de littérature.

« — Et si le littérateur crève de faim ?

« — Eh bien ! qu'il crève de faim ! Cela n'a rien à voir avec la littérature et cela n'a jamais empêché de faire des chefs-d'œuvre. Je serais même tenté d'ajouter : au contraire. »

On ne peut évidemment qu'admirer ce détachement

des choses de ce monde, surtout si cette révolte de l'esprit contre la chair vient d'un homme qui connaît, par expérience, les difficultés de la question du pain.

Il est exact, trop exact, d'ailleurs, que nombre d'artistes qui ont fait des chefs-d'œuvre ont, en même temps crevé de faim. Cela s'explique très naturellement, car le propre du génie est de déplaire, au premier abord, à ceux dont le misonéisme se trouve heurté par tout ce qui est original. Mais s'il est vrai que faire des chefs-d'œuvre n'a jamais empêché de crever de faim, c'est une erreur de dire que crever de faim n'a jamais empêché de faire des chefs-d'œuvre, et c'est une erreur plus forte encore d'ajouter : au contraire.

Dans une de ces Vies d'artistes qui sont, peut-être, avec *Jean-Christophe* et le *Théâtre du Peuple*, ce que nous préférons de lui, Romain Rolland cite un passage des mémoires de Berlioz, montrant, par un exemple saisissant, l'action d'arrêt que la misère peut exercer sur l'éclosion d'une œuvre d'art. Au moment où la santé de sa femme lui causait le plus de dépenses, une nuit, Berlioz eut l'idée d'une symphonie. Il avait dans la tête tout le premier morceau : un allegro en deux temps, en *la* mineur. Il se leva et il allait l'écrire, quand il pensa :

« Si je commence ce morceau, j'écrirai toute la symphonie ; elle sera considérable ; j'y passerai trois ou quatre mois exclusivement. Je ne ferai plus de feuilletons. Je ne gagnerai donc plus rien. Puis, quand ce sera fini, je ne pourrai résister à la tentation de la faire copier (soit 1.000 à 1.200 francs de dépenses), puis de la faire entendre ; je donnerai un concert dont la recette couvrira à peine la moitié des frais. Je prendrai ce que je n'ai pas ; je manquerai du nécessaire pour la pauvre malade, et je n'aurai plus de quoi faire face à mes dépenses personnelles, ni de quoi payer la pension de mon fils sur le vaisseau où il doit monter prochainement..... Ces idées me donnèrent le frisson, et je jetai ma plume, en me disant : « Bah ! demain, j'aurai oublié la symphonie ! » La nuit suivante, j'entendais clairement l'allegro : il me semblait le voir écrit. J'étais plein d'une agitation fiévreuse, je chantais le thème, j'allais me lever..... mais les réflexions de la veille me retinrent encore ; je me raidis contre la tentation, je me cramponnai à l'espoir d'oublier. Enfin, je me rendormis, et, le lendemain, au réveil, tout souvenir, en effet, avait disparu pour jamais !..... »

Pour un cas de ce genre, que nous pouvons connaître, combien d'autres, non moins douloureux, qui restent et resteront toujours ignorés !

Il est difficile, au surplus, de voir autre chose qu'un prétexte à amplifications littéraires dans le dédain que beaucoup d'artistes affectent pour tout ce qui se rapporte à leurs intérêts matériels.

En fait, ils doivent se préoccuper, comme tout le

monde, de trouver les moyens de vivre et, par conséquent, ils subissent, comme tout le monde, l'étreinte
des nécessités économiques [1].

Or, quelle que soit la variété des sources de leur
revenu, la multiplicité des cas particuliers, on peut les
ramener à l'un de ces quatre moyens d'existence, ou
à une combinaison de deux ou plusieurs d'entre eux :
ou bien l'artiste possède des ressources personnelles ;
ou bien il vit d'une sinécure, d'une occupation officielle
peu absorbante ; ou bien il exerce une profession, un
métier, plus ou moins étrangers à son art ; ou bien,
enfin, il vend ses œuvres, soit à des particuliers,
soit à des intermédiaires, soit encore aux pouvoirs
publics.

Selon que l'une ou l'autre de ces alternatives se réa-
lise, sa situation sociale peut, naturellement, être fort
différente, mais, dans tous les cas, nous allons voir
qu'il ne cesse de dépendre, directement ou indirectement, de la bourgeoisie, qu'en s'astreignant à de pénibles épreuves et à de rudes privations.

Supposons, d'abord — c'est l'hypothèse la plus favo-

1. V., par exemple, dans la *Correspondance* de BEETHOVEN, sa requête
à la direction des théâtres impériaux et royaux de la Cour (1807), où
il demande un traitement fixe de 2.400 florins, plus le bénéfice d'une
représentation annuelle, et où il se plaint — en un temps où son nom
était déjà glorieux — de n'avoir pas « été, jusqu'à ce jour, assez heureux pour se créer une situation qui répondît à son vœu de *vivre
entièrement pour l'art*, de développer ses talents jusqu'à un degré
plus élevé de cette perfection qui doit être le but de tout vrai artiste,
et de s'assurer pour un avenir indépendant des avantages jusqu'à présent fortuits ». Traduction, introduction et notes, par CHANTAVOINE,
p. 61 ; Paris, Calmann-Lévy.

rable — que l'artiste trouve dans son patrimoine la seule garantie de liberté qui existe en régime capitaliste : il a des revenus personnels ; il possède de quoi vivre ; il peut se donner à son art, sans être tourmenté par la préoccupation du lendemain. Faut-il en conclure qu'il soit réellement indépendant de la bourgeoisie, précisément parce qu'il appartient à la bourgeoisie ? Ce serait oublier que, trop souvent, sa fortune bourgeoise, son éducation bourgeoise, ses relations bourgeoises, lui donnent les goûts, les habitudes d'esprit, les préjugés de sa classe et le rendent incapable de s'élever à cette contemplation désintéressée des événements et des choses, que Schopenhauer considérait comme l'essence même de l'art [1].

Nous entendons bien qu'il est des exceptions : c'est peut-être ce que l'on peut dire de plus sérieux en faveur de la propriété sans travail — du moins sans travail directement productif — qu'elle crée des loisirs à des savants et à des artistes, qu'elle ait permis à Gœthe d'écrire le *Faust* ou les *Élégies*, à Tolstoï de nous donner *Anna Karénine* ou la *Guerre et la Paix*, à

---

1. Cf. Wells, *Anticipations*, p. 135 de l'édition du Mercure de France ; Paris, 1904 :

« ... Restant à l'écart de l'activité générale (ce qui sera le cas dans de larges proportions), la plupart de ces riches irresponsables seront irrésistiblement attirés par un style archaïque et luxueux qui leur paraîtra la quintessence même de l'art. Esprits éclairés, pleins des chefs-d'œuvre du passé, ignorants des nécessités présentes, ils seront prêts à toutes les exagérations, cultivant l'art comme quelque chose d'ajouté à la vie — un placage de somptueuses réminiscences — et non pas une nécessité inhérente à la réalité. »

Puvis de Chavannes de peindre *Pro Patria ludus* ou la *Vie de sainte Geneviève*[1].

Mais pour un Gœthe, un Tolstoï, un Puvis, combien de fainéants qui essaient de déguiser leur parasitisme, en prenant la livrée des travailleurs intellectuels !

Dans un état social comme le nôtre, où les artistes ont, généralement, de la peine à vivre, la propriété héréditaire peut faciliter parfois l'éclosion d'un talent ou d'un génie ; mais elle engendre, surtout, le dilettantisme stérile et, d'autre part, comme elle ne peut donner des loisirs aux uns sans obliger les autres à travailler double, elle a nécessairement pour effet de consacrer le monopole esthétique de la bourgeoisie, de conserver à l'art ce caractère de jouissance de luxe, qui constitue le principal obstacle à son libre développement.

Passons, maintenant, à notre seconde hypothèse : l'État, ou d'autres pouvoirs publics, faisant indirectement, comme si c'était un acte peu avouable, ce que, sans doute, on fera directement dans l'avenir, procure des loisirs à l'artiste, en lui donnant un simulacre

---

1. HERZEN, *De l'autre rive*, p. 76 de la traduction française : « Notre civilisation est une civilisation de la minorité ; elle n'est possible qu'avec le travail grossier de la majorité. Je ne suis ni moraliste, ni sentimental ; il me semble que, si la minorité a été réellement contente, et si la majorité s'est tue, cette forme d'existence est justifiée dans le passé. Je ne regrette pas les vingt générations d'Allemands dépensées pour rendre possible un Gœthe et je me réjouis que les redevances du gouvernement de Pskow aient fourni la possibilité d'élever un Pouschkine... Mais, *l'ouvrier ne veut plus travailler pour autrui*, voilà la fin de l'anthropophagie, voilà la limite de l'aristocratie. »

d'occupation, ou des occupations peu absorbantes, dans les musées, les bibliothèques, les institutions d'enseignement.

C'est le procédé que Renan préconisait jadis, dans l'*Avenir de la Science*, et ses arguments en faveur des sinécures scientifiques s'applique, à parité de motifs, aux sinécures artistiques [1].

« Il n'y a que des barbares, ou des gens à courte vue — disait-il — qui puissent se laisser prendre à des objections superficielles, comme celles que fait naître au premier coup d'œil la multiplicité des emplois scientifiques. Il est parfaitement évident que le service de telle bibliothèque, qui compte dix à douze employés, pourrait se faire tout aussi bien avec deux ou trois personnes (et, de fait, il n'y a sur le nombre que deux ou trois employés qui fassent quelque chose). Certaines gens en concluraient qu'il faut supprimer tous les autres. Sans doute, si on ne se proposait que de satisfaire aux besoins matériels du service. Chose singulière ! La science, la chose du monde la plus vraiment libérale, n'est largement patronnée qu'en Russie ».

Il reste à savoir si ce patronage de la science par le tsarisme a été aussi favorable à la science que Renan semblait le croire en 1848.

---

1. Renan, *L'Avenir de la science*, « Pensées de 1848 », pp. 251 à 256: Paris, Calmann-Lévy, 1900. — V. aussi, dans ses *Mélanges religieux et historiques*, pp. 156 et suiv., Paris, Calmann-Lévy, 1904, le discours qu'il prononça à la séance publique des cinq Académies, le 25 octobre 1887.

Et, de même, on peut se demander si les sinécures ou les emplois peu absorbants, qui donnent aux artistes l'indépendance matérielle, assurent, au même degré, leur indépendance intellectuelle ?

Certes, nous nous gardons de constester que, maintes fois, ces emplois aient été réellement utiles. Nous nous réjouissons avec Eugène Demolder que la ville de Bruxelles se soit honorée en créant, pour Georges Eekhoud, une chaire de littérature à l'Académie de peinture. Nous avons applaudi le gouvernement belge, quand il nomma Constantin Meunier directeur de l'Académie de Louvain.

Mais il ne faut pas oublier, cependant, que l'État, dispensateur de sinécures ou d'emplois à l'usage des artistes, c'est l'État bourgeois, et que, par conséquent — sauf de très louables exceptions, qu'il serait injuste de méconnaître — ces sinécures ou ces emplois ne sont point accordées à des apporteurs de neuf ; elles assurent plutôt des pensions de retraite à des artistes dont l'esthétique ne froisse pas, ou ne froisse plus, les goûts et les sentiments de la classe maîtresse.

Aussi longtemps que la bourgeoisie conservera le monopole du pouvoir et du loisir, l'art officiel ne sera, et ne pourra être, que l'art de la bourgeoisie.

On nous demandera, peut-être, comment, dans ces conditions, les pouvoirs publics se laissent convaincre d'encourager des artistes aussi révolutionnaires que Georges Eckhoud ou Constantin Meunier ?

Cela prouve, simplement, qu'à certains moments de l'évolution sociale — ce fut le cas pour la noblesse, à la fin du xviiiᵉ siècle ; c'est le cas pour la bourgeoisie au début du xxᵉ — les éléments les plus raffinés des classes dirigeantes ont une tendance, assez platonique d'ailleurs, à manifester une sympathie sentimentale pour ceux-là même qui annoncent, ou qui préparent, leur destitution.

Mais il n'en est pas moins vrai que les artistes qui se refusent à dépendre de la bourgeoisie ne peuvent guère espérer se soustraire à cette dépendance, en devenant fonctionnaires sous un gouvernement bourgeois.

Aussi, la plupart d'entre eux, tous ceux qui n'ont pas de revenus personnels, ou qui ne trouvent pas, dans la vente de leurs œuvres, des ressources suffisantes, sont-ils obligés — c'est notre troisième hypothèse — de demander leur gagne-pain à des travaux qui n'ont rien de commun, ou, ce qui est souvent pis encore, *presque* rien de commun avec l'art.

Chacun sait, par exemple, que Dickens était sténographe, A. de Vigny militaire, puis consul à Civita-Vecchia, Stéphane Mallarmé professeur d'anglais dans un collège.

Schiller, fils d'un chirurgien militaire, fut d'abord,

lui aussi, chirurgien des grenadiers du général Augé, au traitement d'environ 40 francs par mois ; plus tard, professeur d'histoire à Iéna ; puis, quand il devint malade, pensionné, à raison de 3.000 francs, par le duc de Saxe Weimar.

Berlioz, fils d'un médecin, brouillé avec son père, à cause de sa vocation artistique, se trouva heureux d'obtenir au concours une place de choriste au *Théâtre des Nouveautés*, aux appointements de 50 francs par mois. Dans son livre sur les *Problèmes de l'esthétique contemporaine*, Guyau nous le montre, mangeant son pain, assaisonné de raisins secs, sous la statue de Henri IV.

Balzac, pendant qu'il écrivait la *Comédie humaine*, pour se procurer des moyens d'existence, recourut aux professions les plus diverses :

« De 21 à 25 ans, il avait vécu dans un grenier, occupé à faire des tragédies et des romans qu'il trouvait mauvais lui-même, contredit par sa famille, recevant d'elle fort peu d'argent, n'en gagnant guère, menacé à chaque instant d'être jeté dans quelque profession machinale, déclaré incapable, dévoré par le désir de la gloire et par la conscience de son talent. Pour devenir indépendant, il se fit spéculateur, éditeur d'abord, puis imprimeur, puis fondeur de caractères. Tout manqua ; il vit approcher la faillite. Après quatre ans d'angoisse, il liquida, resta chargé de dettes et écrivit des romans pour les payer. Ce fut un poids horrible, qu'il traîna tout sa vie » (Taine).

On pourrait indéfiniment multiplier ces exemples, et ce serait une curieuse énumération à faire que celle des expédients bizarres, des métiers hétéroclites auxquels certains artistes sont contraints de demander la pitance quotidienne : tel ce peintre parisien, bien connu aujourd'hui, qui peignait le jour et, la nuit, travaillait comme vidangeur !

Mais, indépendamment de ces cas exceptionnels, qui dénombrera la multitude de ceux qui, pour vivre, sont obligés de courir le cachet, de faire des écritures dans quelque bureau, de fournir aux journaux une copie qui, le plus souvent, n'a qu'une parenté lointaine avec la littérature ?

Si absorbantes ou si rebutantes qu'elles soient, ces occupations étrangères à l'art ont du moins l'avantage de sauvegarder l'indépendance de l'artiste, et l'on ne manquera pas d'observer que les soucis ou les difficultés de l'existence matérielle n'ont pas empêché Berlioz de composer la *Damnation de Faust* ou Balzac d'écrire la *Comédie humaine*.

Il serait faux, en effet, de prétendre que la vie facile, l'absence de tout travail imposé, soient nécessaires, ou même favorables, à la production esthétique. Romain Rolland a peut-être raison de dire que la gêne n'est pas inutile à l'esprit, qu'une liberté trop grande porte la pensée à l'apathie et à l'indifférence. Seulement, ce n'est pas un motif pour en conclure que l'art ne souffre point de la nécessité dans laquelle tant d'artistes se trouvent de ne pouvoir lui consacrer que des heures dérobées à leur repos ou à leur travail alimentaire.

« La littérature — disait un jour Camille Lemonnier — il faut se résigner à en mourir, si l'on n'a pas un emploi, une profession, un métier ou un journal; mais on ne fait bien ce qu'on fait qu'en y consacrant tout son temps et toutes ses énergies. Il y a toujours quelque chose qui sent l'amateur dans le fait d'un monsieur qui attend le dimanche pour peindre ou pour écrire ».

Encore l'écrivain peut-il attendre le dimanche, mais dans les arts plastiques, il y a un côté métier, des besognes matérielles, des efforts physiques à accomplir, qui empêchent l'artiste de se livrer à d'autres travaux. Aussi est-il obligé de faire des besognes d'ornementation, de décoration, d'illustration qui, n'ayant aucune valeur d'art, ne sont cependant pas assez distantes de son art pour ne point l'influencer d'une manière défavorable.

Nous arrivons ainsi, par une série de transitions, à notre dernière hypothèse : l'artiste vit, ou essaie de vivre uniquement de son art. Il transforme ses œuvres en valeurs d'échange. Il cherche à les vendre, soit au public, directement, soit à des intermédiaires. Alors, de deux choses l'une : ou bien il flatte les goûts et les caprices de la classe qui achète, de la seule classe qui achète ; il se garde bien de heurter l'esthétique conventionnelle de la riche bourgeoisie ; il mesure son idéal au sien ; ou bien, s'il entend se soustraire à cet avilissement, s'il prétend, coûte que coûte, rester lui-même, il s'expose à des épreuves très rudes, et qui seraient plus rudes encore, si l'État — cet État tant abhorré — ne venait les adoucir, en achetant des tableaux aux peintres, en faisant des commandes aux sculpteurs ou aux graveurs, en accordant des prix de littérature aux écrivains.

Mais, en général, ces prix, ces commandes, ces achats ne vont qu'à des artistes déjà connus. Ils n'atténuent en rien, pour ceux qui débutent, une misère qui dépasse parfois tout ce que l'on peut imaginer.

C'est ainsi, par exemple, que l'*Académie libre*, fondée à Bruxelles par Edmond Picard, et qui décerne, chaque année, un prix de quelques centaines de francs à un jeune artiste, encore ignoré du grand public, découvrit, il y a deux ou trois ans, dans une ville de province, un jeune compositeur, d'indéniable talent, qui, poussé par la faim, s'en allait, à certains jours, ramasser des trognons de choux et autres débris alimentaires, dans les tas d'ordures déposés devant les maisons.

On se souvient aussi de ce passage de la biographie d'Émile Zola, par Guy de Maupassant, qui nous montre l'auteur de l'*Assommoir* et de *Germinal*, pendant les premières années de son séjour à Paris, se nourrissant de pain frotté d'huile, prenant des moineaux au piège pour se procurer des rôtis, et « faisant l'Arabe », se promenant dans son grenier, vêtu d'un drap de lit, pendant que son linge était au blanchissage.

Peut-être dira-t-on que ce sont là des cas extrêmes; et qu'à prétendre généraliser on donnerait une idée très fausse de la condition réelle des artistes, même quand ils n'ont pas d'autres moyens d'existence que leur art. Mieux vaudra donc, au lieu de faits individuels, prendre une série complète, celle par exemple, que nous donne Romain Rolland, dans son étude sur François Millet :

« La vie des principaux peintres français de ce temps, dit-il, et, en particulier, des grands paysagistes, constitue un triste martyrologe. Sauf un petit nombre d'entre eux, comme Corot et Jean Dupré, tous ont cruellement souffert du besoin, de la misère, de la faim, de la maladie, de malheurs de tout genre. Le grand Théodore Rousseau vécut le plus grand nombre de ses jours dans une terrible pauvreté et solitude et mourut, frappé par la paralysie générale, avec une femme folle à ses côtés. Troyon mourut fou. Marilhat mourut fou. Decamps se tourmenta lui-même sa vie durant, vécut sans amis et mourut d'une manière tragique. Paul Huet mourut littéralement de faim et vit sa santé détruite par les privations. Diaz lui-même connut la misère noire et les souffrances physiques. Millet..... souffrit, comme les autres, de la pauvreté, de la solitude, de l'indifférence du public..... En 1857, l'année des *Glaneuses*, la pauvreté l'eût conduit au suicide, si sa conscience n'avait pas eu un sursaut de révolte à cette pensée. En 1859, l'année de l'*Angelus*, il écrivait, au milieu de l'hiver : « Nous n'avons plus de bois que pour deux ou trois jours et nous ne savons pas comment nous en procurer. Ma femme fera ses couches le mois prochain et je serai sans rien [1] ! »

Il est vrai que, depuis lors, l'*Angelus* a été acheté pour la somme de 800.000 francs par M. Chauchard, qui acheta également *la Bergère* pour un million ; les *Glaneuses* furent payées 300.000 francs pour être données au Louvre ; mais ces prix énormes n'ont profité qu'aux intermédiaires. L'artiste, qui avait vendu ses œuvres pour une somme dérisoire, n'a pas plus bénéficié de leur plus-value que le coolie des mines de diamant du Transvaal ne participe aux dividendes de la compagnie de Beers[2]. Pendant la seule période de sa vie où il eut

1. Romain Rolland, *Millet*, pp. 16-17 ; London, Ducworth, The popular library of Art.

2. *Les Glaneuses*, exposées en 1857, furent vendues pour 2.000 francs ; *L'Angelus*, fut fait pour un Américain, qui devait en prendre livraison à 1.500 francs ; vendu par Millet à Papeleu 1.000 francs ; vendu par Gavet à Durand Ruel 12.000 francs ; vendu par Durand Ruel à Wilson 38.000 francs ; vente Wilson, en 1881, 160.000 francs ; vente à l'*Art Association*, de New-York, 553.000 francs ; en 1890, acquis par H. Garnier, de l'*Art Association*, qui le revend à M. Chauchard 800.000 francs.

du pain assuré, de 1860 à 1863, Millet s'estima heureux de recevoir 1.000 francs par mois d'un marchand de tableaux, à charge de lui livrer pendant trois ans tout ce qu'il pourrait peindre ou dessiner.

Or, l'histoire de Millet, c'est l'histoire de la plupart des artistes contemporains. Alors même qu'ils subissent victorieusement les épreuves du début, qu'après des années de lutte ils parviennent à forcer l'admiration du public, ils n'échappent à la misère qu'en se résignant à vendre leur force de travail à des entrepreneurs capitalistes.

Dans l'ordre esthétique, comme dans l'ordre industriel, le producteur indépendant tend à faire place au producteur salarié.

Les écrivains dépendent des éditeurs, des directeurs de journaux, de revues ou de théâtres. Les sculpteurs, pour la plupart, sont obligés de passer des contrats avec des marbriers ou d'autres industriels, pour se procurer le moyen de vivre en faisant des travaux d'ornementation, des cheminées, des pendules, ou des dessus de table, des flambeaux, des appareils d'électricité et tous genres de bibelots. Quant aux peintres, il serait suggestif de faire le parallèle entre les procédés d'exploitation dont ils sont victimes et ceux qui sévissent dans les diverses branches de l'industrie à domicile.

Au plus bas degré opèrent des sociétés dites artistiques, ayant généralement leur centre dans les grandes villes, qui fournissent les châssis et les couleurs aux jeunes artistes dans la misère, et leur font exécuter, à la douzaine de petites toiles, appelées *fagots*, que l'on vend ensuite publiquement en province, ou bien en Angleterre et en Amérique. Ces fagots sont payés au peintre de 1 franc à 2 fr. 50, 10 francs, jusqu'à 50 francs, suivant leur grandeur.

A un degré plus élevé, nous rencontrons des marchands qui vont, dans les ateliers, acheter pour 100, 200, 300 francs, à des artistes besogneux, des œuvres qu'ils s'efforcent, ensuite, de revendre beaucoup plus cher. S'ils n'y parviennent pas, ils les repassent aux Sociétés artistiques, auxquelles ces toiles servent de premiers numéros.

Enfin, au sommet de l'échelle, nous trouvons les grands marchands qui, tout en réalisant eux-mêmes des profits considérables, donnent parfois à un artiste de talent l'avantage de la sécurité. Mais que de fois aussi imposent-ils à ceux qui travaillent pour eux de véritables pactes de servitude !

Nous songeons, par exemple, à ce peintre connu, qu'un marchand oblige à faire deux tableaux par mois, ou à cet autre, qui a conquis la faveur du public en peignant des scènes de la mer, et que l'industriel qui l'exploite voulait contraindre à continuer dans cette voie, parce que des toiles ayant d'autres sujets lui paraissaient d'un placement plus difficile.

Dépendance, toujours pénible, souvent démoralisante, vis-à-vis des intermédiaires ; impossibilité presque complète de vendre directement au public ; nécessité de recourir aux expédients les plus divers pour se procurer de quoi vivre ; obligation, même pour les plus favorisés, de lutter sans relâche contre l'influence dégradante du mauvais goût bourgeois, à peine atténué par une éducation esthétique superficielle, telle est donc la commune destinée des artistes dans la société actuelle.

Certes, tous ne connaissent pas ou n'ont pas connu la misère. Tous ne souffrent pas, ou ne souffrent pas également, dans leur dignité et dans leurs intérêts ; mais, en mettant les choses au mieux, il est une forme de dépendance à laquelle nul n'échappe : c'est la dépendance vis-à-vis du milieu, l'action, directe ou indirecte, que l'ambiance exerce fatalement sur la mentalité de l'artiste.

Dans une civilisation harmonieuse comme celle de la Grèce antique, tout concourait à exalter le sentiment du beau. Qui oserait prétendre que l'on puisse dire la même chose d'une civilisation transitoire et incohérente comme la nôtre ?

On objectera, sans doute, que, malgré tout, le siècle qui vient de finir a produit de très grands artistes. Si l'architecture a vécu de l'imitation du passé, si les sculpteurs ont été rares, les peintres, et surtout les écrivains, et plus encore les musiciens, ne le cèdent en rien à ceux des siècles antérieurs.

Cela prouve simplement que, même dans des conditions défavorables, il y a toujours des hommes qui conservent le sentiment de la beauté, qui savent la découvrir, au milieu des laideurs morales et sociales qui les enveloppent. Pour que la vie végétale ne puisse naître, il faut qu'une terre soit bien ingrate ; pour que la vie esthétique ne parvienne à se produire, il faut qu'une communauté humaine soit terriblement déshéritée. On trouve des plantes jusque dans le sable des dunes, les crevasses des vieux murs, les fentes du pavé des rues. On trouve des œuvres d'art même dans les sociétés où la fureur du profit domine toutes les autres passions, et où la grande foule des déshérités reste à l'écart de toute culture.

Seulement, ce n'est pas un motif pour nier que la production pour le profit et les formes de propriété qui en résultent, exercent une action enlaidissante, déformante, sur la nature, sur l'homme, et, par un inévitable contre-coup, sur les représentations esthétiques de la nature et de l'homme.

La rapacité des propriétaires met à blanc les forêts. Le développement de l'industrie n'épargne pas les plus beaux sites. On éventre les rochers, pour en faire des pavés. On transforme les rivières en immondes cloaques. La hideur des hôtels déshonore la Rivière et les

Alpes. Le mauvais goût bourgeois multiplie les archi-tectures grotesques. Les machines, qui seront plus tard un moyen de donner du loisir aux hommes, ne sont aux mains du patronat capitaliste qu'un instrument de dégradation des produits et des travailleurs ; elles refu-sent aux uns le temps nécessaire pour s'instruire; elles enlèvent aux autres cette beauté modeste que donnait aux moindres choses l'habileté manuelle de l'artisan.

Ce qui doit nécessairement résulter de cette dé-chéance de la technique et de ces déformations de la nature, William Morris l'a montré naguère, en termes saisissants, dans une conférence, publiée par la *Société nouvelle*, sur l'Esthétique de la vie :

« Alors que jadis — s'écriait-il — les œuvres des artisans avaient toutes un caractère esthétique, cons-cient ou non, elles sont divisées aujourd'hui en deux catégories ; les œuvres sans art et les œuvres avec art. Or, rien de ce qui est fait par la main de l'homme ne peut être indifférent : ou ce sera beau, élevant l'esprit, ou ce sera avilissant. Les objets dépourvus d'art sont tellement dangereux; ils blessent par le seul fait de leur existence, et, aujourd'hui, leur nombre prédomine tellement que, pour trouver les œuvres d'art, nous sommes obligés de nous mettre à leur recherche, tandis que les choses privées du sentiment d'art sont les compagnes ordinaires de notre vie. C'est si vrai que ceux qui cultivent les arts intellectuels ne pourraient le faire, s'ils n'avaient cette tendance si forte de s'isoler dans leur génie particulier, dans leur haut degré de culture et de vivre ainsi heureux, à l'écart de l'humanité qu'ils méprisent. Ils vivent comme en pays ennemi. A chaque pas, ils se heurtent à quelque objet qui offense leurs sens plus délicats, leurs yeux plus affinés. Ils doivent partager le malaise général et je m'en félicite[1]. »

Les pauvres et les ignorants ne sont donc pas seuls à souffrir de leur ignorance et de leur pauvreté. Ceux-là même qui sont à l'abri de la misère, ne sont pas à l'abri des conséquences dégradantes de la misère des autres. Il est impossible que l'art se développe pleinement, dans un état social où l'immense majorité des hommes ne reçoit aucune culture. Autant vaudrait espérer que des roses se développent pleinement, dans un champ de mauvaises herbes. Toute culture individuelle dépend, dans une large mesure, de la culture générale. L'asservissement des prolétaires manuels par la bourgeoisie a pour corollaire inévitable la sujétion des prolétaires intellectuels. Aussi n'est-il pas étonnant que la plupart des artistes aient ce trait commun d'éprouver une aversion profonde pour le régime bourgeois, si différentes que soient, pour le surplus, leurs aspirations et leurs tendances.

Parmi eux, en effet, les uns se tournent vers le passé,

1. *La Société nouvelle*, 1896, I, p. 19.

cherchent l'âge d'or en arrière, se complaisent en vains efforts pour tirer des œuvres d'une foi morte. D'autres, dégoûtés de ce qui les entoure, se replient sur eux-mêmes, « s'accrochent à toutes les croisées d'où l'on tourne le dos à la vie » et prennent la décadence du seul monde qu'ils connaissent, pour la décadence du monde entier. D'autres, enfin, plus nombreux chaque jour, regardent vers l'avenir, sympathisent avec les souffrances ou les révoltes du prolétariat et proclament, avec Richard Wagner, le Richard Wagner de 1849, l'alliance nécessaire de l'Art et de la Révolution[1].

Mais pour que cette alliance ne soit pas un vain rêve, pour qu'elle soit intime et féconde, il faudrait que la masse des travailleurs soit à même de comprendre les artistes qui essaient d'aller à eux; il faudrait, du moins, que le contact s'établisse, en fait, et pas seulement en paroles, entre tous ceux qui ont à souffrir, physiquement ou moralement de la domination du capitalisme.

Or, comme le faisait justement observer Camille Mauclair, dans un article de la *Revue socialiste*[2], c'est une

1. WAGNER, *L'Art et la Révolution*, trad. Mesnil (Bibliothèque des Temps nouveaux), p. 80; Bruxelles, 1897 : « De son état de barbarie civilisée, le véritable art ne peut s'élever à sa dignité que sur les épaules de notre grand mouvement social: il a de commun avec lui le but, et ils ne peuvent atteindre l'un et l'autre ce but que s'ils le reconnaissent de concert. Ce but, c'est l'homme beau et fort; que la *Révolution* lui donne la *Force*, l'*Art*, la *Beauté*. »

2. MAUCLAIR, « L'œuvre sociale de l'art moderne », *Revue socialiste*, 1901, I, p. 675. L'auteur de cet article dit que « c'est le grand tort du marxisme, et du socialisme utilitaire, d'avoir pensé bourgeoisement au

des habiletés de la bourgeoisie de jeter, parmi ceux qui auraient intérêt à se coaliser contre elle, la suspicion et la méfiance.

Au peuple, elle fait croire que l'art est nécessairement aristocratique, que les intellectuels, les artistes le méprisent à cause de son ignorance, qu'ils sont, par la force même des choses, les soutiens de la classe qui leur fournit des moyens d'existence.

Aux artistes, elle persuade que le socialisme n'a d'autre souci que la satisfaction des ventres, que dans une société collectiviste, l'art et la science seraient impitoyablement sacrifiés à la production économique et que, s'ils ont peine aujourd'hui à vivre de leur art, cette difficulté se changerait en impossibilité, le jour où la propriété sociale supplanterait la propriété capitaliste.

Nous essaierons de montrer, au contraire, que l'art n'est pas nécessairement une activité de luxe et qu'en régime socialiste les artistes seraient, à tous points de vue, dans des conditions meilleures qu'aujourd'hui.

sujet des artistes et des idéologues, et d'avoir ainsi donné au socialisme une réputation de lourdeur, d'épaisseur d'esprit, de médiocrité d'âme qu'il ne devrait jamais mériter... ». Peut-être pourrait-on répondre que Mauclair a le grand tort d'avoir pensé bourgeoisement au sujet du marxisme, ou plutôt, de l'avoir jugé d'après les défigurations bourgeoises ou les interprétations fausses qu'en ont données certains épigones.

II

L'ART EN RÉGIME SOCIALISTE

« Vous voulez un art du peuple?
Commencez par avoir un peuple qui ait
l'esprit assez libre pour en jouir, un
peuple qui ait des loisirs, que n'écrase
pas la misère, le travail sans répit, un
peuple que n'abrutissent pas toutes les
superstitions, tous les fanatismes de
droite et de gauche, un peuple maître
de soi et vainqueur du combat qui se
livre aujourd'hui.

« ROMAIN ROLLAND. »

Ceux pour qui le nom d'artiste n'est pas une simple
désignation professionnelle, qui vivent pour autre chose
que gagner de l'argent en écrivant de la musique
de table ou des romans pour cabinets de lecture, ont
douloureusement conscience de leur sujétion, directe
ou indirecte, aux conditions économiques qui résultent
de l'appropriation capitaliste.

Dans un banquet que lui offrit la Section d'Art du
Parti ouvrier bruxellois, à l'occasion de son cinquan-
tième livre, Camille Lemonnier disait aux travailleurs
manuels venus pour le fêter :

« On peut affirmer que l'écrivain, particulièrement

dans la société intellectuelle moderne, constitue un prolétariat qui s'égale au vôtre. Le conflit du capital et de l'idée, qui est une des formes du conflit qui règne entre le capital et le travail, pèse durement sur lui ; il souffre de n'être aux mains du patronat qu'une force qui se ronge, et le patronat, pour lui, c'est l'éditeur, le libraire, l'administration de ces monstrueuses entreprises financières que sont les journaux... Si, demain, j'étais frappé aux sources de la vie, par le mal mystérieux réservé aux artistes qui font un usage immodéré de leur cerveau, il me resterait à prendre le bâton de Bélisaire et à m'en aller chercher le pain quotidien, le long des routes. L'art, les livres, quarante ans de travail ponctuel n'ont pu suffire à m'assurer contre les éventualités du lendemain ».

Combien d'autres écrivains, et, en général, d'autres artistes, qui touchent cependant à la gloire, ne pourraient-ils pas faire la même confession ?

Au point de vue de l'insécurité, de la dépendance vis-à-vis des intermédiaires, de l'exploitation, sans scrupules, de la force de travail, leurs griefs contre le régime capitaliste ont, avec les griefs du prolétariat, des ressemblances qui augmentent avec le développement du capitalisme dans la presse, le théâtre, la librairie, le commerce des œuvres d'art.

Mais, à d'autres points de vue, que de différences essentielles, et, en première ligne, cette différence fondamentale : tandis que la production économique est, par excellence, le domaine de la discipline, de l'action concertée, de l'organisation collective du travail, la production esthétique exige, au contraire, la liberté la plus complète, la plus absolue, du travailleur individuel.

C'est, en grande partie, l'explication des sympathies que beaucoup d'artistes, parmi ceux qui ont des tendances révolutionnaires, manifestent pour l'anarchisme. Conscients des nécessités de leur propre travail, ils transportent, dans l'ordre économique, des conceptions valables seulement dans l'ordre intellectuel et, sur la foi des critiques bourgeoises, ils se représentent le collectivisme comme la négation même des droits et de la liberté des individus.

Nous avons la conviction, cependant, que leurs préventions se dissiperaient, s'ils pouvaient se faire une idée nette de ce que serait la condition des travailleurs intellectuels et, spécialement, des artistes, dans une société où les principaux moyens de production constitueraient un patrimoine collectif, au lieu d'être la base d'une domination de classe.

Partons donc de cette hypothèse. Supposons que, pacifiquement ou révolutionnairement, les instruments d'exploitation du travail, possédés aujourd'hui par des capitalistes, ou des sociétés de capitaux, soient socialisés, et mis en œuvre par des travailleurs pour leur avantage commun. Que deviendraient les artistes, les intellectuels, dans pareil état social, où tout le monde devrait travailler pour vivre, à moins d'être malade, invalide ou arrivé à l'âge du repos ?

Nous avons vu qu'ils vivent, aujourd'hui, soit de revenus sans travail, soit de sinécures ou de professions étrangères à l'art, soit de la vente des produits de leur art, aux particuliers ou aux pouvoirs publics.

Naturellement, dans une société intégralement collectiviste, il n'y aurait plus de revenus sans travail, puisqu'il n'y aurait plus de capitaux individuels, productifs d'intérêts et de dividendes ; par conséquent, il n'y aurait plus d'artistes pouvant se dispenser de gagner leur vie, grâce au travail que fournissent pour eux, des salariés, des fermiers ou des locataires.

Par contre, en régime collectiviste, comme en régime capitaliste, les artistes pourraient vivre, soit de leur art, soit de travaux étrangers à leur art, et, dans l'un, comme dans l'autre cas, il ne sera pas difficile de montrer que leurs facilités de vivre, et, par conséquent, de produire, seraient infiniment plus grandes qu'elles ne le sont actuellement.

Certes, la suppression des revenus capitalistes aurait pour effet d'obliger chacun à fournir une certaine somme de travail, qui soit jugé directement utile à la communauté : point ne serait nécessaire, pour cela, qu'une contrainte légale ou réglementaire intervienne :

la véritable sanction, et, selon toutes apparences, l'unique sanction, c'est que les individus qui ne voudraient pas faire leur part de travail commun, n'ayant plus de rentes pour alimenter leur parasitisme, seraient, comme nos mendiants et nos vagabonds, réduits au pain sec.

Seulement, il va sans dire que cette part de travail commun, de travail considéré comme socialement utile, ne devrait pas être nécessairement du travail manuel. S'il est possible que, dans l'avenir, la scission actuelle du travail physique et du travail cérébral vienne à prendre fin [1], rien, absolument rien n'empêche de concevoir, au contraire, une organisation collectiviste ou communiste, dans laquelle une partie des travailleurs serait employée exclusivement à des travaux intellectuels, scientifiques ou esthétiques.

La collectivité, dans ce cas, prélèverait, sur l'ensemble du produit social, ce qui serait nécessaire pour dispenser de tout autre travail les savants ou les artistes qu'elle voudrait consacrer entièrement à leurs laboratoires ou à leurs ateliers.

---

1. Cf. RENAN, *L'Avenir de la science*, p. 398 : « Dans cet état que je rêve, le métier manuel serait la récréation du travail de l'esprit. Que, si l'on m'objecte qu'il n'est aucun métier auquel on puisse suffire avec quatre ou cinq heures d'occupation par jour, je répondrai que, dans une société savamment organisée, où les pertes de temps et les superfluités improductives seraient éliminées, où tout le monde travaillerait efficacement, et surtout où les machines seraient employées, non pour se passer de l'ouvrier, mais pour soulager ses bras et abréger ses heures de travail, dans une telle société, dis-je, je suis persuadé (bien que je sois nullement compétent en ces matières), qu'un très petit nombre d'heures de travail suffiraient pour le bien de la société, et pour les besoins de l'individu ; le reste serait à l'esprit. »

D'autre part, étant donné que tout le monde devrait participer, d'une manière quelconque, au travail social, qu'il n'y aurait plus, comme à présent, toute une classe d'oisifs, et une classe, beaucoup plus nombreuse encore, de gens qui les servent, qu'en outre l'organisation collective de la production développerait considérablement le machinisme, il est certain que la durée de travail, pour chaque individu, pourrait être réduite, dans des proportions considérables.

Dès lors, ceux même parmi les artistes, que l'admiration de leurs concitoyens ne dispenserait pas de l'exercice d'un métier ou d'une profession, pourraient exercer cette profession ou ce métier, sans que, pour cela, leur vocation artistique se trouvât contrariée.

Ce qui est difficile, sinon impossible, aujourd'hui, à des hommes fatigués par de trop longues heures d'atelier ou de bureau, deviendrait, soit l'*accompagnement*, soit le *complément* normal de l'activité professionnelle. Les uns, voués aux arts décoratifs, seraient, à la fois, des artisans et des artistes. Les autres, occupés, dans les ateliers ou les fabriques, à des travaux qui exigeraient bien moins un effort physique qu'une surveillance intelligente, auraient du temps de reste pour se livrer à d'autres travaux. Bref, ce qui apparaît aujourd'hui comme une exception, sans grand intérêt d'ailleurs pour le patrimoine esthétique de l'humanité, l'homme de métier, poète, peintre, musicien ou sculpteur, deviendrait, ou plutôt redeviendrait, comme au temps des *Maîtres Chanteurs*, une fréquente réalité.

Que cette réconciliation du travail manuel et du travail cérébral, des « arts mineurs » et des « beaux arts », de la pensée et de l'action, ne soit pas un vain rêve, c'est ce que, dès à présent, de très nobles esprits s'efforcent de montrer en prêchant d'exemple.

L'auteur d'*Anne Karénine* porte la blouse du moujik, laboure la terre, manie la faux ou fabrique des chaussures : à l'époque où il habitait encore la ville, on pouvait voir, à la porte de son hôtel, un écriteau avec ces mots : Léon Tolstoï, cordonnier.

William Morris fut, avec une étonnante simultanéité, un écrivain génial, un propagandiste ardent et un imprimeur merveilleusement habile. Sur la maison qu'il habitait à Londres, au faubourg d'Hammersmith, ses amis mirent une plaque commémorative, avec ces mots : « Ici vécut William Morris, poète, artisan, socialiste » ; ce que les autorités de sa ville natale, qui voulaient, elles aussi, honorer sa mémoire, traduisirent ainsi : « poète, artiste, idéaliste » !

Aujourd'hui encore, à quelques pas de *Kelmscott House*, un disciple de Morris, T. J. Cobden Sanderson continue son œuvre et, dans ses ateliers de reliure et d'imprimerie, s'efforce, à son tour, à réaliser cet idéal, d'être à la fois un artiste et un artisan.

Mais la sympathie que peuvent inspirer de telles tentatives ne doivent pas créer des illusions sur leur portée véritable. Pour qu'il y ait des imprimeurs et des relieurs comme Morris ou Sanderson, produisant, à un nombre extrêmement restreint d'exemplaires, de véritables œuvres d'art, qui se vendent à des prix très élevés, il faut une clientèle de millionnaires, que, seule, la concentration capitaliste rend possible.

Certes, les merveilles de simplicité et de bon goût qu'ils réalisent ont, indépendamment de leur beauté propre, cet avantage indirect d'épurer, par imitation, la production plus usuelle; et, sans doute, c'est à Morris, à Sanderson et à leurs pareils, qu'il faut attribuer que les livres anglais, au point de vue de l'impression comme de la reliure, se présentent beaucoup mieux que la plupart des livres d'usage courant, dans les pays continentaux.

L'utilité de ces ateliers d'art, dont les produits servent, en quelque sorte, d'étalon, de modèle, pour les autres ateliers, n'est pas discutable ; mais, à notre avis, ce n'est pas de ces retours apparents à la production médiévale, c'est, au contraire, de la socialisation d'un machinisme toujours plus perfectionné, qu'il faut attendre la libération du travail et l'accession de tous à la vie de l'esprit.

A tout dire, nous ne croyons pas beaucoup à la résurrection des Hans Sachs, des Veit Stoss, des Pierre Vischer.

Nous ne pouvons naturellement pas démontrer que William Morris a tort, quand il prédit « que la complexité du machinisme, dans une société qui ne se proposera pas de multiplier le travail, mais de rendre la vie agréable, conduira à simplifier la vie et, par suite, à restreindre le machinisme »[1]; mais il nous paraît plus vraisemblable que les travailleurs des grands ateliers mécaniques de l'avenir, occupés, pendant un petit nombre d'heures par jour, à un travail qui exigera l'intelligence de procédés techniques toujours plus complexes, pourront être, en même temps, des hommes d'étude ou des artistes[2].

Que si l'un ou l'autre « cérébral », incapable de tenir une bêche, de manier un outil, de se livrer à un travail physique qui le débarrasse, tout au moins, des

1. Morris, « Comment nous vivons et comment nous pourrions vivre », *Revue socialiste*, 1901, II, p. 718.

2. On lira, avec intérêt dans G. Sorel, *Introduction à l'économie moderne*, Paris, Jacques, le chapitre dans lequel il montre que, de plus en plus, la grande industrie a besoin d'ouvriers instruits, attentifs, soucieux de tirer le meilleur parti possible d'un machinisme en voie de continuelles transformations. Notamment, p. 64 : « Il y a un siècle environ, le point d'honneur n'existait pas dans la grande industrie naissante; la division manufacturière du travail avait transformé l'homme en automate; mais les progrès de la mécanique ont changé tout cela, et les nouvelles machines ne peuvent donner toute leur mesure que dans les pays où les travailleurs ne cessent de s'ingénier pour en tirer le meilleur parti possible. La supériorité des Américains sur les Anglais dérive, à l'heure actuelle, en partie de ce que les seconds montrent une grande mauvaise volonté contre toute nouveauté, ne cherchent pas à tourner les difficultés qui se présentent. Il faut, pour l'Anglais, que la machine réussisse du premier coup.

« La bonne marche des ateliers les plus perfectionnés est fondée, aujourd'hui, sur une active et intelligente collaboration de l'ouvrier qui ne se considère plus comme un manœuvre faisant des gestes fixés d'avance, mais comme un producteur s'intéressant à la parfaite réussite de la fabrication. »

inconvénients de l'arthritisme, venait à objecter une incompatibilité prétendue du travail manuel et du travail intellectuel, nous lui répondrions par cette page de Renan, dans l'*Avenir de la Science :*

« Ce qui fait qu'un métier manuel est maintenant abrutissant, c'est qu'il absorbe l'individu et devient son être, son tout. La définition (*sermo explicans essentiam rei*) de ce misérable, c'est en effet, *cordonnier, menuisier*. Ce mot dit sa nature, son essence ; il n'est que cela, une machine humaine qui fait des meubles, des souliers. Essayez donc de définir pareillement Spinoza, un fabricant de verres de lunettes, ou Mendelssohn (Moses), un commis de boutique! L'individualité professionnelle n'efface l'individualité morale et intellectuelle que quand celle-ci est, en effet, bien peu de chose. Supposez un homme instruit et noble de cœur exerçant un de ces métiers qui n'exigent que quelques heures de travail bien loin que la vie supérieure soit fermée pour cet homme, il se trouve dans une situation mille fois plus favorable au développement philosophique, que les trois quarts de ceux qui occupent des positions dites libérales [1]. »

Ce qui est vrai de la philosophie l'est également de l'art, avec cette réserve, toutefois, que les arts plastiques

---

1. RENAN, *L'Avenir de la science*, p. 396; Paris, Calmann-Lévy. — Il y aurait, d'ailleurs, plus que des réserves à faire quand Renan ajoute que « le métier, n'exigeant *aucune réflexion, aucune attention*, laisse celui qui l'exerce vivre dans le monde des purs esprits ». V., à ce sujet, SOREL, *loc. cit.*, p. 59, 60.

exigent une habileté de main, en même temps qu'une dépense de forces difficilement conciliables avec l'exercice d'un autre métier. Par contre, il serait tout indiqué que les sculpteurs ou les peintres — comme beaucoup d'entre eux, d'ailleurs, le font dès à présent — participent au travail industriel en faisant des travaux de décoration ou d'ornementation, en dessinant des modèles, qui servent à donner aux meubles, aux vêtements, aux objets de ménage, aux choses les plus usuelles et les plus simples, cette beauté qu'elles avaient jadis et qui manque totalement, aujourd'hui, à la plupart d'entre elles.

Bref, tout permet de supposer que, dans une société collectiviste, la participation de tous au travail, et, par suite, la réduction du temps de travail nécessaire, donnerait la possibilité à tous de se livrer, en même temps à des travaux intellectuels, et favoriserait ainsi l'éclosion d'un grand nombre de vocations artistiques.

Mais nous n'avons pas l'illusion de croire que cette seule réponse satisfasse ceux qui pensent que l'art veut son homme entier, que l'artiste, pendant une partie de son existence du moins, doit être dispensé de tout travail étranger à son art.

Or, il n'est pas contestable que l'abolition ou — si l'on suppose une transformation graduelle — la réduction des revenus sans travail aurait pour conséquence d'enlever aux artistes leur clientèle bourgeoise, qui est, avec la clientèle des pouvoirs publics, la seule, ou à peu près la seule, sur laquelle ils puissent compter aujourd'hui.

Seulement, faut-il en conclure que, dans une société collectiviste, cette clientèle ne serait pas remplacée, et remplacée avantageusement ?

Ce serait perdre de vue que le développement de l'art public offrirait aux artistes un champ d'action toujours plus vaste ; que, de plus, des associations libres pourraient se constituer, et se constitueraient sans aucun doute, pour rémunérer leurs travaux et les affranchir de toutes autres besognes; qu'enfin la généralisation de la culture leur permettrait, bien plus facilement qu'aujourd'hui, de trouver des moyens d'existence, en faisant un appel direct à des lecteurs, des auditeurs, des spectateurs infiniment plus nombreux.

Examinons donc, successivement, ces trois hypothèses, et, d'abord, le développement de l'art public, l'intervention de la collectivité, comme telle, pour favoriser la production esthétique.

A ces seuls mots, on entend déjà des protestations véhémentes : qu'est-ce que l'art public, sinon l'art officiel, l'art académique, fossilisé, déshonoré par le mauvais goût bourgeois, corrompu par le favoritisme bureaucratique.

« Vous demandez des places, de la galette au gouvernement — disait naguère Henri van de Putte à des écrivains belges qui réclamaient des encouragements pour la littérature — ce n'est pas chic; et puis, qui palpera? Voyez nos peintres, que de croûtes aux musées! Que de cuistres décorés! On dirait qu'au ministère des Beaux-Arts règne un aveugle préposé à l'achat des toiles, un sourd à la commande des cantates! Sans doute, on va leur adjoindre un idiot pour faire rapport sur les livres? »

Il serait également faux, à notre avis, de prendre cette boutade à la lettre, et de nier la part de vérité qu'elle contient.

On pourrait certes écrire des volumes sur les bévues, les fautes de goût, les acquisitions injustifiables, les exclusions plus injustifiables encore que l'on est en droit d'imputer, dans tous les pays, aux fonctionnaires du service des Beaux-Arts et, plus encore peut-être, aux professeurs, académiciens et autres représentants de l' « art officiel. »

Qui ne se souvient, par exemple, de l'extraordinaire incident du legs Caillebotte, offrant au Louvre une collection remarquable d'œuvres d'art et de tableaux anciens, à la condition expresse que l'État accepte en même temps, et place au Luxembourg, la collection d'impressionnistes qui s'y trouve actuellement? Sur les instances de l'administration du Louvre, qui tenait aux œuvres anciennes, les deux legs furent acceptés;

mais ce ne fut pas sans qu'un groupe d'académiciens, professeurs à l'École des beaux-arts, n'eussent menacé le ministre de démissionner en masse :

« Nous ne pouvons pas — écrivaient-ils aux journaux — continuer à enseigner un art dont nous croyons connaître toutes les lois, du moment où l'État admet dans nos Musées, où nos élèves peuvent les voir, des œuvres qui sont la négation même de tout ce que nous enseignons [1]. »

Le ministre tint bon cependant; la collection Caillebotte fut placée, fort mal d'ailleurs, dans une des salles du Luxembourg, et les académiciens ne démissionnèrent pas!

Un incident analogue, qui, pour avoir moins de publicité, ne fut pas moins étrange, se produisit lorsque des admirateurs et des amis de Whistler firent admettre au Luxembourg le portrait de la mère de l'artiste, ce chef-d'œuvre que tout le monde considère aujourd'hui comme l'une des perles du Musée.

De tels faits malheureusement abondent, et encore ne se trouve-t-il pas toujours des ministres pour résister aux académiciens.

Mais, qui pourrait prétendre que les particuliers, les bourgeois formant la clientèle privée des artistes, soient, en moyenne, plus capables de discernement

---

1. MAUCLAIR, *The french impressionnists* (1860-1900), pp. 152 et suiv.; London, Duckworth.

que l'État, représenté par l'administration des Beaux-Arts?

Les impressionnistes, comme Monet, Sisley ou Degas, et avant eux, Manet, Courbet, Millet, Delacroix, ou Turner, dont un amateur parisien possède des tableaux de valeur égale, payés l'un quinze cent francs, et l'autre, quelques années après, cent cinquante mille, ont-ils été, de prime abord, plus appréciés par le public que par les représentants de l'art officiel?

D'autre part, que deviendraient la plupart des artistes et, surtout, les sculpteurs, s'ils ne pouvaient compter sur l'État, sur les municipalités, sur les administrations publiques en général, pour acheter leurs œuvres?

Par mauvais goût, par pitié, par complaisance, politique ou personnelle, on achète et on fait des commandes, assurément, à quantité de gens qui se rendraient beaucoup plus utiles à la collectivité en faisant des souliers, ou en posant des briques; mais, somme toute, même dans l'état bourgeois actuel, si l'on prend un pays donné, la Belgique, par exemple, et si l'on parcourt la liste des acquisitions faites par les musées de peinture, des commandes données aux sculpteurs pour la décoration des monuments ou des places publiques, des subventions accordées aux écrivains, sous la forme de prix de littérature, il est équitable de reconnaître que peu d'artistes de valeur se trouvent méconnus ou sacrifiés [1].

Malgré les préventions catholiques du gouvernement, on a fourni à Lambeaux les moyens d'exécution de son bas-relief des *Passions humaines,* sauf à le reléguer dans un quartier excentrique.

En dépit de sourdes et tenaces résistances, on a acheté à Constantin Meunier les diverses parties de son *Monument pour la glorification du travail,* en le destinant, il est vrai, à être placé dans une salle du Musée, au lieu d'être élevé sur une place publique : le roi Léopold II craignait, assure-t-on, que ce monument ne devint le rendez-vous de manifestations socialistes !

Chose plus caractéristique encore, le même État bourgeois, qui envoie George Eckhoud et Camille Lemonnier devant le jury d'assises de la West Flandre, sous la prévention d'avoir outragé les mœurs, en écrivant *Escal Vigor* ou l'*Homme en amour,* fait couronner leurs ouvrages par un autre jury, qui décerne aux acquittés de Bruges le prix quinquennal de littérature.

---

1. V., par exemple, dans les documents parlementaires de la Chambre des représentants (session de 1903-1904, n° 71, pp. 248 et suiv.), la liste des acquisitions faites par le gouvernement belge en 1899, 1900, 1901, 1902, 1903, dans le rapport sur le budget de l'agriculture et des beaux-arts — car, en Belgique, le même ministre préside à la fois aux destinées de l'agriculture et des beaux-arts ! Cp., pour les acquisitions faites en France, par le service des beaux-arts, le rapport Couyba, sur le budget de 1902 (service des beaux-arts). Chambre des députés. Session de 1901, p. 224; le rapport Massé. Session de 1903, pp. 311 et suiv.; et, surtout, le rapport Simyan. session de 1902, p. 127 et suiv.

Ces incohérences montrent bien que l'État n'est pas *une* personne morale, faisant prévaloir la même volonté, les mêmes tendances dans tous les domaines, mais un ensemble, une collection de personnes morales, dont les unes se rattachent encore étroitement aux formes du passé, tandis que les autres annoncent déjà les formes sociales de l'avenir.

Supposez, en effet, que l'État bourgeois actuel ait fait place au régime socialiste, que la transformation de la propriété capitaliste en propriété collectiviste assure à tous les citoyens l'instruction et le loisir indispensables pour que la culture ne soit plus le privilège d'une minorité infime : ne voit-on pas que l'art public, au lieu de refléter, comme il le fait trop souvent, la médiocrité d'esprit des classes possédantes, redeviendrait — ce qu'il fut aux meilleures époques — la plus haute expression de l'idéal d'un peuple entier?

C'est la règle aujourd'hui de décrier l'art public, flétri sous le nom d'art officiel.

Mais l'art officiel, ce n'est pas seulement la *Sieges Allee*, plus connue sous le nom de *Puppen Allee*, au *Thiergarten* de Berlin, ou les statues équestres qui « ornent » les carrefours de Londres, ou ces étranges monuments néo-grecs, qui achèvent de noircir sous le ciel pluvieux de Munich.

C'est de l'art officiel, également, que *la Marseillaise*,

de Rude, la *Vie de sainte Geneviève*, au Panthéon, ou les *Bourgeois de Calais*.

C'était de l'art officiel, et Michel-Ange ou Raphaël travaillaient sur commande, pour le compte de l'État, représenté par un pape ou par un prince, lorsqu'ils donnaient au monde *la Dispute du Saint-Sacrement*, *l'École d'Athènes*, les fresques de la Sixtine ou les statues de la chapelle des Médicis.

C'était de l'art officiel, encore, que le Parthénon, ou les temples, les statues, les peintures murales de l'Egypte des Pharaons.

Bref, tout dépend de la génialité des artistes, d'abord, et, d'autre part, du plus ou moins de développement de la culture générale. Il ne suffit pas, naturellement, que l'État, que les pouvoirs publics fassent des achats ou des commandes, pour que des chefs-d'œuvre naissent. Mais qui soutiendra que les chefs-d'œuvre cesseraient de naître, dès l'instant où les artistes auraient la clientèle de tout un peuple, au lieu de travailler pour quelques bourgeois ?

Nous voyons bien, toutefois, ce que l'on peut objecter : les bourgeois ont plusieurs têtes, ce qui rend leurs choix éclectiques; l'État au contraire n'en a qu'une; par conséquent, dans un régime socialiste, les artistes, n'ayant pas de revenus sans travail, dépendraient, d'une manière à peu près exclusive, de l'État omnipotent, élevé au rang de Mécène unique; et cette dépendance serait d'autant plus redoutable pour la liberté de l'art qu'à la place d'une bourgeoisie, parvenue, malgré tout, à quelque culture, les maîtres du jour seraient des prolétaires, dépourvus de tout raffinement.

Remarquons, d'abord, que l'on ne peut raisonnablement prévoir le triomphe du prolétariat, sans que ce prolétariat atteigne un degré de développement intellectuel, de compréhension des intérêts généraux de la société qui, seul, rendrait possible sa victoire normale et définitive.

De plus, il ne faut pas perdre de vue que, surtout dans un régime de décentralisation, comme le serait, selon toutes vraisemblances, le régime socialiste, les encouragements donnés à l'art public ne viendraient pas seulement d'une administration, d'un service central des Beaux-Arts, mais aussi de groupes administratifs locaux.

Aujourd'hui, déjà, nombre de commandes et d'acquisitions sont faites indépendamment de l'État, par les communes, les municipalités, les provinces et autres institutions publiques autonomes — ce qui met à néant l'objection du Mécène unique.

Cependant, nous ne songeons nullement à méconnaître qu'il serait dangereux pour les artistes de ne pouvoir compter sur d'autre clientèle que celle des pouvoirs publics : sous n'importe quel régime, en effet, les corps officiels auront toujours une tendance à consacrer des réputations faites, plutôt qu'à découvrir des talents encore ignorés.

Mais, ainsi que nous l'avons déjà dit, ce serait une erreur grossière de penser qu'en régime socialiste les artistes ne pourraient compter que sur l'État, ou les institutions se rattachant à l'État : comme aujourd'hui, et bien plus qu'aujourd'hui, puisque la culture s'étendrait à toutes les couches de la population, des groupements libres ne manqueraient pas de se constituer, soit pour faciliter les études et les voyages des jeunes gens paraissant présenter des dispositions spéciales, soit pour commander ou acquérir des œuvres d'art.

Dès à présent, d'ailleurs, des initiatives de ce genre se manifestent.

Sans parler des souscriptions qui s'organisent pour donner au Louvre, ou à Bruxelles, au *Musée du cinquantenaire*, des œuvres d'art ancien, on a vu récemment, à Paris, des particuliers se cotiser pour offrir à la ville le *Penseur* de Rodin.

En Belgique et en Hollande, les ouvriers commencent, eux aussi, à s'adresser aux artistes, pour honorer le souvenir de leurs morts, ou pour orner leurs Maisons du Peuple.

Le peintre Roland Holst, par exemple, décore, en ce moment, la Maison du syndicat des diamantaires d'Amsterdam. Le sculpteur Paul Dubois a fait, pour la Fédération ouvrière socialiste du Borinage, la statue d'Alfred Defuisseaux, l'un des initiateurs du mouvement socialiste belge, élevée sur une des places publiques de la commune de Frameries. Enfin, chose plus caractéristique encore, le *Vooruit*, de Gand, a son peintre et sculpteur, tout comme Jules II ou comme les Médicis : Van Biesbroek, auquel on doit déjà les monuments commémoratifs de deux des principaux fondateurs du Parti ouvrier, Van Beveren et Jean Volders, a son atelier dans les locaux même de la célèbre coopérative gantoise ; il est payé par elle, à tant par heure, comme les boulangers et les porteurs de pain ; il travaille à peu près exclusivement pour elle ; la dernière fois que nous le vîmes, il achevait le monument de la Coopération socialiste, qui a figuré en 1905 à l'Exposition de Liège.

Van Biesbroek n'est, d'ailleurs, pas seul à travailler pour le Vooruit : les peintures murales de la salle du café de *Ons Huis*, la grande Maison du Peuple qui se trouve sur le Marché du Vendredi, ont été exécutées par d'autres artistes, non point, comme il arrive, par amour de l'art, ou du socialisme, — mais ce qui constitue un fait nouveau — sur commande en règle du conseil d'administration de la coopérative.

Ce ne sont là que d'humbles commencements, remarquables surtout parce qu'ils marquent l'éveil de préoccupations nouvelles parmi la classe ouvrière. Mais que l'on songe à un état social où les travailleurs, mieux rémunérés, mieux instruits, disposeraient de plus abondantes ressources et ne seraient plus, comme à présent, réduits, pour la plupart, à l'état de machines vivantes : il est évident que des associations se formeraient, pour embellir les écoles, les lieux de réunions, les locaux affectés au travail, et que les artistes trouveraient dans ces associations une clientèle qui remplacerait avantageusement celle des bourgeois, des marchands de tableaux et autres intermédiaires capitalistes.

On verrait renaître, sous des formes nouvelles, un état de choses qui existait jadis, lorsque les artistes ne travaillaient pas seulement pour les seigneurs ou les princes, mais pour les confréries, les corporations, les municipalités, les chapitres des églises, les administrateurs des établissements hospitaliers.

On sait, par exemple, que le *Jugement dernier* de Roger van der Weyden fut peint pour l'Hôtel-Dieu de Beaune, où il se trouve encore ; la *Châsse de sainte Ursule*, de Memling, pour l'hôpital Saint-Jean, de Bruges ; la *légende de sainte Anne*, de Quentin Metsys, pour la confrérie de Sainte-Anne, à Louvain ; la *Leçon d'anatomie*, de Rembrandt, pour la gilde des chirurgiens ; les *Staalmeesters*, pour la corporation des drapiers ; le tableau dit la *Ronde de nuit*, pour une compagnie d'arquebusiers, dont les seize membres payèrent chacun cent florins à l'artiste.

Ce n'est donc pas seulement sur des commandes ou

des subventions officielles que pourront compter les artistes de l'avenir. Il faut être radicalement incapable de concevoir une organisation sociale différente de la nôtre, pour ne pas comprendre que, dans une société où il n'y aura plus de travail sans loisir, ni de loisir sans travail, la participation virtuelle de tous les hommes à la vie de l'esprit fera de la jouissance esthétique, sinon le fait de tous — car, sans doute, il y aura toujours des gens, et même beaucoup de gens, peu sensibles aux impressions d'art — du moins la préoccupation d'un grand nombre.

Dans ces conditions — à ne prendre la chose qu'au point de vue économique — il est clair que les artistes pourraient vivre de leur travail, bien plus facilement qu'ils ne le peuvent aujourd'hui. Outre les associations libres, ils auraient encore la ressource de s'adresser directement au public.

Dans ce livre, tout rempli d'observations fines et ingénieuses, qui s'appelle *Anticipations*, H. G. Wells se plaint qu'en Angleterre les seuls ouvrages qui donnent un profit, à la fois, à l'éditeur et à l'auteur, soient des romans adaptés à l'intellect des femmes, des enfants ou des commerçants retirés [1].

On peut dire à peu près la même chose de tous les pays. Comment, du reste, en serait-il autrement, puisque

---

1. WELLS, *Anticipations*, trad. fr. (Edit. du Mercure de France); Paris, 1904.

dans la société capitaliste — si l'on fait abstraction d'une élite peu nombreuse — les seuls êtres qui connaissent le loisir sont les enfants, quand ils ne sont pas prématurément à la fabrique, les femmes, quand elles n'appartiennent pas à la classe ouvrière, ou bien les capitalistes passifs, les commerçants retirés.

Supposez, au contraire, et ce serait le cas en régime socialiste, que tous les citoyens reçoivent une culture suffisante, que par une plus équitable répartition des tâches, par une plus complète utilisation de la puissance du machinisme, tous soient en mesure de consacrer quelques heures par jour à l'ornement, à l'enrichissement de leur vie spirituelle ; n'est-il pas évident que, d'une part, on les verrait se grouper, afin d'acquérir les œuvres d'art dont l'exemplaire unique serait trop coûteux pour les facultés individuelles de chacun et que, d'autre part, les livres, les gravures, les moulages, les reproductions de tous genres trouveraient — sous forme de bons ou d'espèces, — peu importe — des acheteurs infiniment plus nombreux qu'à présent ?

Cela suffit à montrer qu'indépendamment de toutes aspirations humanitaires, les artistes ont un intérêt direct, immédiat, personnel, à associer leurs efforts à ceux du prolétariat, pour, ensemble, s'affranchir de la domination capitaliste.

Ce sera, et ce sera seulement, lorsque tous les travailleurs seront libres, que l'art sera libéré.

III

RÉSUMÉ ET CONCLUSIONS

> « En attendant, pendant les heures
> sombres que nous avons encore à
> passer, resterons-nous sottement inac-
> tifs, comme les beaux messieurs,
> trouvant le travail trop vulgaire pour
> y mettre la main? Agissons plutôt
> comme de bons ouvriers, préparant
> à la lumière vacillante d'une mau-
> vaise lampe le travail du lendemain;
> ce lendemain, où l'égoïsme sera
> vaincu, où il n'y aura plus ni luttes,
> ni massacres, où l'art sera fondé, art
> glorieux, du peuple et pour le
> peuple, source de jouissances, à la
> fois, pour le créateur de l'œuvre et
> pour celui qui en profite.
>
> « WILLIAM MORRIS. »

Nous espérons avoir montré combien les artistes, et tous ceux qui s'intéressent à l'art, auraient tort de craindre que la réduction ou la suppression des revenus sans travail aient pour conséquence de contrarier ou de rendre impossible l'activité esthétique, et, d'une manière générale, toute activité n'ayant pas pour but la satisfaction des besoins matériels.

En régime socialiste, comme en régime capitaliste, l'artiste pourrait vivre, soit en exerçant une industrie, une profession, un métier connexes ou étrangers à son art, soit — à supposer que, dans l'avenir, la participation à un travail manuel ne devienne pas générale — en se libérant de toute autre tâche et en travaillant pour des particuliers ou des collectivités.

Seulement, en régime socialiste, il y aurait ceci de changé que l'élimination des parasites, le perfectionnement du machinisme, l'utilisation, dans un but social, de toutes les activités, enlèveraient au travail le caractère servile et abrutissant qui, pour la majorité des hommes, le caractérise aujourd'hui. Rien n'empêcherait dès lors que l'artisan, l'ouvrier, aussi bien que les travailleurs des professions libérales, soient en même temps des artistes; ou plutôt, rien ne subsisterait de la distinction entre les professions libérales et non libérales, qui n'est qu'un corollaire de la division entre les classes.

D'autre part, il est bien vrai que l'espèce, généralement peu sympathique, des riches amateurs viendrait à disparaître, mais en revanche, les œuvres d'art cesseraient d'être, comme aujourd'hui, des choses de luxe, faites par un petit nombre d'artistes, pour un petit nombre de bourgeois : le plus modeste travailleur participerait, en quelque mesure, à la préoccupation générale de ne pas faire des choses laides; la classe des amateurs pourrait s'étendre à la grande masse des citoyens.

Que l'on songe, dès lors, aux facilités de développement que trouveraient les artistes, dans un état social où tous les individus jouiraient d'un certain bien-être, recevraient une instruction générale assez complète pour ne point se confiner dans le seul exercice d'une tâche parcellaire, et ne seraient plus absorbés par un travail épuisant au point de n'avoir pas la force, une fois leur journée faite, d'ouvrir un livre, de visiter un musée, d'écouter un concert.

Quelques peuples, à de rares intervalles, ont connu, avec plus ou moins de plénitude, cet heureux et fécond équilibre du loisir et du travail : les Grecs, par exemple, ou les Italiens du Quattrocento ou bien, avant leur entrée dans le monde capitaliste, les Japonais. Mais ces civilisations harmonieuses n'étaient que des exceptions dans l'universelle barbarie et avaient pour conditions d'existence l'esclavage, comme en Grèce, — l'exploitation systématique de la population des villes sujettes, des campagnes et des pays d'outre-mer, comme à Florence ou à Venise, — la plus extrême simplicité de vie, résultat nécessaire d'un faible développement de la science et de la technique industrielle, comme au Japon.

C'est sur une base incomparablement plus stable et plus large que la socialisation des moyens de travail accumulés et concentrés par le capitalisme permettra l'accession de tous les travailleurs à la vie de l'esprit.

Alors, et alors seulement, l'art cessera d'être un fait

exceptionnel, une chose surajoutée, un « placage », pour devenir un aspect nécessaire de toutes les manifestations de l'existence sociale.

On ne fera plus, comme aujourd'hui, la distinction odieuse entre les choses avec art, pour les privilégiés, et les choses sans art, pour le peuple.

L'écrivain pourra s'adresser à tout le monde, au lieu d'écrire pour quelques centaines, ou quelques milliers de personnes, seules à même de le comprendre, ou, du moins, d'acheter ses ouvrages, parce que tout le monde aura le temps de lire, et la possibilité de lire, grâce à la multiplication des bibliothèques publiques, à l'accroissement de la rémunération des travailleurs, et à l'abaissement du coût des livres, résultant d'un plus vaste débit.

Au lieu de jouer pour quelques bourgeois, qui, trop souvent, imposent la bassesse ou la médiocrité de leurs goûts aux directeurs des théâtres et des concerts, l'acteur et le virtuose retrouveront la foule immense des fêtes et les jeux antiques, grâce à la participation virtuelle du peuple entier à des solennités, dont les représentations populaires actuelles ne sont que le germe informe.

Au lieu de gagner sa vie en construisant des maisons de rapport, ou des édifices publics dans le goût de Guillaume II ou de Louis Ier de Bavière, sauf à faire de temps à autre les plans d'un *cottage* ou d'un hôtel *modern-*

style, l'architecte ne pourra plus bâtir une habitation, une école, un atelier, un monument public, sans répondre à la préoccupation générale d'embellissement de la cité.

Enfin, au lieu de travailler pour la vente, de faire de la sculpture d'appartement ou de la peinture de chevalet, sans même savoir, le plus souvent, où les hasards du commerce conduiront leur œuvre, le peintre ou le sculpteur travailleront directement à compléter l'harmonie d'une maison ou d'un édifice déterminés.

Mais, encore une fois, cette transformation de l'activité esthétique ne dépend pas de la volonté individuelle de l'artiste, peintre ou sculpteur, architecte ou écrivain. Elle n'est matériellement possible que par la participation de tous à la vie intellectuelle et, à son tour, cette participation de tous à la vie intellectuelle implique, au préalable, une transformation radicale des conditions économiques.

Ce serait un vain rêve d'espérer que l'art puisse être autre chose qu'une activité de luxe et une jouissance de privilégiés aussi longtemps que se maintiendra la distinction, caractéristique du régime capitaliste, entre les classes maîtresses, ne connaissant d'autre travail, quand elles travaillent, que le travail intellectuel, et les classes dites laborieuses, ne connaissant d'autre loisir, quand elles ont du loisir, que le loisir indispensable à la réfection des forces physiques.

Est-ce à dire que, dans l'état présent, il n'y ait rien à tenter, que le socialisme militant puisse, ou même doive — afin de ne pas disperser son effort — se désintéresser des questions d'art, ajourner jusques « après la révolution sociale », les artistes soucieux d'améliorer leur sort et les ouvriers, désireux de se faire une vie intellectuelle ?

Tel n'est pas notre sentiment.

Lorsqu'il s'agit du prolétariat manuel, nous lui disons que son affranchissement intégral n'est possible que par le triomphe du socialisme, mais que ce n'est pas un motif pour s'abstenir de poursuivre, dès à présent, des améliorations partielles.

Il n'est aucune raison pour que nous ne tenions pas le même langage, lorsqu'il s'agit de la participation du peuple à la vie esthétique, ou des conditions d'existence de ces prolétaires intellectuels que sont la plupart des artistes.

Certes, leur affranchissement de toute influence bourgeoise, de toute dépendance, directe ou indirecte, vis-à-vis de la classe riche, n'est concevable que dans un état social où la classe riche se fondrait dans la masse des travailleurs ; mais, en attendant, ce n'est pas un motif pour que, dans les cadres mêmes de la société capitaliste, ils ne s'efforcent point de conquérir plus de bien-être, et, surtout, plus de liberté.

C'est, d'ailleurs, ce que nombre d'entre eux commencent à comprendre. Nous n'en voulons pour preuve que leur tendance, dans tous les pays, à s'organiser, pour la défense de leurs intérêts moraux et matériels, soit contre l'exploitation des intermédiaires, soit contre la domination pesante des académies.

En France, par exemple, où, naguère, l'Institut régnait en maître, un mouvement de libération se dessine, depuis quelques années. André Mellerio s'en est fait l'historien, dans un cours, professé en 1905, au Collège libre des sciences sociales.

On demande, sinon la suppression de l'École de Rome, du moins l'abrogation des règlements d'ancien régime qui prolongent, au delà de toute mesure, le séjour obligatoire des pensionnaires de la Villa Médicis et les empêchent de choisir au gré de leurs tendances personnelles les sujets de leurs envois [1].

On proteste contre l'obligation imposée aux élèves de l'École des beaux-arts, de fréquenter les ateliers

1. V., à ce sujet : COUYBA, Rapport au nom de la commission du budget de 1902, sur le service des beaux-arts, pp. 53 et suiv. : « Faut-il, à propos des élèves architectes, rappeler le blâme sévère adressé par l'Académie à M. Duquesne, qui avait eu l'audace d'envoyer, comme projet, une *Maison du Peuple*, et l'éviction infligée cette année à M. Tony Garnier, pensionnaire architecte de la Villa Médicis, qui, au lieu de la copie réglementaire d'un monument ancien ou de la Renaissance, avait exposé un grand ensemble de conception moderne, une *Cité industrielle*, avec ses ateliers, ses bâtiments d'administration, ses groupes d'habitations ouvrières. M. Tony Garnier avait, en outre, commis le crime, impardonnable aux yeux de l'Institut, de résumer tout un programme dans la notice accompagnant son envoi : « Il faut, disait-il, restituer à l'artiste sa tâche de penseur et de créateur à l'usage des besoins modernes. » Sur la réforme de l'École de Rome, voir également SYMIAN, Rapport pour l'exercice 1903. Chambre des députés. Session de 1902, p. 22 et suiv.; MASSÉ, Rapport pour l'exercice 1904. Session de 1903, p. 47 et suiv.

officiels, au lieu de pouvoir travailler chez les maîtres de leur choix[1]. On oppose à l'académique Salon des artistes français, qui possédait naguère un monopole de fait, la Société nationale des beaux-arts, le Salon des indépendants, le Salon des femmes peintres, les innombrables *expositionnettes* qui attirent, presque chaque jour, l'attention des critiques et du public. On crée des mutualités. On réclame des réformes législatives, telles que le droit de l'artiste à percevoir un tantième sur les ventes successives de ses œuvres[2]. On tente de créer des syndicats — l'*Indépendance artistique*, par exemple — afin d'organiser la vente sans passer par des intermédiaires.

D'autre part, et parallèlement, on multiplie les efforts pour faciliter aux travailleurs manuels l'accès des expositions, des musées, des théâtres.

L'État subventionne notamment *l'Art pour tous*, « groupe d'éducation populaire destiné à propager le goût du beau sous toutes ses formes », qui a été fondé le 11 avril 1901, par Louis Lumet, homme de lettres et Edouard Massieux, mécanicien[3].

1. Rapport COUYBA, session de 1901, n° 2643, p. 69 : « La réforme capitale, nécessaire, serait la fermeture et la suppression des ateliers à l'intérieur de l'École, non point pour raisons d'économie, mais pour raison de bonne pédagogie et pour assurer la moralité des concours. Les frais ainsi économisés seraient transformés en bourses d'atelier, pour que les élèves pauvres prissent des leçons au dehors chez le maître de leur choix. »

2. V. l'enquête de AJALBERT, dans l'*Humanité* (second semestre de 1904), sur la proposition faite à ce sujet par le peintre H.-G. IBELS.

3. Rapp. SIMYAN, session extraordinaire de 1902, n° 613, p. 71 et suiv.; V. aussi *La Revue de l'art pour tous*, bulletin mensuel, administration : 74, avenue d'Italie, Paris.

Dans certaines villes de province, comme à Lille ou à Brest, la municipalité met gratuitement des places de théâtre à la disposition des citoyens qui se font inscrire et leur fait porter ces places à domicile, par les agents de police.

A Paris, indépendamment des *théâtres du peuple*, que des initiatives particulières ont fondé dans certains faubourgs, les théâtres subventionnés organisent, périodiquement, des représentations à prix réduits.

Seulement, ici encore, on se heurte à cette éternelle difficulté que ceux qui profitent de ces représentations, ne sont généralement pas ceux auxquels on les destine.

Dans son rapport, au nom de la Commission de budget, sur le service des beaux-arts (1903), M. Massé rappelle, par exemple, qu'en 1892, l'Opéra de Paris institua quarante représentations du dimanche à un prix extrêmement réduit (le fauteuil d'orchestre coûtait 2 fr. 50 au lieu de 16 francs) :

« Ces représentations furent très suivies; la recette était d'environ 7.000 francs; seulement, la salle était remplie par le commerce et la bourgeoisie, clientèle des places moyennes de l'Opéra, heureuse de profiter d'une diminution qui n'avait pas été faite pour elle, et les représentations à plein tarif furent délaissées. La moyenne des recettes passa de 16.149 fr. 82 à 13.665 fr. 75.

« Il ne vint presque pas d'ouvriers à ces représentations du dimanche instituées pour eux. Le directeur de l'Opéra, propriétaire de la Cité Bertrand, étonné de cette abstention, pria ses locataires, industriels occupant beaucoup d'ouvriers, de leur donner des billets gratuits; il en vint quelques-uns la première fois et, pas un la seconde.

« L'expérience a duré quinze mois; la perte a été de 550.000 francs.

« Ceci semble indiquer que l'éducation musicale des ouvriers est à faire, et que ce n'est pas à l'Opéra qu'il faut la commencer[1]. »

On pourrait objecter, peut-être, que de ces deux remarques finales, la première est trop absolue — beaucoup d'ouvriers, en effet, surtout ailleurs qu'en France, sont très sensibles à la musique — et que la seconde se justifie surtout par des considérations topographiques : il ne faut pas perdre de vue qu'en général, les gens du peuple n'aiment pas à sortir de leur quartier et que l'Opéra occupe une situation trop centrale pour que l'on puisse aisément les y attirer.

Mais, depuis 1892, on a fait de nouvelles expériences, dans des conditions qui étaient ou paraissaient beaucoup plus satisfaisantes. L'œuvre des *Trente ans de théâtre* par exemple, a organisé, dans les faubourgs ouvriers, des représentations classiques, qui ont été

1. Rapport Massé, 1904, n° 1203, p. 97.

fort suivies; seulement, ici encore, le public se composait de bourgeois, bien plus que d'ouvriers[1].

Il est vrai que le prix des places était trop élevé, peut-être, pour des bourses ouvrières; mais pareille explication ne peut suffire à elle seule, car, nous l'avons vu, cette prépondérance de l'élément petit bourgeois se manifeste également dans les Universités populaires ou les Sections d'Art.

En réalité si les ouvriers s'abstiennent, alors même que les programmes sont bien choisis — ce qui n'arrive pas toujours — c'est souvent pour d'autres motifs que l'élévation des prix : c'est par manque de loisir, c'est par insuffisance de culture, c'est par impossibilité physique d'ajouter la fatigue d'un travail intellectuel à la dépense de forces qui résulte du travail manuel. Par conséquent, nous en revenons toujours à ce point de vue fondamental : *la question des représentations populaires, des théâtres du peuple, des musées du soir, est inséparable de la question des salaires et des heures de travail.*

---

1. Cf. ROMAIN ROLLAND, « le théâtre du peuple », dans *Les Cahiers de la Quinzaine,* 4e cahier de la 5e série, p. 55 et suiv. Voici, notamment, ce qu'il dit, au sujet du 20e gala populaire, au Trianon :

« En fait, ce n'était pas le peuple qui remplissait la jolie salle du Trianon, c'était un public bourgeois, dont l'élégance eût fait envie à l'Odéon. On me dira qu'il est souvent difficile de distinguer à son costume un ouvrier parisien d'un bourgeois. Je le veux bien; mais il m'est difficile de croire qu'un ouvrier se mette le soir en redingote et en chapeau de haut de forme pour aller au théâtre; or, cet uniforme de la bourgeoisie se voyait de l'orchestre aux galeries et jusqu'aux dernières places. Fait caractéristique, d'ailleurs : les places à 3 francs et à 2 fr. 50 étaient remplies; les places à 1 franc étaient presque vides. »

Aussi, les milliers d'hommes, souvent dépourvus de toute culture, qui combattent pour le salaire minimum ou pour la journée de huit heures dans les organisations syndicales ou les groupements politiques de la classe ouvrière, font-ils plus pour la cause de l'art, pour l'émancipation des artistes, que tous les amateurs, les esthètes, les mécènes de la bourgeoisie.

C'est grâce à eux, grâce à tous ceux qui combattent pour le triomphe du socialisme dans l'ordre matériel, que, de l'affranchissement économique du prolétariat, surgira la possibilité d'un art nouveau, ayant ses sources d'inspiration dans les profondeurs même du monde du travail.

Nous arrivons donc à cette conclusion que c'est seulement dans une société où la propriété et le loisir appartiendront à tous que l'art pour tous, ou, si l'on veut ne pas attacher à ces mots une signification étroite et littérale, l'art socialiste — comme on dit l'art chrétien et l'art païen — cessera d'être une espérance, pour devenir une réalité.

Certes, nous nous gardons bien de méconnaître que déjà la pensée socialiste ait pris corps dans des œuvres dignes d'admiration.

Il y aurait une étude intéressante à faire sur les œuvres qui ont été directement inspirées par le socialisme, depuis le temps où Félicien David composait des chants pour les saint-simoniens de Ménilmontant[1], où Leconte de Lisle donnait ses premiers vers à la « Phalange » des fouriéristes[2], jusqu'à l'époque contemporaine, aux dessins de Steinlen ou de Walter Crane, aux poèmes d'Émile Verhaeren ou de William Morris.

A vrai dire, cependant, la plupart des œuvres que l'on appelle, un peu trop facilement des œuvres socialistes, expriment plutôt l'humanitarisme un peu vague d' « intellectuels » en révolte, que la pensée intime de la classe ouvrière. Elles peuvent avoir été inspirées par le peuple, mais, en général, elles ne sont guère faites pour le peuple.

L'art populaire véritable — non pas ces legs exquis du passé, qui fournissent aux artistes des thèmes innombrables, comme les fleurs des champs permettent aux jardiniers de créer des fleurs doubles — mais l'art populaire contemporain, celui que les ouvriers apprécient directement, spontanément, sans qu'il leur soit besoin d'une initiation toujours un peu hâtive et factice, ce sont, par exemple, les chansons de J. D. Clément ou de Pottier, les images sentimentales que l'on trouve à la première page des numéros du 1er mai et autres illustrés socialistes.

1. QUACK, *De socialisten, Derde deel.*, p. III et suiv.; Amsterdam, Van Kampen, 1900.

2. *Ibid.*, p. 194. — V. également, dans *La Revue socialiste*, 1901, II, pp. 563 et suiv., l'article de MARIUS-ARY LEBLOND, « Les poèmes socialistes de Leconte de Lisle de 1845 à 1848 ».

Or, ce qui frappe dans ces œuvres aimées de la classe ouvrière, c'est que, pour exprimer des idées révolutionnaires, elles n'en conservent pas moins le respect jaloux des formes du passé : rien de plus conventionnel, de plus emprunté que la plupart des représentations plastiques ou littéraires de l'idéal socialiste.

On aurait tort, au surplus, de s'en étonner ou de s'en affliger, car ce serait une erreur de croire qu'il en ait jamais été autrement.

Pendant les périodes de transition révolutionnaire, l'action fait tort au rêve; les formes esthétiques survivent aux conditions sociales qui leur ont donné naissance; un art nouveau ne peut naître, avant qu'une société nouvelle ne soit née.

Si le socialisme emprunte beaucoup à l'art classique, se bornant à mettre le bonnet rouge, c'est-à-dire le bonnet phrygien, sur la tête des Déesses et des Victoires antiques, il ne fait pas autre chose en somme que le christianisme primitif.

L'art des catacombes, par exemple, c'est l'art païen des mêmes époques, à la seule différence des signes et des attributs. La Vierge est une Muse; le Bon Pasteur est représenté sous les traits de Mercure ou d'Endymion [1].

_____

1. Cf. A. PÉRATÉ, *Histoire de l'art, depuis les premiers temps chrétiens jusqu'à nos jours*, sous la direction d'A. MICHEL, vol. I, p. 12 : « L'artiste qui tente la création d'une image chrétienne se sert, par instinct, des images apprises et qu'il a si longtemps reproduites. Il adapte au décor nouveau, en les modifiant selon son pouvoir, telles

C'est plus tard, seulement, lorsque l'immense transformation sociale qui aboutit à l'établissement de la féodalité fut complète, que l'idéal collectif des peuples chrétiens trouva son expression dans une esthétique originale et engendra les chefs-d'œuvre de l'architecture et de la sculpture du xiiie siècle.

De même, il faudra qu'une organisation sociale nouvelle se constitue, que l'affranchissement économique des travailleurs révolutionne le droit, la morale, la philosophie, pour que, d'un idéal nouveau surgisse un art qui soit vraiment l'art du peuple, la chose de tous, le pain quotidien de la vie spirituelle, au lieu d'être, comme aujourd'hui, l'art d'une minorité, le luxe d'un petit nombre, la propriété exclusive d'une caste sociale privilégiée.

figures qu'il peignait dans les maisons païennes et la forme antique se pénètre d'esprit chrétien. Comme on se souvient, près de l'Orante, de la Pietas antique, et, près du Bon Pasteur, d'Endymion ou de Mercure Chriophore, on peut reconnaître le coffre de Danaé, qui porte Noé sur les flots, le monstre d'Andromède, qui engloutit Jonas, le char de Pluton, qui ravit Elie au ciel. Pourquoi reprocherait-on à ces personnages imberbes, tous drapés dans le costume romain de l'Empire, de n'avoir point d'âge, point de traits distincts? Mais ils sont dans la tradition de l'art classique et il suffit à l'artiste de rendre sensible l'idée qu'ils expriment, par un signe, un attribut essentiel : Noé a la colombe; Daniel les lions; les jeunes Hébreux, la fournaise, Jonas le monstre ou la treille qui revêt la courge. »

TABLE DES MATIÈRES

FÉLIX ALCAN, Éditeur
ANCIENNE LIBRAIRIE GERMER BAILLIÈRE ET Cⁱᵉ

PHILOSOPHIE — HISTOIRE

CATALOGUE
DES

Livres de Fonds

*On peut se procurer tous les ouvrages
qui se trouvent dans ce Catalogue par l'intermédiaire des libraires
de France et de l'Étranger.*

*On peut également les recevoir franco par la poste,
sans augmentation des prix désignés, en joignant à la demande
des* TIMBRES-POSTE FRANÇAIS OU UN MANDAT *sur Paris.*

108, BOULEVARD SAINT-GERMAIN, 108
Au coin de la rue Hautefeuille
PARIS, 6ᵉ

Les titres précédés d'un *astérisque* sont recommandés par le Ministère de l'Instruction publique pour les Bibliothèques des élèves et des professeurs et pour les distributions de prix des lycées et collèges.

BIBLIOTHÈQUE DE PHILOSOPHIE CONTEMPORAINE
Volumes in-12, brochés, à 2 fr. 50.
Cartonnés toile, 3 francs. — En demi-reliure, plats papier, 4 francs.

La *psychologie*, avec ses auxiliaires indispensables, l'*anatomie* et la *physiologie du système nerveux*, la *pathologie mentale*, la *psychologie des races inférieures et des animaux*, les *recherches expérimentales des laboratoires*; — la *logique*; — les *théories générales fondées sur les découvertes scientifiques*; — l'*esthétique*; — les *hypothèses métaphysiques*; — la *criminologie* et la *sociologie*; — l'*histoire des principales théories philosophiques*; tels sont les principaux sujets traités dans cette Bibliothèque.

ALAUX, professeur à la Faculté des lettres d'Alger. Philosophie de V. Cousin.

ALLIER (R.). *La Philosophie d'Ernest Renan. 2ᵉ édit. 1903.

ARRÉAT (L.). * La Morale dans le drame, l'épopée et le roman. 2ᵉ édition.

— *Mémoire et imagination (Peintres, Musiciens, Poètes, Orateurs). 2ᵉ édit.

— Les Croyances de demain. 1898.

— Dix ans de philosophie. 1900.

— Le Sentiment religieux en France. 1903.

BALLET (G.). Le Langage intérieur et les diverses formes de l'aphasie. 2ᵉ édit.

BAYET (A.). La morale scientifique. 1905.

BEAUSSIRE, de l'Institut. * Antécédents de l'hégél. dans la philos. française.

BERGSON (H.), de l'Institut, professeur au Collège de France. *Le Rire. Essai sur la signification du comique. 3ᵉ édition. 1904.

BERSOT (Ernest), de l'Institut. * Libre philosophie.

BERTAULD. De la Philosophie sociale.

BINET (A.), directeur du lab. de psych. physiol. de la Sorbonne. La Psychologie du raisonnement, expériences par l'hypnotisme. 3ᵉ édit.

BLONDEL. Les Approximations de la vérité. 1900.

BOS (C.), docteur en philosophie. * Psychologie de la croyance. 2ᵉ édit. 1905.

BOUCHER (M.). L'hyperespace, le temps, la matière et l'énergie. 1903.

BOUGLÉ, prof. à l'Univ. de Toulouse. Les Sciences sociales en Allemagne. 2ᵉ éd. 1902.

BOURDEAU (J.). Les Maîtres de la pensée contemporaine. 3ᵉ édit. 1904.

BOUTROUX, de l'Institut. * De la contingence des lois de la nature. 4ᵉ éd. 1902.

BRUNSCHVICG, professeur au lycée Henri IV, docteur ès lettres. *Introduction à la vie de l'esprit. 1900.

CARUS (P.). * Le Problème de la conscience du moi, trad. par M. A. Monod.

COQUEREL FILS (Ath.). Transformations historiques du christianisme.

COSTE (Ad.). Dieu et l'âme. 2ᵉ édit. précédée d'une préface par R. Worms. 1903.

CRESSON (A.), docteur ès lettres. La Morale de Kant. 2ᵉ édit. (Cour. par l'Institut.)

DANVILLE (Gaston). Psychologie de l'amour. 3ᵉ édit. 1903.

DAURIAC (L.). La Psychologie dans l'Opéra français (Auber, Rossini, Meyerbeer).

DUGAS, docteur ès lettres. * Le Psittacisme et la pensée symbolique. 1896.

— La Timidité. 3ᵉ éd. 1903.

— Psychologie du rire. 1902.

— L'absolu. 1901.

DUNAN, docteur ès lettres. La théorie psychologique de l'Espace.

DUPRAT (G.-L.), docteur ès lettres. Les Causes sociales de la Folie. 1900.

— Le Mensonge, *Étude psychologique*. 1903.

DURAND (de Gros). * Questions de philosophie morale et sociale. 1902.

DURKHEIM (Émile), chargé du cours de pédagogie à la Sorbonne.* Les règles de la méthode sociologique. 3ᵉ édit. 1901.

D'EICHTHAL (Eug.). Les Problèmes sociaux et le Socialisme. 1899.

Suite de la *Bibliothèque de philosophie contemporaine*, format in-12, à 2 fr. 50 le vol.

ENCAUSSE (Papus). L'occultisme et le spiritualisme. 2e édit. 1903.

ESPINAS (A.), prof. à la Sorbonne. * La Philosophie expérimentale en Italie.

FAIVRE (E.). De la Variabilité des espèces.

FÉRÉ (Ch.). Sensation et Mouvement. Étude de psycho-mécanique, avec fig. 2e éd.
— Dégénérescence et Criminalité, avec figures. 3e édit.

FERRI (E.). *Les Criminels dans l'Art et la Littérature. 2e édit. 1902.

FIERENS-GEVAERT. Essai sur l'Art contemporain. 2e éd. 1903. (Cour. par l'Ac. fr.).
— La Tristesse contemporaine, essai sur les grands courants moraux et intel-
  lectuels du xixe siècle. 4e édit. 1904. (Couronné par l'Institut.)
— * Psychologie d'une ville. *Essai sur Bruges.* 2e édit. 1902.
— Nouveaux essais sur l'Art contemporain. 1903.

FLEURY (Maurice de). L'Ame du criminel. 1898.

FONSEGRIVE, professeur au lycée Buffon. La Causalité efficiente. 1893.

FOUILLÉE (A.), de l'Institut. La propriété sociale et la démocratie. 4e éd. 1904.

FOURNIÈRE (E.). Essai sur l'individualisme. 1901.

FRANCK (Ad.), de l'Institut. * Philosophie du droit pénal. 5e édit.
— Philosophie du droit ecclésiastique. (*Rapports de la religion et de l'État.*)

GAUCKLER. Le Beau et son histoire.

GOBLOT (E.), professeur à l'Université de Caen. Justice et liberté. 1902.

GRASSET (J.), professeur à la Faculté de médecine de Montpellier. Les limites de
  la biologie. 2e édit. 1903.

GREEF (de). Les Lois sociologiques. 3e édit.

GUYAU. * La Genèse de l'idée de temps. 2e édit.

HARTMANN (E. de). La Religion de l'avenir. 5e édit.
— Le Darwinisme, ce qu'il y a de vrai et de faux dans cette doctrine. 6e édit.

HERBERT SPENCER. * Classification des sciences. 6e édit.
— L'Individu contre l'État. 5e édit.

HERCKENRATH. (C.-R.-C.) Problèmes d'Esthétique et de Morale. 1897.

JAELL (Mme). * La Musique et la psycho-physiologie. 1895.
— L'intelligence et le rythme dans les mouvements artistiques, avec fig. 1904.

JAMES (W.). La théorie de l'émotion, préf. de G. Dumas, chargé de cours à la
  Sorbonne. Traduit de l'anglais. 1902.

JANET (Paul), de l'Institut. * La Philosophie de Lamennais.

LACHELIER, de l'Institut. Du fondement de l'induction, suivi de psychologie
  et métaphysique. 4e édit. 1902.

LAISANT (C.). L'Éducation fondée sur la science. Préface de A. Naquet. 2e éd. 1905.

LAMPÉRIÈRE (Mme A.). * Rôle social de la femme, son éducation. 1898.

LANDRY (A.), agrégé de philos., docteur ès lettres. La responsabilité pénale. 1902.

LANESSAN (J.-L. de). La Morale des philosophes chinois. 1896.

LANGE, professeur à l'Université de Copenhague. * Les Émotions, étude psycho-
  physiologique, traduit par G. Dumas. 2e édit. 1902.

LAPIE, maître de conf. à l'Univ. de Bordeaux. La Justice par l'État. 1899.

LAUGEL (Auguste). L'Optique et les Arts.

LE BON (Dr Gustave). * Lois psychologiques de l'évolution des peuples. 7e édit.
— * Psychologie des foules. 9e édit.

LÉCHALAS. * Étude sur l'espace et le temps. 1895.

LE DANTEC, chargé du cours d'Embryologie générale à la Sorbonne. Le Détermi-
  nisme biologique et la Personnalité consciente. 2e édit.
— * L'Individualité et l'Erreur individualiste. 1898.
— Lamarckiens et Darwiniens, 2e édit. 1904.

LEFÈVRE (G.), prof. à l'Univ. de Lille. Obligation morale et idéalisme. 1895.

LEVALLOIS (Jules). Déisme et Christianisme.

LIARD, de l'Institut, vice-recteur de l'Académie de Paris. * Les Logiciens angla.s
  contemporains. 4e édit.
— Des définitions géométriques et des définitions empiriques. 3e édit.

LICHTENBERGER (Henri), professeur à l'Université de Nancy. * La philosophie de
  Nietzsche. 8e édit. 1904.
— * Friedrich Nietzsche. Aphorismes et fragments choisis. 3e édit. 1905.

Suite de la *Bibliothèque de philosophie contemporaine*, format in-12, à 2 fr. 50 le vol.

LOMBROSO. L'Anthropologie criminelle et ses récents progrès. 4° édit. 1901.
— Nouvelles recherches d'anthropologie criminelle et de psychiatrie. 1892.
— Les Applications de l'anthropologie criminelle. 1892.
LUBBOCK (Sir John). * Le Bonheur de vivre. 2 volumes. 5° édit.
— * L'Emploi de la vie. 3° éd. 1901.
LYON (Georges), recteur de l'Académie de Lille. * La Philosophie de Hobbes.
MARGUERY (E.). L'Œuvre d'art et l'évolution. 2° édit. 1905.
MARIANO. La Philosophie contemporaine en Italie.
MARION, professeur a la Sorbonne. * J. Locke, sa vie, son œuvre. 2° édit.
MAUXION, professeur à l'Université de Poitiers. * L'éducation par l'instruction
  et les Théories pédagogiques de Herbart. 1900.
— Essai sur les éléments et l'évolution de la moralité. 1901.
MILHAUD (G.), professeur à l'Université de Montpellier. * Le Rationnel. 1898.
— * Essai sur les conditions et les limites de la Certitude logique. 2° édit. 1898.
MOSSO. * La Peur. Étude psycho-physiologique (avec figures). 2° édit.
— * La Fatigue intellectuelle et physique, trad. Langlois. 3° édit.
MURISIER (E.), professeur à la Faculté des lettres de Neuchâtel (Suisse). Les
  Maladies du sentiment religieux. 2° édit. 1903.
NAVILLE (E.), doyen de la Faculté des lettres et sciences sociales de l'Université
  de Genève. Nouvelle classification des sciences. 2° édit. 1901.
NORDAU (Max). * Paradoxes psychologiques, trad. Dietrich. 5° édit. 1904.
— Paradoxes sociologiques, trad. Dietrich. 4° édit. 1904.
— * Psycho-physiologie du Génie et du Talent, trad. Dietrich. 3° édit. 1902.
NOVICOW (J.). L'Avenir de la Race blanche. 2° édit. 1903.
OSSIP-LOURIÉ, lauréat de l'Institut. Pensées de Tolstoï. 2° édit. 1902.
— * Nouvelles Pensées de Tolstoï. 1903.
— * La Philosophie de Tolstoï. 2° édit. 1903.
— * La Philosophie sociale dans le théâtre d'Ibsen. 1900.
— Le Bonheur et l'Intelligence. 1901.
PALANTE (G.), agrégé de l'Université. Précis de sociologie. 2° édit. 1903.
PAULHAN (Fr.). Les Phénomènes affectifs et les lois de leur apparition. 2° éd. 1901.
— * Joseph de Maistre et sa philosophie. 1893.
— * Psychologie de l'invention. 1900.
— * Analystes et esprits synthétiques. 1903.
— La fonction de la mémoire et le souvenir affectif. 1904.
PHILIPPE (J.). L'Image mentale, avec fig. 1903.
PILLON (F.). * La Philosophie de Ch. Secrétan. 1898.
PILO (Mario). * La psychologie du Beau et de l'Art, trad. Aug. Dietrich.
PIOGER (Dʳ Julien). Le Monde physique, essai de conception expérimentale. 1893.
QUEYRAT, prof. de l'Univ. * L'Imagination et ses variétés chez l'enfant. 2° édit.
— * L'Abstraction, son rôle dans l'éducation intellectuelle. 1894.
— * Les Caractères et l'éducation morale. 2° éd. 1901.
— * La logique chez l'enfant et sa culture. 1902.
— Les jeux des enfants. 1905.
REGNAUD (P.), professeur à l'Université de Lyon. Logique évolutionniste. *L'En-*
  tendement dans ses rapports avec le langage. 1897.
— Comment naissent les mythes. 1897.
RÉMUSAT (Charles de), de l'Académie française. * Philosophie religieuse.
RENARD (Georges), professeur au Conservatoire des arts et métiers. Le régime
  socialiste, *son organisation politique et économique.* 4° édit. 1903.
RÉVILLE (A.), professeur au Collège de France. Histoire du dogme de la Divi-
  nité de Jésus-Christ. 3° édit.
RIBOT (Th.), de l'Institut, professeur honoraire au Collège de France, directeur
  de la *Revue philosophique.* La Philosophie de Schopenhauer. 9° édition.
— * Les Maladies de la mémoire. 16° édit.
— * Les Maladies de la volonté. 19° édit.
— * Les Maladies de la personnalité. 9° édit.
— * La Psychologie de l'attention. 5° édit.

Suite de la *Bibliothèque de philosophie contemporaine*, format in-12 à 2 fr. 50 le vol.

RICHARD (G.), chargé du cours de sociologie à l'Université de Bordeaux. * **Socialisme et Science sociale.** 2ᵉ édit.
RICHET (Ch.). **Essai de psychologie générale.** 5ᵉ édit. 1903.
ROBERTY (E. de). **L'Inconnaissable, sa métaphysique, sa psychologie.**
— **L'Agnosticisme.** Essai sur quelques théories pessim. de la connaissance. 2ᵉ édit.
— **La Recherche de l'Unité.** 1893.
— **Auguste Comte et Herbert Spencer.** 2ᵉ édit.
— * **Le Bien et le Mal.** 1896.
— **Le Psychisme social.** 1897.
— **Les Fondements de l'Ethique.** 1898.
— **Constitution de l'Éthique.** 1901.
ROISEL. **De la Substance.**
— **L'Idée spiritualiste.** 2ᵉ éd. 1901.
ROUSSEL-DESPIERRES. **L'Idéal esthétique.** *Philosophie de la beauté.* 1904.
SAISSET (Émile), de l'Institut. * **L'Ame et la Vie.**
SCHOPENHAUER. * **Le Fondement de la morale,** trad. par M. A. Burdeau. 7ᵉ édit.
— * **Le Libre arbitre,** trad. par M. Salomon Reinach, de l'Institut. 8ᵉ éd.
— **Pensées et Fragments,** avec intr. par M. J. Bourdeau. 18ᵉ édit.
SELDEN (Camille). **La Musique en Allemagne,** étude sur Mendelssohn.
SOLLIER (Dʳ P.). **Les Phénomènes d'autoscopie,** avec fig. 1903.
STUART MILL. * **Auguste Comte et la Philosophie positive.** 6ᵉ édit.
— * **L'Utilitarisme.** 3ᵉ édit.
— **Correspondance inédite avec Gust. d'Eichthal** (1828-1842)–(1864-1871). 1898. Avant-propos et trad. par Eug. d'Eichthal.
SULLY PRUDHOMME, de l'Académie française, et Ch. RICHET, professeur à l'Université de Paris. **Le problème des causes finales.** 2ᵉ édit. 1904.
SWIFT. **L'Éternel conflit.** 1901.
TANON (L.). * **L'Évolution du droit et la Conscience sociale.** 1900.
TARDE, de l'Institut. **La Criminalité comparée.** 5ᵉ édit. 1902.
— * **Les Transformations du Droit.** 2ᵉ édit. 1899.
— * **Les Lois sociales.** 4ᵉ édit. 1904.
THAMIN (R.), recteur de l'Acad. de Bordeaux. * **Éducation et Positivisme** 2ᵉ édit.
THOMAS (P. Félix). * **La suggestion, son rôle dans l'éducation.** 2ᵉ édit. 1898.
— * **Morale et éducation,** 1899.
TISSIÉ. * **Les Rêves,** avec préface du professeur Azam. 2ᵉ éd. 1898.
VIANNA DE LIMA. **L'Homme selon le transformisme.**
WECHNIAKOFF. **Savants, penseurs et artistes,** publié par Raphael Petrucci.
WUNDT. **Hypnotisme et Suggestion.** Étude critique, traduit par M. Keller. 2ᵉ édit. 1902.
ZELLER. **Christian Baur et l'École de Tubingue,** traduit par M. Ritter.
ZIEGLER. **La Question sociale est une Question morale,** trad. Palante. 3ᵉ édit.

BIBLIOTHÈQUE DE PHILOSOPHIE CONTEMPORAINE
Volumes in-8.

Br. à 3 fr. 75, 5 fr., 7 fr. 50, 10 fr., 12 fr. 50 et 15 fr.; Cart. angl., 1 fr. en plus par vol.;
Demi-rel. en plus 2 fr. par vol.

ADAM (Ch.), recteur de l'Académie de Nancy. * **La Philosophie en France** (première moitié du xixᵉ siècle).   7 fr. 50
AGASSIZ.* **De l'Espèce et des Classifications.**   5 fr.
ALENGRY (Franck), docteur ès lettres, inspecteur d'académie. * **Essai historique et critique sur la Sociologie chez Aug. Comte.** 1900.   10 fr.
ARNOLD (Matthew). **La Crise religieuse.**   7 fr. 50
ARRÉAT. * **Psychologie du peintre.**   5 fr.
AUBRY (Dʳ P.). **La Contagion du meurtre.** 1896. 3ᵉ édit.   5 fr.
BAIN (Alex.). **La Logique inductive et déductive.** Trad. Compayré. 2 vol. 3ᵉ éd. 20 fr.
— * **Les Sens et l'Intelligence.** 1 vol. Trad. Cazelles. 3ᵉ édit.   10 fr.
BALDWIN (Mark), professeur à l'Université de Princeton (États-Unis). **Le Développement mental chez l'enfant et dans la race.** Trad. Nourry. 1897.   7 fr. 50

Suite de la *Bibliothèque de philosophie contemporaine*, format in-8.

BARTHÉLEMY-SAINT-HILAIRE, de l'Institut. **La Philosophie dans ses rapports avec les sciences et la religion.** 5 fr.

BARZELOTTI, prof. à l'Univ. de Rome. *La Philosophie de H. Taine. 1900. 7 fr. 50

BERGSON (H.), de l'Institut, professeur au Collège de France. * **Matière et mémoire,** essai sur les relations du corps à l'esprit. 2e édit. 1900. 5 fr.

— Essai sur les données immédiates de la conscience. 4e édit. 1901. 3 fr. 75

BERTRAND, prof. à l'Université de Lyon. * **L'Enseignement intégral.** 1898. 5 fr.

— Les Études dans la démocratie. 1900. 5 fr.

BOIRAC (Émile), recteur de l'Académie de Dijon. * **L'Idée du Phénomène.** 5 fr.

BOUGLÉ, prof. à l'Univ. de Toulouse. *Les Idées égalitaires. 1899. 3 fr. 75

BOURDEAU (L.). Le Problème de la mort. 4e édition. 1904. 5 fr.

— Le Problème de la vie. 1 vol. in-8. 1901. 7 fr. 50

BOURDON, professeur à l'Université de Rennes. * **L'Expression des émotions et des tendances dans lo langage.** 7 fr. 50

BOUTROUX (Em.), de l'Institut. Études d'histoire de la philosophie. 2e édition. 1901. 7 fr. 50

BRAY (L.). Du beau. 1902. 5 fr.

BROCHARD (V.), de l'Institut. De l'Erreur. 1 vol. 2e édit. 1897. 5 fr.

BRUNSCHVICG (E.), prof. au lycée Henri IV, docteur ès lettres. *Spinoza. 3 fr. 75

— La Modalité du jugement. 5 fr.

CARRAU (Ludovic), professeur à la Sorbonne. **La Philosophie religieuse en Angleterre,** depuis Locke jusqu'à nos jours. 5 fr.

CHABOT (Ch.), prof. à l'Univ. de Lyon. *Nature et Moralité. 1897. 5 fr.

CLAY (R.). * L'Alternative, *Contribution à la Psychologie.* 2e édit. 10 fr.

COLLINS (Howard). *La Philosophie de Herbert Spencer, avec préface de Herbert Spencer, traduit par H. de Varigny. 4e édit. 1904. 10 fr.

COMTE (Aug.). La Sociologie, résumé par E. RIGOLAGE. 1897. 7 fr. 50

CONTA (R.). Théorie de l'ondulation universelle. 1894. 3 fr. 75

COSTE. Les Principes d'une sociologie objective. 3 fr. 75

— L'Expérience des peuples et les prévisions qu'elle autorise. 1900. 10 fr.

CRÉPIEUX-JAMIN. L'Écriture et le Caractère. 4e édit. 1897. 7 fr. 50

CRESSON, doct. ès lettres. La Morale de la raison théorique. 1903. 5 fr.

DAURIAC (L.). Essai sur l'esprit musical, 1904. 5 fr.

DE LA GRASSERIE (R.), lauréat de l'Institut. Psychologie des religions. 1899. 5 fr.

DEWAULE, docteur ès lettres. *Condillac et la Psychol. anglaise contemp. 5 fr.

DRAGHICESCO. L'Individu dans le déterminisme social. 1904. 7 fr. 50

DUMAS (G.), chargé de cours à la Sorbonne. *La Tristesse et la Joie. 1900. 7 fr. 50

DUPRAT (G. L.), docteur ès lettres. L'Instabilité mentale. 1899. 5 fr.

DUPROIX (P.), professeur à l'Université de Genève. * **Kant et Fichte et le problème de l'éducation.** 2e édit. 1897. (Ouvrage couronné par l'Académie française.) 5 fr.

DURAND (DE GROS). Aperçus de taxinomie générale. 1898. 5 fr.

— Nouvelles recherches sur l'esthétique et la morale. 1 vol. in-8. 1899. 5 fr.

— Variétés philosophiques. 2e édit, revue et augmentée. 1900. 5 fr.

DURKHEIM, chargé du cours de pédagogie à la Sorbonne. * **De la division du travail social** 2e édit. 1901. 7 fr. 50

— Le Suicide, *étude sociologique.* 1897. 7 fr. 50

— * L'année sociologique : 7 années parues.

1re Année (1896-1897). — DURKHEIM : La prohibition de l'inceste et ses origines. — G. SIMMEL : Comment les formes sociales se maintiennent. — *Analyses* des travaux de sociologie publiés du 1er Juillet 1896 au 30 Juin 1897. 1 v. in-8. 10 fr.

2e Année (1897-1898). — DURKHEIM : De la définition des phénomènes religieux. — HUBERT et MAUSS : Essai sur la nature et la fonction du sacrifice. — *Analyses.* 1 vol in-8. 10 fr.

3e Année (1898-1899). — RATZEL : Le sol, la société, l'État. — RICHARD : Les crises sociales et la criminalité. — STEINMETZ : Classification des types sociaux. — *Analyses.* 1 vol. in-8. 10 fr.

4e Année (1899-1900). — BOUGLÉ : Remarques sur le régime des castes. — DURKHEIM : Deux lois de l'évolution pénale. — CHARMONT : Notes sur les causes d'extinction de la propriété corporative. *Analyses.* 1 vol. in-8. 10 fr.

5e Année (1900-1901). — F. SIMIAND : Remarques sur les variations du prix du charbon

Suite de la *Bibliothèque de philosophie contemporaine*, format in-8.

au XIX° siècle. — DURKHEIM : Sur le Totémisme. — *Analyses*. 1 vol. in-8. 10 fr.
6° Année (1901-1902). — DURKHEIM et MAUSS : De quelques formes primitives de classification. Contribution à l'étude des représentations collectives. — BOUGLÉ : Revue générale des théories récentes sur la division du travail. — *Analyses*. 1 vol. in-8. 12 fr. 50
7° Année (1902-1903). — H. HUBERT et M. MAUSS : Esquisse d'une théorie générale de la magie. — *Analyses*. 1 vol. in-8. 12 fr. 50
EGGER (V.), professeur à la Faculté des lettres de Paris. **La parole intérieure.** *Essai de psychologie descriptive.* 2° édit. 1904. 5 fr.
ESPINAS (A.), professeur à la Sorbonne. ***La Philosophie sociale du XVIII° siècle et la Révolution française.** 1898. 7 fr. 50
FERRERO (G.). **Les Lois psychologiques du symbolisme.** 1895. 5 fr.
FERRI (Louis). **La Psychologie de l'association, depuis Hobbes.** 7 fr. 50
FLINT, prof. à l'Univ. d'Edimbourg. *** La Philos. de l'histoire en Allemagne.** 7 fr. 50
FONSEGRIVE, prof. au lycée Buffon. *** Essai sur le libre arbitre.** 2° édit. 1895. 10 fr.
FOUCAULT, docteur ès lettres. **La psychophysique.** 1903. 1 vol. in-8. 7 fr. 50
FOUILLÉE (Alf.), de l'Institut. *** La Liberté et le Déterminisme.** 5° édit. 7 fr. 50
— **Critique des systèmes de morale contemporains.** 4° édit. 7 fr. 50
— ***La Morale, l'Art, la Religion,** d'après GUYAU. 4° édit. augm. 3 fr. 75
— **L'Avenir de la Métaphysique fondée sur l'expérience.** 2° édit. 5 fr.
— *** L'Évolutionnisme des idées-forces.** 3° édit. 7 fr. 50
— *** La Psychologie des idées-forces.** 2 vol. 2° édit. 15 fr.
— *** Tempérament et caractère.** 3° édit. 7 fr. 50
— **Le Mouvement positiviste et la conception sociol. du monde.** 2° édit. 7 fr. 50
— **Le Mouvement idéaliste et la réaction contre la science posit.** 2° édit. 7 fr. 50
— *** Psychologie du peuple français.** 3° édit. 7 fr. 50
— *** La France au point de vue moral.** 2° édit. 7 fr. 50
— **Esquisse psychologique des peuples européens.** 2° édit. 1903. 10 fr.
— **Nietzsche et l'immoralisme.** 2° édit. 1903. 5 fr.
FOURNIÈRE (E.). **Les théories socialistes au XIX° siècle.** De BABEUF à PROUDHON. 1901. 1 vol. in-8. 7 fr. 50
FULLIQUET. **Essai sur l'Obligation morale.** 1898. 7 fr. 50
GAROFALO, prof. à l'Université de Naples. **La Criminologie.** 5° édit. refondue. 7 fr. 50
— **La Superstition socialiste.** 1895. 5 fr.
GÉRARD-VARET, prof. à l'Univ. de Dijon. **L'Ignorance et l'Irréflexion.** 1899. 5 fr.
GLEY (D' E.), professeur agrégé à la Faculté de médecine de Paris. **Etudes de psychologie physiologique et pathologique,** avec fig. 1903. 5 fr.
GOBLOT (E.), Prof. à l'Université de Caen. *** Classification des sciences.** 1898. 5 fr.
GODFERNAUX (A.), docteur ès lettres. *** Le Sentiment et la pensée.** 2° édit. 1905. 5 fr.
GORY (G.). **L'Immanence de la raison dans la connaissance sensible.** 5 fr.
GREEF (de), prof. à la nouvelle Université libre de Bruxelles. **Le Transformisme social. Essai sur le progrès et le regrès des sociétés.** 2° éd. 1901. 7 fr. 50
— **La sociologie économique.** 1904. 1 vol. in-8. 3 fr. 75
GROOS (K.), prof. à l'Université de Bâle. *** Les jeux des animaux.** 1902. 7 fr. 50
GURNEY, MYERS et PODMORE. **Les Hallucinations télépathiques,** traduit et abrégé de *« Phantasms of The Living »* par L. MARILLIER, préf. de CH. RICHET. 3° éd. 7 fr. 50
GUYAU (M.). *** La Morale anglaise contemporaine.** 6° édit. 7 fr. 50
— **Les Problèmes de l'esthétique contemporaine.** 6° édit. 5 fr.
— **Esquisse d'une morale sans obligation ni sanction.** 5° édit. 5 fr.
— **L'Irréligion de l'avenir,** étude de sociologie. 7° édit. 7 fr. 50
— *** L'Art au point de vue sociologique.** 5° édit. 7 fr. 50
— ***Education et Hérédité,** étude sociologique. 5° édit. 5 fr.
HALÉVY (Élie), docteur ès lettres, professeur à l'École des sciences politiques. *** La Formation du radicalisme philosophique,** 3 vol., chacun 7 fr. 50
HANNEQUIN, prof. à l'Univ. de Lyon. **L'hypothèse des atomes.** 2° édit. 1899. 7 fr. 50
HARTENBERG (D' Paul). **Les Timides et la Timidité.** 2° édit. 1904. 5 fr.
HERBERT SPENCER. *** Les premiers Principes.** Traduc. Cazelles. 9° éd. 10 fr.
— *** Principes de biologie.** Traduct. Cazelles. 4° édit. 2 vol. 20 fr.
— *** Principes de psychologie.** Trad. par MM. Ribot et Espinas. 2 vol. 20 fr.

Suite de la *Bibliothèque de philosophie contemporaine*, format in-8.

HERBERT SPENCER. *Principes de sociologie. 4 vol., traduits par MM. Cazelles et Gerschel : Tome I. 10 fr. — Tome II. 7 fr. 50. — Tome III. 15 fr. — Tome IV. 8 fr. 75
— * Essais sur le progrès. Trad. A. Burdeau. 5e édit.   7 fr. 50
— Essais de politique. Trad. A. Burdeau. 4e édit.   7 fr. 50
— Essais scientifiques. Trad. A. Burdeau. 3e édit.   7 fr. 50
— * De l'Éducation physique, intellectuelle et morale. 10e édit. (Voy. p. 3, 20, 21 et 32.)   5 fr.
HIRTH (G.). *Physiologie de l'Art. Trad. et introd. de L. Arréat.   5 fr.
HOFFDING, prof. à l'Univ. de Copenhague. Esquisse d'une psychologie fondée sur l'expérience. Trad. L. POITEVIN. Préf. de Pierre JANET. 2e éd. 1903.   7 fr. 50
IZOULET (J.). prof. au Coll. de France. * La Cité moderne. (*nouv. éd. sous presse*).
JACOBY (Dr P.). Études sur la sélection chez l'homme. 2e édition. Préface de G. TARDE, de l'Institut, avec planches en couleurs hors texte. 1904.   10 fr.
JANET (Paul), de l'Institut. * Les Causes finales. 4e édit.   10 fr.
— * Œuvres philosophiques de Leibniz. 2e édit. 2 vol. 1900.   20 fr.
JANET (Pierre), professeur au Collège de France. * L'Automatisme psychologique, essai sur les formes inférieures de l'activité mentale. 4e édit.   7 fr. 50
JAURÈS (J.), docteur ès lettres. De la réalité du monde sensible. 2e éd. 1902. 7 fr. 50
KARPPE (S.), docteur ès lettres. Essais de critique d'histoire et de philosophie. 1902.   3 fr. 75
LALANDE (A.), docteur ès lettres, *La Dissolution opposée à l'évolution, dans les sciences physiques et morales. 1 vol. in-8. 1899.   7 fr. 50
LANG (A.). * Mythes, Cultes et Religion. Traduit par MM. Marillier et Dirr, introduction de Léon Marillier. 1896.   10 fr.
LAPIE (P.), maît. de conf. à l'Univ. de Bordeaux. Logique de la volonté 1902. 7 fr. 50
LAUVRIÈRE, docteur ès lettres, prof. au lycée Charlemagne. Edgar Poë. *Sa vie et son œuvre. Essai de psychologie pathologique.* 1904.   10 fr.
LAVELEYE (de). *De la Propriété et de ses formes primitives. 5e édit.   10 fr.
— *Le Gouvernement dans la démocratie. 2 vol. 3e édit. 1896.   15 fr.
LE BON (Dr Gustave). *Psychologie du socialisme. 3e éd. refondue. 1902. 7 fr. 50
LECHALAS (G.). Études esthétiques. 1902.   5 fr.
LECHARTIER (G.). David Hume, moraliste et sociologue. 1900.   5 fr.
LECLÈRE (A.), docteur ès lettres. Essai critique sur le droit d'affirmer. 1901. 5 fr.
LE DANTEC (F.), chargé de cours à la Sorbonne. L'unité dans l'être vivant. 1902.   7 fr. 50
— Les Limites du connaissable, *la vie et les phénom. naturels.* 2e éd. 1904. 3 fr. 75
LÉON (Xavier). *La philosophie de Fichte, *ses rapports avec la conscience contemporaine*, Préface de E. BOUTROUX, de l'Institut. 1902. (Couronné par l'Institut.) 10 fr.
LÉVY (A.), docteur ès lettres. La philosophie de Feuerbach. 1904.   10 fr.
LÉVY-BRUHL (L.), chargé de cours à la Sorbonne *La Philosophie de Jacobi. 1894. 5 fr.
— *Lettres inédites de J.-S. Mill à Auguste Comte, *publiées avec les réponses de Comte et une introduction.* 1899.   10 fr.
— * La Philosophie d'Auguste Comte. 2e édit. 1905   7 fr. 50
— La Morale et la Science des mœurs. 2e édit. 1905.   5 fr.
LIARD, de l'Institut, vice-recteur de l'Acad. de Paris. *Descartes, 2e éd. 1903.   5 fr.
— * La Science positive et la Métaphysique, 5e édit.   7 fr. 50
LICHTENBERGER (H.), professeur à l'Université de Nancy. Richard Wagner, poète et penseur. 3e édit. 1902. (Couronné par l'Académie française.)   10 fr.
LOMBROSO. * L'Homme criminel (criminel-né, fou-moral, épileptique), précédé d'une préface de M. le docteur LETOURNEAU. 3e éd. 2 vol. et atlas. 1895.   36 fr.
LOMBROSO ET FERRERO. La Femme criminelle et la prostituée.   15 fr.
LOMBROSO et LASCHI. Le Crime politique et les Révolutions. 2 vol.   15 fr.
LUBAC, prof. au lycée de Constantine. Esquisse d'un système de psychologie rationnelle. Préface de H. BERGSON. 1904.   3 fr. 75
LYON (Georges), recteur de l'Académie de Lille. * L'Idéalisme en Angleterre au XVIIIe siècle.   7 fr. 50
MALAPERT (P.), docteur ès lettres, prof. au lycée Louis-le-Grand. * Les Éléments du caractère et leurs lois de combinaison. 1897.   5 fr.
MARION (H.), prof. à la Sorbonne. *De la Solidarité morale. 6e édit. 1897.   5 fr.
MARTIN (Fr.), docteur ès lettres, prof. au lycée Saint-Louis. * La Perception extérieure et la Science positive, essai de philosophie des sciences. 1894.   5 fr.

Suite de la *Bibliothèque de philosophie contemporaine*, format in-8.

MAX MULLER, prof. à l'Université d'Oxford. *** Nouvelles études de mythologie**, trad. de l'anglais par L. Job, docteur ès lettres. 1898.   12 fr. 50

MAXWELL (J.), docteur en médecine, avocat général près la Cour d'appel de Bordeaux. **Les Phénomènes psychiques**. Recherches, Observations, Méthodes. Préface de Ch. Richet. 2ᵉ édit. 1904.   5 fr.

MYERS. La personnalité humaine. *Sa survivance après la mort, ses manifestations supra-normales.* Traduit par le docteur Jankélivitch. 1905.   7 fr. 50

NAVILLE (E.), correspondant de l'Institut. **La Physique moderne. 2ᵉ édit.**   5 fr.
— *** La Logique de l'hypothèse. 2ᵉ édit.**   5 fr.
— *** La Définition de la philosophie. 1894.**   5 fr.
— **Le libre Arbitre. 2ᵉ édit. 1898.**   5 fr.
— **Les Philosophies négatives. 1899.**   5 fr.

NORDAU (Max). * Dégénérescence. Tome I. 7 fr. 50. Tome II. 7ᵉ éd. 1901. 2 vol. 10 fr.
— **Les Mensonges conventionnels de notre civilisation.** 7ᵉ édit. 1901.   5 fr.
— *** Vus du dehors** *Essais de critique sur quelques auteurs français contemporains.* 1903.   5 fr.

NOVICOW. Les Luttes entre Sociétés humaines. 3ᵉ édit.   10 fr.
— *** Les Gaspillages des sociétés modernes.** 2ᵉ édit. 1899.   5 fr.

OLDENBERG, professeur à l'Université de Kiel. *** Le Bouddha,** *sa Vie, sa Doctrine, sa Communauté,* trad. par P. Foucher, maître de conférences à l'École des Hautes Études. Préf. de Sylvain Lévi, prof. au Collège de France. 2ᵉ éd. 1903. 7 fr. 50
— **La religion du Véda.** Traduit par V. Henry, prof. à la Sorbonne. 1903.   10 fr.

OSSIP-LOURIÉ. La philosophie russe contemporaine. 1902.   5 fr.

OUVRÉ (H.), professeur à l'Université de Bordeaux. *** Les Formes littéraires de la pensée grecque.** 1900. (Ouvrage couronné par l'Académie française et par l'Association pour l'enseignement des études grecques.)   10 fr.

PALANTE (G.). Combat pour l'individu. 1904. 1 vol. in-8.   3 fr. 75

PAULHAN, L'Activité mentale et les Éléments de l'esprit.   10 fr.
— **Les Types intellectuels : esprits logiques et esprits faux. 1896.**   7 fr. 50
— *** Les Caractères.** 2ᵉ édit.   5 fr.

PAYOT (J.), Recteur de l'Académie de Chambéry. **La croyance.** 2ᵉ édit. 1905. 5 fr.
— *** L'Éducation de la volonté. 20ᵉ édit. 1905.**   5 fr.

PÉRÈS (Jean), professeur au lycée de Toulouse. **L'Art et le Réel.** 1898. 3 fr. 75

PÉREZ (Bernard). Les Trois premières années de l'enfant. 5ᵉ édit.   5 fr.
— **L'Éducation morale dès le berceau.** 4ᵉ édit. 1901.   5 fr.
— *** L'Éducation intellectuelle dès le berceau.** 2ᵉ éd. 1901.   5 fr.

PIAT (C.). La Personne humaine. 1898. (Couronné par l'Institut).   7 fr. 50
— *** Destinée de l'homme.** 1898.   5 fr.

PICAVET (E.), maître de conférences à l'École des hautes études. *** Les Idéologues.** (Ouvr. couronné par l'Académie française.)   10 fr.

PIDERIT. La Mimique et la Physiognomonie. Trad. par M. Girot.   5 fr.

PILLON (F.). * L'Année philosophique, 12 années : 1890, 1891, 1892, 1893 (épuisée), 1894, 1895, 1896, 1897, 1898, 1899, 1900, 1901, 1902 et 1903. 13 vol. Ch. vol. sép. 5 fr.

PIOGER (J.). La Vie et la Pensée, essai de conception expérimentale. 1894.   5 fr.
— **La Vie sociale, la Morale et le Progrès.** 1894.   5 fr.

PREYER, prof. à l'Université de Berlin. **Éléments de physiologie.**   5 fr.

PROAL, conseiller à la Cour de Paris. *** Le Crime et la Peine.** 3ᵉ édit. (Couronné par l'Institut.)   10 fr.
— *** La Criminalité politique. 1895.**   5 fr.
— **Le Crime et le Suicide passionnels.** 1900. (Couronné par l'Ac. française.) 10 fr.

RAUH, chargé de cours à la Sorbonne. *** De la méthode dans la psychologie des sentiments.** 1899. (Couronné par l'Institut.)   5 fr.
— **L'Expérience morale.** 1903.   3 fr. 75

RÉCEJAC, doct. ès lett. **Les Fondements de la Connaissance mystique.** 1897. 5 fr.

RENARD (G.), professeur au Conservatoire des arts et métiers. *** La Méthode scientifique de l'histoire littéraire.** 1900.   10 fr.

RENOUVIER (Ch.) de l'Institut. *** Les Dilemmes de la métaphysique pure.** 1900. 5 fr.
— *** Histoire et solution des problèmes métaphysiques.** 1901.   7 fr. 50
— **Le personnalisme,** suivi d'une étude sur la *perception externe et la force.* 1903.   10 fr.

Suite de la *Bibliothèque de philosophie contemporaine*, format in-8.

RIBERY, docteur ès lettres. Essai de classification naturelle des caractères. 1903. 3 fr. 75

RIBOT (Th.), de l'Institut. * L'Hérédité psychologique. 5° édit. 7 fr. 50

— * La Psychologie anglaise contemporaine. 3° édit. 7 fr. 50

— * La Psychologie allemande contemporaine. 5° édit. 7 fr. 50

— La Psychologie des sentiments. 4° édit. 1903. 7 fr. 50

— L'Evolution des idées générales. 2° édit. 1903. 5 fr.

— * Essai sur l'Imagination créatrice. 2° édit. 1905. 5 fr.

— La logique des sentiments. 1905. 1 vol. in-8. 3 fr. 75

RICARDOU (A.), docteur ès lettres. * De l'Idéal. (Couronné par l'Institut.) 5 fr.

RICHARD (G.), chargé du cours de sociologie à l'Univ. de Bordeaux. *L'idée d'évolution dans la nature et dans l'histoire. 1903. (Couronné par l'Institut.) 7 fr. 50

ROBERTY (E. de). L'Ancienne et la Nouvelle philosophie. 7 fr. 50

— * La Philosophie du siècle (positivisme, criticisme, évolutionnisme). 5 fr.

— Nouveau Programme de sociologie. 1904. 5 fr.

ROMANES. * L'Evolution mentale chez l'homme. 7 fr. 50

RUYSSEN (Th.), chargé de cours à l'Université d'Aix. Essai sur l'évolution psycho-logique du jugement. 1 vol. in-8. 5 fr.

SABATIER (A.), doyen de la Faculté des sciences de Montpellier. — *Philosophie de l'effort. *Essais philosophiques d'un naturaliste.* 1903. 7 fr. 50

SAIGEY (E.). *Les Sciences au XVIII° siècle. La Physique de Voltaire. 5 fr.

SAINT-PAUL (D′ G.). Le Langage intérieur et les paraphasies. 1904. 5 fr.

SANZ Y ESCARTIN. L'Individu et la Réforme sociale, trad. Dietrich. 7 fr. 50

SCHOPENHAUER. Aphor. sur la sagesse dans la vie. Trad. Cantacuzène. 7° éd. 5 fr.

— * Le Monde comme volonté et comme représentation. Traduit par M. A. Burdeau. 3° éd. 3 vol. Chacun séparément. 7 fr. 50

SÉAILLES (G.), prof. à la Sorbonne. Essai sur le génie dans l'art. 2° édit. 5 fr.

SIGHELE (Scipio). La Foule criminelle. 2° édit. 1901. 5 fr.

SOLLIER. Le Problème de la mémoire. 1900. 3 fr. 75

— Psychologie de l'idiot et de l'imbécile, avec 12 pl. hors texte. 2° éd. 1902. 5 fr.

SOURIAU (Paul), prof. à l'Univ. de Nancy. L'Esthétique du mouvement. 5 fr.

— * La Suggestion dans l'art. 5 fr.

— La Beauté rationnelle. 1904. 10 fr.

STEIN (L.), professeur à l'Université de Berne. *La Question sociale au point de vue philosophique. 1900. 10 fr.

STUART MILL. * Mes Mémoires. Histoire de ma vie et de mes idées. 3° éd. 5 fr.

— * Système de Logique déductive et inductive. 4° édit. 2 vol. 20 fr.

— * Essais sur la Religion. 3° édit. 5 fr.

— Lettres inédites à Aug. Comte et réponses d'Aug. Comte, 1899. 10 fr.

SULLY (James). Le Pessimisme. Trad. Bertrand. 2° édit. 7 fr. 50

— * Études sur l'Enfance. Trad. A. Monod, préface de G. Compayré. 1898. 10 fr.

— Essai sur le rire. Trad. Terrier. 1904. 7 fr. 50

TARDE (G.), de l'Institut, prof. au Coll. de France. *La Logique sociale. 3° éd. 1898. 7 fr. 50

— *Les Lois de l'imitation. 3° édit. 1900. 7 fr. 50

— L'Opposition universelle. *Essai d'une théorie des contraires.* 1897. 7 fr. 50

— *L'Opinion et la Foule. 2° édit. 1904. 5 fr.

— *Psychologie économique. 1902. 2 vol. in-8. 15 fr.

TARDIEU (E.). L'Ennui. *Etude psychologique.* 1903. 5 fr.

THOMAS (P.-F.), docteur ès lettres. Pierre Leroux, sa philosophie. 1904. 5 fr.

— *L'Éducation des sentiments. (Couronné par l'Institut.) 3° édit. 1904. 5 fr.

THOUVEREZ (Émile), professeur à l'Université de Toulouse. Le Réalisme méta-physique 1894. (Couronné par l'Institut.) 5 fr.

VACHEROT (Et.), de l'Institut. * Essais de philosophie critique. 7 fr. 50

— La Religion. 7 fr. 50

WEBER (L.). Vers le positivisme absolu par l'idéalisme. 1903. 7 fr. 50

COLLECTION HISTORIQUE DES GRANDS PHILOSOPHES

PHILOSOPHIE ANCIENNE

ARISTOTE (Œuvres d'), traduction de J. Barthélemy-Saint-Hilaire, de l'Institut.
— *Rhétorique. 2 vol. in-2. 16 fr.
— *Politique. 1 vol. in-8... 10 fr.
— Métaphysique. 3 vol. in-8. 30 fr.
— De la Logique d'Aristote, par M. Barthélemy-Saint-Hilaire. 2 vol. in-8............. 10 fr.
— Table alphabétique des matières de la traduction générale d'Aristote, par M. Barthélemy-Saint-Hilaire, 2 forts vol. in-8. 1892............ 30 fr.
— L'Esthétique d'Aristote, par M. Bénard. 1 vol. in-8. 1889. 5 fr.
— La Poétique d'Aristote, par Hatzfeld (A.), prof. hon. au Lycée Louis-le-Grand et M. Dufour, prof. à l'Univ. de Lille. 1 vol. in-8 1900........................ 6 fr.
SOCRATE. *La Philosophie de Socrate, p. A. Fouillée. 2 v. in-8 16 fr.
— Le Procès de Socrate, par G. Sorel. 1 vol. in-8...... 3 fr. 50
PLATON. *Platon, sa philosophie, sa vie et de ses œuvres, par Ch. Bénard. 1 vol. in-8. 1893. 10 fr.
— La Théorie platonicienne des Sciences, par Élie Halévy. In-8. 1895................... 5 fr.
— Le dieu de Platon, par P. Bovet. 1 vol. in-8........ 4 fr.
— Œuvres, traduction Victor Cousin revue par J. Barthélemy-Saint-Hilaire : Socrate et Platon ou le Platonisme — Eutyphron —

Apologie de Socrate — Criton — Phédon. 1 vol. in-8. 1896. 7 fr. 50
ÉPICURE. *La Morale d'Épicure et ses rapports avec les doctrines contemporaines, par M. Guyau. 1 volume in-8. 5e édit...... 7 fr. 50
BÉNARD. La Philosophie ancienne, ses systèmes. La Philosophie et la Sagesse orientales. — La Philosophie grecque avant Socrate. Socrate et les socratiques. — Les sophistes grecs. 1 v. in-8... 9 fr.
FAVRE (Mme Jules), née Velten. La Morale de Socrate. In-18. 3 50
— La Morale d'Aristote. In-18. 3 fr. 50
GOMPERZ. Les penseurs de la Grèce. I. La philosophie antésocratique. Préface de A. Croiset, de l'Institut. 1 vol. in-8.... 10 fr.
OGEREAU. Système philosophique des stoïciens. In-8..... 5 fr.
RODIER (G.). *La Physique de Straton de Lampsaque. In-8. 3 fr.
TANNERY (Paul). Pour la science hellène. In-8........ 7 fr. 50
MILHAUD (G.). *Les origines de la science grecque. In-8. 1893. 5 fr.
— *Les philosophes géomètres de la Grèce. 1 vol. in-8. 1900. (Couronné par l'Institut.) .. 6 fr.
FABRE (J.). La Pensée antique. De Moïse à Marc-Aurèle. 2e éd. In-8. 5 f.
— La Pensée chrétienne. Des Évangiles à l'Imitation de J.-C. In-8. 10 f.
LAFONTAINE (A.). Le Plaisir, d'après Platon et Aristote. In-8. 6 fr.

PHILOSOPHIE MODERNE

*DESCARTES, par L. Liard. 1 vol. in-8.................... 5 fr.
— Essai sur l'Esthétique de Descartes, par E. Krantz. 1 vol. in-8, 2e éd. 1897............. 6 fr.
— Descartes, directeur spirituel, par V. de Swarte. Préface de E. Boutroux. 1 vol. in-16 avec pl. (Couronné par l'Institut). 4 50
LEIBNIZ. *Œuvres philosophiques, pub. p. P. Janet. 2e éd. 2 v. in-8. 20 f.
— *La logique de Leibniz, par L. Couturat. 1 vol. in-8.. 12 fr.
— Opuscules et fragments inédits de Leibniz, par L. Couturat. 1 vol. in-8............ 25 fr.
PICAVET. Histoire comparée des philosophies médiévales. 1 vol. in-8.................... 7 fr. 50

SPINOZA. Benedicti de Spinoza opera, quotquot reperta sunt, recognoverunt J. Van Vloten et J.-P.-N. Land. 2 forts vol. in-8 sur papier de Hollande........... 45 fr.
Le même en 3 volumes. 18 fr.
SPINOZA. Inventaire des livres formant sa bibliothèque, publié d'après un document inédit avec des notes et une introduction par A.-J. Servaas van Rooijen. 1 v. in-4 sur papier de Hollande.... 15 fr.
— La Doctrine de Spinoza, exposée à la lumière des faits scientifiques, par E. Ferrière. 1 vol. in-12. 3 fr. 50
— Spinoza, par E. Brunschvicg. In-8.................. 3 fr. 75
FIGARD (L.), docteur ès lettres. Un Médecin philosophe au XVI

siècle. *La Psychologie de Jean Fernel.* 1 v. in-8. 1903. 7 fr. 50

GEULINCK (Arnoldi). **Opera philosophica** recognovit J.-P.-N. LAND, 3 volumes, sur papier de Hollande, gr. in-8. Chaque vol... 17 fr. 75

GASSENDI. **La Philosophie de Gassendi**, par P.-F. THOMAS. In-8. 1889 .... 6 fr.

LOCKE. * **Sa vie et ses œuvres**, par MARION. In-18. 3ᵉ éd... 2 fr. 50

MALEBRANCHE. * **La Philosophie de Malebranche**, par OLLÉ-LAPRUNE, de l'Institut. 2 v. in-8. 16 fr.

PASCAL. **Études sur le scepticisme de Pascal**, par DROZ. 1 vol. in-8............... 6 fr.

VOLTAIRE. **Les Sciences au XVIIIᵉ siècle**. Voltaire physicien,

par Em. SAIGEY. 1 vol. in-8. 5 fr.

FRANCK (Ad.), de l'Institut. **La Philosophie mystique en France au XVIIIᵉ siècle**. In-18. 2 fr. 50

DAMIRON. **Mémoires pour servir à l'histoire de la philosophie au XVIIIᵉ siècle**. 3 vol. in-8. 15 fr.

J.-J. ROUSSEAU. * **Du Contrat social**, édition comprenant avec le texte définitif les versions primitives de l'ouvrage d'après les manuscrits de Genève et de Neuchâtel, avec introduction par EDMOND DREYFUS-BRISAC. 1 fort volume grand in-8. 12 fr.

ERASME. **Stultitiæ laus des. Erasmi Rot. declamatio.** Publié et annoté par J.-B. KAN, avec les figures de HOLBEIN. 1 v. in-8. 6 fr. 75

PHILOSOPHIE ANGLAISE

DUGALD STEWART. * **Éléments de la philosophie de l'esprit humain**. 3 vol. in-12....... 9 fr.

BACON. **Étude sur François Bacon**, par J. BARTHÉLEMY-SAINT-HILAIRE. In-18............ 2 fr. 50

— * **Philosophie de François**

Bacon, par CH. ADAM. (Couronné par l'Institut). In-8..... 7 fr. 50

BERKELEY. **Œuvres choisies** *Essai d'une nouvelle théorie de la vision. Dialogues d'Hylas et de Philonoüs.* Trad. de l'angl. par MM. BEAULAVON (G.) et PARODI (D.). In-8. 1895. 5 fr.

PHILOSOPHIE ALLEMANDE

FEUERBACH. **Sa philosophie**, par C. LÉVY. 1 vol. in-8..... 10 fr.

KANT. **Critique de la raison pratique**, traduction nouvelle avec introduction et notes, par M. PICAVET. 2ᵉ édit. 1 vol. in-8.. 6 fr.

— **Critique de la raison pure**, trad. par MM. PACAUD et TREMESAYGUES. Préface de M. HANNEQUIN. 1 vol. in-8 (*sous presse*).

— **Éclaircissements sur la Critique de la raison pure**, trad. TISSOT. 1 vol. in-8....... 6 fr.

— **Doctrine de la vertu**, traduction BARNI. 1 vol. in-8........ 8 fr.

— * **Mélanges de logique**, traduction TISSOT. 1 v. in-8..... 6 fr.

— * **Prolégomènes à toute métaphysique future qui se présentera comme science**, traduction TISSOT. 1 vol. in-8........ 6 fr.

— * **Anthropologie**, suivie de divers fragments, traduction TISSOT. 1 vol. in-8............. 6 fr.

—* **Essai critique sur l'Esthétique de Kant**, par V. BASCH. 1 vol. in-8. 1896....... 10 fr.

— **Sa morale**, par CRESSON. 2ᵉ éd. 1 vol. in-12........ 2 fr. 50

— **L'Idée ou critique du Kantisme**, par C. PIAT, Dʳ ès lettres.

2ᵉ édit. 1 vol. in-8....... 6 fr.

KANT et FICHTE et le problème de l'éducation, par PAUL DUPROIX. 1 vol. in-8. 1897....... 5 fr.

SCHELLING. **Bruno, ou du principe divin.** 1 vol. in-8....... 3 fr. 50

HEGEL. * **Logique.** 2 vol. in-8. 14 fr.

— * **Philosophie de la nature.** 3 vol. in-8............ 25 fr.

— * **Philosophie de l'esprit.** 2 vol. in-8................. 18 fr.

— * **Philosophie de la religion.** 2 vol. in-8............ 20 fr.

— **La Poétique**, trad. par M. Ch. BÉNARD. Extraits de Schiller, Gœthe, Jean-Paul, etc., 2 v. in-8. 12 fr.

— **Esthétique.** 2 vol. in-8, trad. BÉNARD............ 16 fr.

— **Antécédents de l'hégélianisme dans la philosophie française**, par E. BEAUSSIRE. 1 vol. in-18.......... 2 fr. 50

— **Introduction à la philosophie de Hegel**, par VÉRA. 1 vol. in-8. 2ᵉ édit .... 6 fr. 10

—* **La logique de Hegel**, par EUG. NOEL. In-8. 1897........ 3 fr.

HERBART. * **Principales œuvres pédagogiques**, trad. A. PINLOCHE. In-8. 1894.......... 7 fr. 50

La métaphysique de Herbart et

la critique de Kant, par M. MAUXION. 1 vol. in-8... 7 fr. 50

MAUXION (M.). L'éducation par l'instruction *et les théories pédagogiques de Herbart.* 1 vol. in-12. 1901.............. 2 fr. 50

RICHTER (Jean-Paul-Fr.). Poétique ou Introduction à l'Esthétique.

2 vol. in-8. 1862....... 15 fr.

SCHILLER Sa Poétique, par V. BASCH. 1 vol. in-8. 1902... 4 fr.

Essai sur le mysticisme spéculatif en Allemagne au XIV° siècle, par DELACROIX (H.), Maître de conf. à l'Univ. de Montpellier. 1 vol. in-8, 1900.. 5 fr.

PHILOSOPHIE ANGLAISE CONTEMPORAINE
(Voir *Bibliothèque de philosophie contemporaine,* pages 2 à 10.)

ARNOLD (Matt.). — BAIN (Alex.). — CARRAU (Lud.). — CLAY (R.). — COLLINS (H.). — CARUS. — FERRI (L.). — FLINT. — GUYAU. — GURNEY, MYERS et PODMORE. — HALÉVY (E.). — HERBERT SPENCER. — HUXLEY. — JAMES (William). — LIARD. — LANG. — LUBBOCK (Sir John). — LYON (Georges). — MARION. — MAUDSLEY. — STUART MILL (John). — RIBOT. — ROMANES. — SULLY (James).

PHILOSOPHIE ALLEMANDE CONTEMPORAINE
(Voir *Bibliothèque de philosophie contemporaine,* pages 2 à 10.)

BOUGLÉ. — GROOS. — HARTMANN (E. de). — LÉON (Xavier). — LÉVY (A.). — LÉVY-BRUHL. — MAUXION. — NORDAU (Max). — NIETZSCHE. — OLDENBERG. — PIDERIT. — PREYER. — RIBOT. — SCHMIDT (O.). — SCHOPENHAUER. — SELDEN (C.). — WUNDT. — ZELLER. — ZIEGLER.

PHILOSOPHIE ITALIENNE CONTEMPORAINE
(Voir *Bibliothèque de philosophie contemporaine,* pages 2 à 10.)

BARZELOTTI. — ESPINAS. — FERRERO. — FERRI (Enrico). — FERRI (L.). — GAROFALO. — LOMBROSO. — LOMBROSO et FERRERO. — LOMBROSO et LASCHI. — MOSSO. — PILO (Mario). — SERGI. — SIGHELE.

LES GRANDS PHILOSOPHES
Publié sous la direction de M. C. PIAT
Agrégé de philosophie, docteur ès lettres, professeur à l'École des Carmes.

Chaque étude forme un volume in-8° carré de 300 pages environ, dont le prix varie de 5 francs à 7 fr. 50.

*Kant, par M. RUYSSEN, maître de conférences à la Faculté des lettres d'Aix. 2° édition. 1 vol. in-8. (Couronné par l'Institut.) 7 fr. 50

*Socrate, par l'abbé C. PIAT. 1 vol. in-8. 5 fr.

*Avicenne, par le baron CARRA DE VAUX. 1 vol. in-8. 5 fr.

*Saint Augustin, par l'abbé JULES MARTIN. 1 vol. in-8. 5 fr.

*Malebranche, par Henri JOLY. 1 vol. in-8. 5 fr.

*Pascal, par A. HATZFELD. 1 vol. in-8. 5 fr.

*Saint Anselme, par DOMET DE VORGES. 1 vol. in-8. 5 fr.

Spinoza, par P.-L. COUCHOUD, agrégé de l'Université. 1 vol. in-8 (*Couronné par l'Académie Française*). 5 fr.

Aristote, par l'abbé C. PIAT. 1 vol. in-8. 5 fr.

Gazali, par le baron CARRA DE VAUX. 1 vol. in-8. 5 fr.

MINISTRES ET HOMMES D'ÉTAT

HENRI WELSCHINGER. — *Bismarck. 1 vol. in-16. 1900........ 2 fr. 50

H. LÉONARDON. — *Prim. 1 vol. in-16. 1901.......... 2 fr. 50

M. COURCELLE. — *Disraëli. 1 vol. in-16. 1901........ 2 fr. 50

M. COURANT. — Okoubo. 1 vol. in-16, avec un portrait. 1904 .. 2 fr. 50

A. VIALLATE. — Chamberlain. 1 vol. in-16............ 2 fr. 50

BIBLIOTHÈQUE GÉNÉRALE
des
SCIENCES SOCIALES
SECRÉTAIRE DE LA RÉDACTION : DICK MAY, Secrétaire général de l'École des Hautes Études sociales.

L'Individualisation de la peine, par R. SALEILLES, professeur à la Faculté de droit de l'Université de Paris. 1 vol. in-8, cart. 6 fr.

L'Idéalisme social, par Eugène FOURNIÈRE. 1 vol. in-8, cart. 6 fr.

* **Ouvriers du temps passé** (xvᵉ et xviᵉ siècles), par H. HAUSER, professeur à l'Université de Dijon. 1 vol. in-8, cart. 6 fr.

* **Les Transformations du pouvoir**, par G. TARDE, de l'Institut, professeur au Collège de France. 1 vol. in-8, cart. 6 fr.

Morale sociale. Leçons professées au Collège libre des Sciences sociales, par MM. G. BELOT, MARCEL BERNÈS, BRUNSCHVICG, F. BUISSON, DARLU, DAURIAC, DELBET, CH. GIDE, M. KOVALEVSKY, MALAPERT, le R. P. MAUMUS, DE ROBERTY, G. SOREL, le PASTEUR WAGNER. Préface de M. EMILE BOUTROUX, de l'Institut. 1 vol. in-8, cart. 6 fr.

Les Enquêtes, pratique et théorie, par P. DU MAROUSSEM. (Ouvrage couronné par l'Institut.) 1 vol. in-8, cart. 6 fr.

* **Questions de Morale**, leçons professées à l'École de morale, par MM. BELOT, BERNÈS, F. BUISSON, A. CROISET, DARLU, DELBOS, FOURNIÈRE, MALAPERT, MOCH, PARODI, G. SOREL. 1 vol. in-8, cart. 6 fr.

Le développement du Catholicisme social depuis l'encyclique *Rerum novarum*, par Max TURMANN. 1 vol. in-8, cart. 6 fr.

* **Le Socialisme sans doctrines.** *La Question ouvrière et la Question agraire en Australie et en Nouvelle-Zélande*, par Albert MÉTIN, agrégé de l'Université, professeur à l'École Coloniale. 1 vol. in-8, cart. 6 fr.

* **Assistance sociale.** *Pauvres et mendiants*, par PAUL STRAUSS, sénateur. 1 vol. in-8, cart. 6 fr.

* **L'Éducation morale dans l'Université.** (*Enseignement secondaire.*) Conférences et discussions, sous la présid. de M. A. CROISET, doyen de la Faculté des lett. de Paris. (*École des Hautes Études soc.*, 1900-1901). In-8, cart. 6 fr.

* **La Méthode historique appliquée aux Sciences sociales**, par Charles SEIGNOBOS, maître de conf. à l'Université de Paris. 1 vol. in-8, cart. 6 fr.

L'Hygiène sociale, par E. DUCLAUX, de l'Institut, directeur de l'institut Pasteur. 1 vol. in-8, cart. 6 fr.

Le Contrat de travail. *Le rôle des syndicats professionnels*, par P. BUREAU, prof. à la Faculté libre de droit de Paris. 1 vol. in-8, cart. 6 fr.

* **Essai d'une philosophie de la solidarité.** Conférences et discussions sous la présidence de MM. Léon BOURGEOIS, député, ancien président du Conseil des ministres, et A. CROISET, de l'Institut, doyen de la Faculté des lettres de Paris. (*École des Hautes Études sociales*, 1901-1902.) 1 vol. in-8, cart. 6 fr.

* **L'exode rural et le retour aux champs**, par E. VANDERVELDE, professeur à l'Université nouvelle de Bruxelles. 1 vol. in-8, cart. 6 fr.

* **L'Education de la démocratie.** Leçons professées à l'École des Hautes Études sociales, par MM. E. LAVISSE, A. CROISET, Ch. SEIGNOBOS, P. MALAPERT, G. LANSON, J. HADAMARD. 1 vol. in-8, cart. 6 fr.

* **La Lutte pour l'existence et l'évolution des sociétés**, par J.-L. DE LANNESSAN, député, prof. agr à la Fac. de méd. de Paris. 1 vol in-8, cart. 6 fr.

La Concurrence sociale et les devoirs sociaux, par le MÊME. 1 vol. in-8, cart. 6 fr.

L'Individualisme anarchiste, Max Stirner, par V. BASCH, professeur à l'Université de Rennes. 1 vol. in-8, cart. 6 fr.

La démocratie devant la science, par C. BOUGLÉ, prof. de philosophie sociale à l'Université de Toulouse. 1 vol. in-8, cart. 6 fr.

Les Applications sociales de la solidarité, par MM. P. BUDIN, Ch. GIDE, H. MONOD, PAULET, ROBIN, SIEGFRIED, BROUARDEL. Préface de M. Léon BOURGEOIS (*École des Hautes Études soc.*, 1902-1903). 1 vol. in-8, cart. 6 fr.

La Paix et l'enseignement pacifiste, par MM. Fr. PASSY, Ch. RICHET, d'ESTOURNELLES DE CONSTANT, E. BOURGEOIS, A. WEISS, H. LA FONTAINE, G LYON (*École des Hautes Études soc.*, 1902-1903). 1 vol. in-8, cart. 6 fr.

Etudes sur la philosophie morale au XIXᵉ siècle, par MM. BELOT, A. DARLU, M. BERNÈS, A. LANDRY, Ch GIDE, E. ROBERTY, R. ALLIER, H. LICHTENBERGER, L. BRUNSCHVICG (*École des Hautes Études soc.*, 1902-1903). 1 vol. in-8, cart. 6fr.

Enseignement et démocratie, par MM. APPELL, J. BOITEL, A. CROISET, A. DEVINAT, Ch.-V. LANGLOIS, G. LANSON, A. MILLERAND, Ch. SEIGNOBOS (*École des Hautes Études soc.*, 1903-1904). 1 vol. in-8, cart. 6 fr.

BIBLIOTHÈQUE
D'HISTOIRE CONTEMPORAINE

Volumes in-12 brochés a 3 fr. 50. — Volumes in-8 brochés de divers prix

EUROPE

DEBIDOUR, inspecteur général de l'Instruction publique. * Histoire diplomatique de l'Europe, de 1815 à 1878. 2 vol in-8. (Ouvrage couronné par l'Insti ut.) ......18 fr.

DOELLINGER (I. de). La papauté, ses origines au moyen âge, son influence jusqu'en 1870. Traduit par A. GIRAUD-TEULON, 1904. 1 vol. in-8. ......7 fr.

SYBEL (H. de). * Histoire de l'Europe pendant la Révolution française, traduit de l'allemand par Mlle DOSQUET. Ouvrage complet en 6 vol. in-8. 42 fr.

FRANCE

AULARD, professeur à la Sorbonne. * Le Culte de la Raison et le Culte de l'Être suprême, étude historique (1793-1794). 2e édit. 1 vol. in-12. 3 fr. 50

— * Études et leçons sur la Révolution française 4 vol. in-12. Chacun. ......3 fr. 50

CAHEN (L.), agrégé d'histoire, docteur ès lettres. Condorcet et la Révolution française. 1 vol. in-8. ......10 fr.

DESPOIS (Eug.). * Le Vandalisme révolutionnaire. Fondations littéraires, scientifiques et artistiques de la Convention. 4e éd. 1 vol. in-12. 3 fr. 50

DEBIDOUR, inspecteur général de l'instruction publique. * Histoire des rapports de l'Église et de l'État en France (1789-1870). 1 fort vol. in-8 1898. (Couronné par l'Institut.) ......12 fr.

MATHIEZ (A.), agrégé d'histoire, docteur ès lettres. La théophilanthropie et le culte décadaire, 1796-1801. 1 vol. in-8. ......12 fr.

ISAMBERT (G.). * La vie à Paris pendant une année de la Révolution (1791-1792). 1 vol. in-12. 1896. ......3 fr 50

MARCELLIN PELLET, ancien député. Variétés révolutionnaires. 3 vol. in-12 précédés d'une préface de A. RANC. Chaque vol. séparém 3 fr 50

DRIAULT (E.), professeur au lycée de Versailles. La politique orientale de Napoléon. Sébastiani et Gardane (1806-1808). 1 vol. in-8 (Récompensé par l'Institut.) ......7 fr.

SILVESTRE, professeur à l'Ecole des sciences politiques. De Waterloo à Sainte-Hélène (20 Juin-16 Octobre 1815). 1 vol. in-16. ......3 fr. 50

BONDOIS (P.), agrégé de l'Université. * Napoléon et la société de son temps (1793-1821). 1 vol. in-8. ......7 fr.

CARNOT (H.), sénateur. * La Révolution française, résumé historique. 1 volume in-12. Nouvelle édit. ......3 fr. 50

ROCHAU (M. de). Histoire de la Restauration, 1 vol. in-12. ......3 fr. 50

WEILL (G.), docteur ès lettres, agrégé de l'Université. Histoire du parti républicain en France, de 1814 a 1870. 1 vol. in-8. 1900. (Récompensé par l'Institut.) ......10 fr.

— Histoire du mouvement social en France (1852-1902). 1 v. in-8. 1905. 7 fr.

BLANC (Louis). * Histoire de Dix ans (1830-1840). 5 vol. in-8. ......25 fr.

GAFFAREL (P.), professeur à l'Université d'Aix. * Les Colonies françaises. 1 vol. in-8. 6e édition revue et augmentée. ......5 fr.

LAUGEL (A.). * La France politique et sociale. 1 vol. in-8. ......5 fr.

SPULLER (E.), ancien ministre de l'Instruction publique. * Figures disparues, portraits contemp., littér. et politiq. 3 vol. in-12 Chacun. 3 fr. 50

— Hommes et choses de la Révolution. 1 vol. in-12. 1896. ......3 fr. 50

TAXILE DELORD. * Histoire du second Empire (1848-1870). 6 v. in-8. 42 fr.

POULLET. La Campagne de l'Est (1870-1871). In-8 avec cartes. ......7 fr.

VALLAUX (C.). * Les campagnes des armées françaises (1792-1815). 1 vol. in-12, avec 17 cartes dans le texte. ......3 fr. 50

ZEVORT (E.), recteur de l'Académie de Caen. Histoire de la troisième République:

    Tome I. * La présidence de M Thiers. 1 vol. in-8. 2e édit. ......7 fr.

    Tome II. * La présidence du Maréchal. 1 vol. in-8. 2e édit. ......7 fr.

    Tome III. La présidence de Jules Grévy. 1 vol. in-8. 2e édit. ......7 fr.

    Tome IV. La présidence de Sadi Carnot. 1 vol. in-8. ......7 fr.

WAHL, inspect. général honoraire de l'Instruction publique aux colonies, et A. BERNARD, professeur à la Sorbonne. * L'Algérie. 1 vol. in-8. 4e édit., 1903. (Ouvrage couronné par l'Institut.) ......5 fr.

LANESSAN (J.-L. de). * L'Indo-Chine française. Étude économique, politique et administrative. 1 vol. in-8, avec 5 cartes en couleurs hors texte. 15 fr.

PIOLET (J.-B.). **La France hors de France**, notre émigration, sa nécessité, ses conditions 1 vol. in-8. 1900. (Couronné par l'Institut.)   10 fr.

LAPIE (P.), chargé de cours à l'Université de Bordeaux. * **Les Civilisations tunisiennes** (Musulmans, Israélites, Européens). 1 vol. in-12. 1898. (Couronné par l'Académie française.)   3 fr. 50

WEILL (Georges), professeur au lycée Louis-le-Grand. **L'Ecole saint-simonienne**, son histoire, son influence jusqu'à nos jours. 1 vol. in-12. 1896.   3 fr. 50

— **Histoire du mouvement social en France.** 1852-1902. 1 vol. in-8. 7 fr.

LEBLOND (M.-A.). **La société française sous la troisième République.** 1905. 1 vol.   5 fr.

ANGLETERRE

LAUGEL (Aug.). * **Lord Palmerston et lord Russell.** 1 vol. in-12. 3 fr. 50

SIR CORNEWAL LEWIS. * **Histoire gouvernementale de l'Angleterre, depuis 1770 jusqu'à 1830.** Traduit de l'anglais. 1 vol. in-8.   7 fr.

REYNALD (H.), doyen de la Faculté des lettres d'Aix. * **Histoire de l'Angleterre**, depuis la reine Anne jusqu'à nos jours. 1 vol. in-12. 2ᵉ éd. 3 fr. 50

MÉTIN (Albert), Prof. à l'Ecole Coloniale. * **Le Socialisme en Angleterre.** 1 vol. in-12.   3 fr. 50

ALLEMAGNE

VÉRON (Eug.). * **Histoire de la Prusse**, depuis la mort de Frédéric II. 1 vol. in-12. 6ᵉ édit.   3 fr. 50

— * **Histoire de l'Allemagne**, depuis la bataille de Sadowa jusqu'à nos jours. 1 vol. in-12 3ᵉ éd., mise au courant des événements par P. BONDOIS. 3 fr. 50

ANDLER (Ch.), prof. à la Sorbonne. * **Les origines du socialisme d'État en Allemagne.** 1 vol. in-8. 1897.   7 fr.

GUILLAND (A), professeur d'histoire à l'Ecole polytechnique suisse. * **L'Allemagne nouvelle et ses historiens.** (NIEBUHR, RANKE, MOMMSEN, SYBEL, TREITSCHKE.) 1 vol. in-8. 1899.   5 fr.

* MILHAUD (G.), professeur à l'Université de Genève. **La Démocratie socialiste allemande.** 1 vol. in-8. 1903.   10 fr.

* MATTER (P.), doct. en droit, substitut au tribunal de la Seine. **La Prusse et la révolution de 1848.** 1 vol. in-12. 1903.   3 fr. 50

AUTRICHE-HONGRIE

BOURLIER (J.). * **Les Tchèques et la Bohême contemporaine.** 1 vol. in-12. 1897.   3 fr. 50

AUERBACH, professeur à l'Université de Nancy. * **Les races et les nationalités en Autriche-Hongrie.** In-8. 1898   5 fr.

SAYOUS (Ed.), professeur à la Faculté des lettres de Besançon. **Histoire des Hongrois** et de leur littérature politique, de 1790 à 1815. 1 vol. in-12. 3 fr. 50

* RECOULY (R.), agrégé de l'Univ. **Le pays magyar.** 1903. 1 v. in-12. 3 fr. 50

ITALIE

SORIN (Élie). * **Histoire de l'Italie**, depuis 1815 jusqu'à la mort de Victor-Emmanuel. 1 vol. in-12. 1888.   3 fr. 50

GAFFAREL (P.), professeur à l'Université d'Aix. * **Bonaparte et les Républiques italiennes** (1796-1799). 1895. 1 vol. in-8.   5 fr.

BOLTON KING (M. A.). * **Histoire de l'unité italienne.** Histoire politique de l'Italie, de 1814 à 1871, traduit de l'anglais par M. MACQUART; introduction de M. Yves GUYOT. 1900. 2 vol. in-8.   15 fr.

ESPAGNE

REYNALD (H.). * **Histoire de l'Espagne**, depuis la mort de Charles III 1 vol. in-12.   3 fr. 50

ROUMANIE

DAMÉ (Fr.). * **Histoire de la Roumanie contemporaine**, depuis l'avènement des princes indigènes jusqu'à nos jours. 1 vol. in-8. 1900.   7 fr.

SUISSE

DAENDLIKER. * **Histoire du peuple suisse.** Trad. de l'allem. par Mᵐᵉ Jules FAVRE et précédé d'une Introduction de Jules FAVRE. 1 vol. in-8.   5 fr.

SUÈDE

SCHEFER (C.). * **Bernadotte roi** (1810-1818-1844). 1 vol. in-8. 1899. 5 fr.

GRÈCE, TURQUIE, ÉGYPTE

BÉRARD (V.), docteur ès lettres. * **La Turquie et l'Hellénisme contemporain.** (Ouvrage cour. par l'Acad. française.) 1 v. in-12 5ᵉ éd.   3 fr. 50

RODOCANACHI (E.). * **Bonaparte et les îles Ioniennes**, (1797-1816). 1 volume in-8. 1899.   5 fr.

*MÉTIN (Albert), professeur à l'École coloniale. La Transformation de l'Egypte. 1 vol. in-12. 1903. (Cour. par la Soc. de géogr. comm.) 3 fr. 50

CHINE

CORDIER (H.), professeur à l'Ecole des langues orientales. *Histoire des relations de la Chine avec les puissances occidentales (1860-1902), avec cartes. 3 vol. in-8, chacun séparément.   10 fr.
— L'Expédition de Chine de 1857-58. Histoire diplomatique, notes et documents. 1905. 1 vol. in-8.   7 fr.
COURANT (M.), maître de conférences à l'Université de Lyon. En Chine. *Mœurs et institutions. Hommes et faits.* 1 vol. in-16.   3 fr. 50

AMÉRIQUE

DEBERLE (Alf.). * Histoire de l'Amérique du Sud, in-12. 3° éd. 3 fr. 50

BARNI (Jules). * Histoire des idées morales et politiques en France au XVIII° siècle. 2 vol. in-12. Chaque volume.   3 fr. 50
— * Les Moralistes français au XVIII° siècle. 1 vol. in-12   3 fr. 50
BEAUSSIRE (Émile), de l'Institut. La Guerre étrangère et la Guerre civile. 1 vol. in-12.   3 fr. 50
LOUIS BLANC. Discours politiques (1818-1881). 1 vol. in-8.   7 fr. 50
BONET-MAURY. * Histoire de la liberté de conscience (1598-1870). In-8. 1900.   5 fr.
BOURDEAU (J.). *Le Socialisme allemand et le Nihilisme russe. 1 vol. in-12. 2° édit. 1894.   3 fr. 50
— *L'évolution du Socialisme. 1901. 1 vol. in-16.   3 fr. 50
D'EICHTHAL (Eug.). Souveraineté du peuple et gouvernement. 1 vol. in-12. 1895.   3 fr. 50
DESCHANEL (E.), sénateur, professeur au Collège de France. *Le Peuple et la Bourgeoisie. 1 vol. in-8. 2° édit.   5 fr.
DEPASSE (Hector). Transformations sociales. 1894. 1 vol. in-12. 3 fr. 50
— Du Travail et de ses conditions (Chambres et Conseils du travail). 1 vol. in-12. 1895.   3 fr. 50
DRIAULT (E.), prof. agr. au lycée de Versailles. * Les problèmes politiques et sociaux à la fin du XIX° siècle. In-8. 1900.   7 fr.
— *La question d'Orient, préface de G. MONOD, de l'Institut. 1 vol. in-8. 3° édit. 1905. (Ouvrage couronné par l'Institut.)   7 fr.
DU CASSE. Les Rois frères de Napoléon I°. 1 vol. in-8.   10 fr.
GUÉROULT (G.). * Le Centenaire de 1789, 1 vol. in-12. 1889.   3 fr. 50
HENRARD (P.). Henri IV et la princesse de Condé. 1 vol. in-8.   6 fr.
LAVELEYE (E. de), correspondant de l'Institut. Le Socialisme contemporain. 1 vol. in-12. 11° édit. augmentée.   3 fr. 50
LICHTENBERGER (A). *Le Socialisme utopique, *étude sur quelques précurseurs du Socialisme.* 1 vol. in-12. 1898.   3 fr. 50
— * Le Socialisme et la Révolution française. 1 vol. in-8.   5 fr.
MATTER (P.). La dissolution des assemblées parlementaires, étude de droit public et d'histoire. 1 vol. in-8. 1898.   5 fr.
NOVICOW. La Politique internationale. 1 vol. in-8.   7 fr.
PAUL LOUIS. L'ouvrier devant l'Etat. Etude de la législation ouvrière dans les deux mondes. 1904. 1 vol. in-8.   7 fr.
PHILIPPSON. La Contre-révolution religieuse au XVI° s. In-8.   10 fr.
REINACH (Joseph). Pages républicaines. 1 vol. in-12.   3 fr. 50
— *La France et l'Italie devant l'histoire. 1 vol. in-8.   5 fr.
SPULLER (E.).* Éducation de la démocratie. 1 vol. in-12. 1892. 3 fr. 50
— L'Évolution politique et sociale de l'Église. 1 vol. in-12 1893 3 fr. 50

PUBLICATIONS HISTORIQUES ILLUSTRÉES

*DE SAINT-LOUIS A TRIPOLI PAR LE LAC TCHAD, par le lieutenant-colonel MONTEIL. 1 beau vol. in-8 colombier, précédé d'une préface de M. DE VOGUÉ, de l'Académie française, illustrations de RIOU. 1895. *Ouvrage couronné par l'Académie française (Prix Montyon),* broché 20 fr., relié amat.,   28 fr.
*HISTOIRE ILLUSTRÉE DU SECOND EMPIRE, par Taxile DELORD. 6 vol. in-8, avec 500 gravures. Chaque vol. broché,   8 fr.
HISTOIRE POPULAIRE DE LA FRANCE, depuis les origines jusqu'en 1815. — 4 vol. in-8, avec 1323 gravures. Chacun,   7 fr. 50

BIBLIOTHÈQUE DE LA FACULTÉ DES LETTRES DE L'UNIVERSITÉ DE PARIS

HISTOIRE et LITTÉRATURE ANCIENNES

*De l'authenticité des épigrammes de Simonide, par H. HAUVETTE, maître de conférences à la Sorbonne, 1 vol. in-8. 5 fr.

*Les Satires d'Horace, par M. le Prof. A. CARTAULT. 1 vol. in-8. 11 fr.

*De la flexion dans Lucrèce, par M. le Prof. A. CARTAULT, 1 v. in-8. 4 fr.

*La main-d'œuvre industrielle dans l'ancienne Grèce, par M. le Prof. GUIRAUD. 1 vol. in-8. 7 fr.

*Recherches sur le Discours aux Grecs de Tatien, suivies d'une *traduction française du discours*, avec notes, par A. PUECH, maître de conférences à la Sorbonne. 1 vol. in-8. 1913. 6 fr.

Les « Métamorphoses » d'Ovide et leurs modèles grecs, par A. LAFAYE, maître de conférences à la Sorbonne. 1 vol. in-8. 1904. 8 fr. 50

MOYEN AGE

*Premiers mélanges d'histoire du Moyen Age, par MM. le Prof. A. LUCHAIRE, DUPONT-FERRIER et POUPARDIN. 1 vol. in-8. 3 fr. 50

Deuxièmes mélanges d'histoire du Moyen Age, publiés sous la direct. de M. le Prof. A. LUCHAIRE, par MM. LUCHAIRE, HALPHEN et HUCKEL. 1 vol. in-8. 6 fr.

Troisièmes mélanges d'histoire du Moyen Age, par MM. LUCHAIRE, REYSSIER, HALPHEN et CORDEY. 1 vol. in-8. 8 fr. 50

*Essai de restitution des plus anciens Mémoriaux de la Chambre des Comptes de Paris, par MM. J. PETIT, GAVRILOVITCH, MAURY et TÉODORU, préface de M. CH.-V. LANGLOIS, prof. adjoint. 1 vol. in-8. 9 fr.

Constantin V, empereur des Romains (740-775). *Étude d'histoire byzantine*, par A. LOMBARD, licencié ès lettres. Préface de M. Ch. DIEHL, maître de conférences. 1 vol. in-8. 6 fr.

Étude sur quelques manuscrits de Rome et de Paris, par M. le Prof. A. LUCHAIRE, membre de l'Institut. 1 vol. in-8. 6 fr.

PHILOLOGIE et LINGUISTIQUE

*Le dialecte alaman de Colmar (Haute-Alsace) en 1870, grammaire et lexique, par M. le Prof. VICTOR HENRY. 1 vol. in-8. 8 fr.

*Études linguistiques sur la Basse-Auvergne, phonétique historique du patois de Vinzelles (Puy-de-Dôme), par ALBERT DAUZAT, préface de M. le Prof. ANT. THOMAS. 1 vol. in-8. 6 fr.

*Antinomies linguistiques, par M. le Prof. VICTOR HENRY, 1 v. in-8. 2 fr.

Mélanges d'étymologie française, par M. le Prof. A. THOMAS. In-8. 7 fr.

PHILOSOPHIE

L'imagination et les mathématiques selon Descartes, par P. BOUTROUX, licencié ès lettres. 1 vol. in-8. 2 fr.

GÉOGRAPHIE

La rivière Vincent-Pinzon. *Étude sur la cartographie de la Guyane*, par M. le Prof. VIDAL DE LA BLACHE. In-8, avec grav. et planches hors texte. 6 fr.

HISTOIRE CONTEMPORAINE

*Le treize vendémiaire an IV, par HENRY ZIVY. 1 vol. in-8. 4 fr.

TRAVAUX DE L'UNIVERSITÉ DE LILLE

PAUL FABRE. La polyptyque du chanoine Benoît, in-8. 3 fr. 50

MÉDÉRIC DUFOUR. Sur la constitution rythmique et métrique du drame grec. 1re série, 4 fr.; 2e série, 2 fr. 50; 3e série, 2 fr. 50.

A. PINLOCHE. * Principales œuvres de Herbart. 7 fr. 50

A. PENJON. Pensée et réalité, de A. SPIR, trad. de l'allem. in-8. 10 fr.

G. LEFÈVRE. Les variations de Guillaume de Champeaux et la question des Universaux. Etude suivie de documents originaux. 1898. 3 fr.

A. PENJON. L'énigme sociale. 1902. 1 vol. in-8. 2 fr. 50

ANNALES DE L'UNIVERSITÉ DE LYON

Lettres intimes de J.-M. Alberoni adressées au comte J. **Rocca**, par Émile BOURGEOIS, 1 vol. in-8. 10 fr.
La républ. des Provinces-Unies, France et Pays-Bas espagnols, de 1630 à 1650, par A. WADDINGTON. 2 vol. in-8. 12 fr.
Le Vivarais, essai de géographie régionale, par BURDIN. 1 vol. in-8. 6 fr.

*RECUEIL DES INSTRUCTIONS

DONNÉES AUX AMBASSADEURS ET MINISTRES DE FRANCE

DEPUIS LES TRAITÉS DE WESTPHALIE JUSQU'A LA RÉVOLUTION FRANÇAISE

Publié sous les auspices de la Commission des archives diplomatiques
au Ministère des Affaires étrangères.
Beaux vol. in-8 rais., imprimés sur pap. de Hollande, avec Introduction et notes.

I. — **AUTRICHE,** par M. Albert SOREL, de l'Académie française. *Épuisé.*
II. — **SUÈDE,** par M. A. GEFFROY, de l'Institut............... 20 fr.
III. — **PORTUGAL,** par le vicomte DE CAIX DE SAINT-AYMOUR..... 20 fr.
IV et V. — **POLOGNE,** par M. Louis FARGES. 2 vol................ 30 fr.
VI. — **ROME,** par M. G. HANOTAUX, de l'Académie française..... 20 fr.
VII. — **BAVIÈRE, PALATINAT ET DEUX-PONTS,** par M. André LEBON. 25 fr.
VIII et IX. — **RUSSIE,** par M. Alfred RAMBAUD, de l'Institut. 2 vol.
Le 1er vol. 20 fr. Le second vol...................... 25 fr.
X. — **NAPLES ET PARME,** par M. Joseph REINACH............. 20 fr.
XI. — **ESPAGNE**(1649-1750), par MM. MOREL-FATIO et LÉONARDON(t. I). 20 fr.
XII et XII *bis.* — **ESPAGNE** (1750-1789) (t. II et III), par les mêmes.... 40 fr.
XIII. — **DANEMARK,** par M. A. GEFFROY, de l'Institut............. 14 fr.
XIV et XV. — **SAVOIE-MANTOUE,** par M. HORRIC de BEAUCAIRE. 2 vol. 40 fr.
XVI. — **PRUSSE,** par M A. WADDINGTON. 1 vol. (Couronné par l'Institut.) 28 fr.

*INVENTAIRE ANALYTIQUE

DES ARCHIVES DU MINISTÈRE DES AFFAIRES ÉTRANGÈRES

Publié sous les auspices de la Commission des archives diplomatiques

Correspondance politique de MM. de CASTILLON et de MARILLAC, ambassadeurs de France en Angleterre (1537-1542), par M. JEAN KAULEK, avec la collaboration de MM. Louis Farges et Germain Lefèvre-Pontalis. 1 vol. in-8 raisin.............. 15 fr.
Papiers de BARTHÉLEMY, ambassadeur de France en Suisse, de 1792 à 1797 par M. Jean KAULEK. 4 vol. in-8 raisin.
I. Année 1792, 15 fr. — II. Janvier-août 1793, 15 fr. — III. Septembre 1793 à mars 1794, 18 fr. — IV. Avril 1794 à février 1795. 20 fr.
Correspondance politique de ODET DE SELVE, ambassadeur de France en Angleterre (1546-1549), par M. G. LEFÈVRE-PONTALIS. 1 vol. in-8 raisin........................ 15 fr.
Correspondance politique de GUILLAUME PELLICIER, ambassadeur de France à Venise (1540-1542), par M. Alexandre TAUSSERAT-RADEL. 1 fort vol. in-8 raisin................... 40 fr.

Correspondance des Deys d'Alger avec la Cour de France (1579-1833), recueillie par Eug. PLANTET, attaché au Ministère des Affaires étrangères. 2 vol. in-8 raisin avec 2 planches en taille-douce hors texte. 30 fr.
Correspondance des Beys de Tunis et des Consuls de France avec la Cour (1577-1830), recueillie par Eug. PLANTET, publiée sous les auspices du Ministère des Affaires étrangères. 3 vol. in-8 raisin. TOME I (1577-1700). *Épuisé.* — TOME II (1700-1770). 20 fr. — TOME III (1770-1830). 20 fr.

Les Introducteurs des Ambassadeurs (1589-1900). 1 vol. in-4, avec figures dans le texte et planches hors texte. 20 fr.

*REVUE PHILOSOPHIQUE
DE LA FRANCE ET DE L'ÉTRANGER
Dirigée par Th. RIBOT, Membre de l'Institut, Professeur honoraire au Collège de France.
(30ᵉ année, 1905.) — Paraît tous les mois.
Abonnement : Un an : Paris, **30** fr. — Départements et Etranger, **33** fr.
La livraison, **3** fr.
Les années écoulées, chacune **30** francs, et la livraison, **3** fr.
Tables des matières (1876-1887), in-8...... **3** fr. — (1888-1895), in-8...... **3** fr.

REVUE GERMANIQUE (ALLEMAGNE   ANGLETERRE   ÉTATS-UNIS -- PAYS SCANDINAVES)
Première année, 1905. — Paraît tous les deux mois (*Cinq numéros par an*).
Secrétaire général : M. H. LICHTENBERGER, professeur à l'Université de Nancy.
Secrétaire de la rédaction : M. AYNARD, agrégé d'anglais.
Abonnement : Paris, **14** fr. — Départements et Etranger, **16** fr.
La livraison, **4** fr.

Journal de Psychologie Normale et Pathologique
DIRIGÉ PAR LES DOCTEURS
Pierre JANET   et   Georges DUMAS
Professeur au Collège de France.   Chargé de cours à la Sorbonne.
(2ᵉ année, 1905.) — Paraît tous les deux mois.
Abonnement : France et Etranger, **14** fr. — La livraison, **2** fr. **60**.
Le prix d'abonnement est de 12 fr. pour les abonnés de la Revue philosophique.

---

*REVUE HISTORIQUE
Dirigée par G. MONOD Membre de l'Institut, Professeur à la Sorbonne,
Président de la section historique et philologique à l'École des hautes études.
(30ᵉ année, 1905.) — Paraît tous les deux mois.
Abonnement : Un an : Paris, **30** fr. — Départements et Etranger, **33** fr.
La livraison, **6** fr.
Les années écoulées, chacune **30** fr.; le fascicule, **6** fr. Les fascicules de la 1ʳᵉ année, **9** fr.
TABLES GÉNÉRALES DES MATIÈRES
I. 1876 à 1880. 3 fr.; pour les abonnés, 1 fr. 50 | III. 1886 à 1890. 5 fr.; pour les abonnés, 2 fr. 50
II. 1881 à 1885. 3 fr.;   —   1 fr. 50 | IV. 1891 à 1895. 3 fr.;   —   1 fr. 50
V. 1896 à 1900. 3 fr.; pour les abonnés, 1 fr. 50

ANNALES DES SCIENCES POLITIQUES
Revue bimestrielle publiée avec la collaboration des professeurs
et des anciens élèves de l'Ecole libre des Sciences politiques
(20ᵉ année, 1905.)
Rédacteur en chef : M. A. VIALLATE, Prof. à l'Ecole.
Abonnement. — Un an : Paris, **18** fr.; Départements et Etranger, **19** fr.
La livraison, **3** fr. **50**.
*Les trois premières années (1886-1887-1888), chacune 16 francs; les livraisons,
chacune 5 francs; la quatrième (1889) et les suivantes, chacune 18 francs; les li-
vraisons, chacune 3 fr. 50.*

Revue de l'École d'Anthropologie de Paris
Recueil mensuel publié par les professeurs. — (15ᵉ année, 1905).
Abonnement : France et Étranger, **10** fr. — Le numéro, **1** fr.
TABLE GÉNÉRALE DES MATIÈRES, 1891-1900. . . . **2** fr.

ANNALES DES SCIENCES PSYCHIQUES
Dirigées par le Dʳ DARIEX
(15ᵉ année, 1905.) — Paraissent tous les deux mois.
Abonnement : France et Etranger, **12** fr. — Le numéro, **2** fr. **50**.

REVUE ÉCONOMIQUE INTERNATIONALE
Mensuelle
Abonnement : Un an, France et Belgique, **50** fr.; autres pays, **56** fr.

Bulletin de la Société libre
POUR L'ÉTUDE PSYCHOLOGIQUE DE L'ENFANT
10 numéros par an. — Abonnement du 1ᵉʳ octobre : **3** fr.

BIBLIOTHÈQUE SCIENTIFIQUE
INTERNATIONALE
Publiée sous la direction de M. Émile ALGLAVE

*Les titres marqués d'un astérisque * sont adoptés par le Ministère de l'Instruction publique de France pour les bibliothèques des lycées et des collèges.*

LISTE DES OUVRAGES

103 VOLUMES IN-8, CARTONNÉS A L'ANGLAISE, OUVRAGES A 6, 9 ET 12 FR.

1. TYNDALL (J.). * **Les Glaciers et les Transformations de l'eau**, avec figures. 1 vol. in-8. 7ᵉ édition.	6 fr.
2. BAGEHOT. * **Lois scientifiques du développement des nations** dans leurs rapports avec les principes de la sélection naturelle et de l'hérédité. 1 vol. in-8. 6ᵉ édition.	6 fr.
3. MAREY. * **La Machine animale**, locomotion terrestre et aérienne, avec de nombreuses fig. 1 vol. in-8. 6ᵉ édit. augmentée.	6 fr.
4. BAIN. * **L'Esprit et le Corps**. 1 vol. in-8. 6ᵉ édition.	6 fr.
5. PETTIGREW. * **La Locomotion chez les animaux**, marche, natation et vol. 1 vol. in-8, avec figures. 2ᵉ édit.	6 fr.
6. HERBERT SPENCER. * **La Science sociale**. 1 v. in-8. 13ᵉ édit.	6 fr.
7. SCHMIDT (O.). * **La Descendance de l'homme et le Darwinisme**. 1 vol. in-8, avec fig. 6ᵉ édition.	6 fr.
8. MAUDSLEY. * **Le Crime et la Folie**. 1 vol. in-8. 7ᵉ édit.	6 fr.
9 VAN BENEDEN. * **Les Commensaux et les Parasites dans le règne animal**. 1 vol. in-8, avec figures. 4ᵉ édit.	6 fr.
10. BALFOUR STEWART. * **La Conservation de l'énergie**, suivi d'une *Étude sur la nature de la force*, par M. P. de SAINT-ROBERT, avec figures. 1 vol. in-8. 6ᵉ édition.	6 f.
11. DRAPER. **Les Conflits de la science et de la religion**. 1 vol. in-8. 10ᵉ édition.	6 fr
12. L. DUMONT. * **Théorie scientifique de la sensibilité. Le plaisir et la douleur**. 1 vol. in-8. 4ᵉ édition.	6 fr.
13. SCHUTZENBERGER. * **Les Fermentations**. 1 vol. in-8, avec fig. 6ᵉ édit.	6 fr.
14. WHITNEY. * **La Vie du langage**. 1 vol. in-8. 4ᵉ édit.	6 fr.
15. COOKE et BERKELEY. * **Les Champignons**. 1 vol. in-8, avec figures. 4ᵉ édition.	6 fr.
16. BERNSTEIN. * **Les Sens**. 1 vol. in-8, avec 91 fig. 5ᵉ édit.	6 fr.
17. BERTHELOT. * **La Synthèse chimique**. 1 vol. in-8. 8ᵉ é lit.	6 fr.
18. NIEWENGLOWSKI (H.). * **La photographie et la photochimie**. 1 vol. in-8, avec gravures et une planche hors texte.	6 fr.
19. LUYS. * **Le Cerveau et ses fonctions**. *Épuisé*.
20. STANLEY JEVONS. * **La Monnaie et le Mécanisme de l'échange**. 1 vol. in-8. 5ᵉ édition.	6 fr.
21. FUCHS. * **Les Volcans et les Tremblements de terre**. 1 vol. in-8, avec figures et une carte en couleurs. 5ᵉ édition.	6 fr.
22. GÉNÉRAL BRIALMONT. * **Les Camps retranchés et leur rôle** dans la défense des États, avec fig. dans le texte et 2 planches hors texte. 3ᵉ édit. *Épuisé*.
23. DE QUATREFAGES. * **L'Espèce humaine**. 1 v. in-8. 13ᵉ édit.	6 fr.
24. BLASERNA et HELMHOLTZ. * **Le Son et la Musique**. 1 vol. in-8, avec figures. 5ᵉ édition.	6 fr.

25. ROSENTHAL. * **Les Nerfs et les Muscles**. 1 vol. in-8, avec 75 figures. 3ᵉ édition. *Épuisé.*

26. BRUCKE et HELMHOLTZ. * **Principes scientifiques des beaux-arts**. 1 vol. in-8, avec 39 figures. 4ᵉ édition. 6 fr.

27. WURTZ. * **La Théorie atomique**. 1 vol. in-8. 8ᵉ édition. 6 fr.

28-29. SECCHI (le père). * **Les Étoiles**. 2 vol. in-8, avec 63 figures dans le texte et 17 pl. en noir et en couleurs hors texte. 3ᵉ édit. 12 fr.

30. JOLY. * **L'Homme avant les métaux**. 1 v. in-8, avec fig. 4ᵉ éd. *Épuisé.*

31. A. BAIN. * **La Science de l'éducation**. 1 vol. in-8. 9ᵉ édit. 6 fr.

32-33. THURSTON (R.). * **Histoire de la machine à vapeur**, précédée d'une Introduction par M. Hirsch. 2 vol. in-8, avec 140 figures dans le texte et 16 planches hors texte. 3ᵉ édition. 12 fr.

34. HARTMANN (R.). * **Les Peuples de l'Afrique**. 1 vol. in-8, avec figures. 2ᵉ édition. *Épuisé.*

35. HERBERT SPENCER. * **Les Bases de la morale évolutionniste**. 1 vol. in-8. 6ᵉ édition. 6 fr.

36. HUXLEY. * **L'Écrevisse**, introduction à l'étude de la zoologie. 1 vol. in-8, avec figures. 2ᵉ édition. 6 fr.

37. DE ROBERTY. * **La Sociologie**. 1 vol. in-8. 3ᵉ édition. 6 fr.

38. ROOD. * **Théorie scientifique des couleurs**. 1 vol. in-8, avec figures et une planche en couleurs hors texte. 2ᵉ édition. 6 fr.

39. DE SAPORTA et MARION. * **L'Évolution du règne végétal (les Cryptogames)**. 1 vol. in-8, avec figures. 6 fr.

40-41. CHARLTON BASTIAN. * **Le Cerveau, organe de la pensée chez l'homme et chez les animaux**. 2 vol. in-8, avec figures. 2ᵉ éd. 12 fr.

42. JAMES SULLY. * **Les Illusions des sens et de l'esprit**. 1 vol. in-8, avec figures. 3ᵉ édit. 6 fr.

43. YOUNG. * **Le Soleil**. 1 vol. in-8, avec figures. *Épuisé.*

44. DE CANDOLLE. * **L'Origine des plantes cultivées**. 4ᵉ éd. 1 v in-8. 6 fr.

45-46. SIR JOHN LUBBOCK. * **Fourmis, abeilles et guêpes**. 2 vol. in-8, avec 65 figures dans le texte et 13 planches hors texte, dont 5 coloriées. *Épuisé.*

47. PERRIER (Edm.). **La Philosophie zoologique avant Darwin**. 1 vol. in-8. 3ᵉ édition. 6 fr.

48. STALLO. * **La Matière et la Physique moderne**. 1 vol. in-8. 3ᵉ éd., précédé d'une Introduction par Ch. Friedel. 6 fr.

49. MANTEGAZZA. **La Physionomie et l'Expression des sentiments**. 1 vol. in-8. 3ᵉ édit., avec huit planches hors texte. 6 fr.

50. DE MEYER. * **Les Organes de la parole et leur emploi pour la formation des sons du langage**. 1 vol. in-8, avec 51 figures, précédé d'une Introd. par M. O. Claveau. 6 fr.

51. DE LANESSAN. * **Introduction à l'Étude de la botanique (le Sapin)**. 1 vol. in-8. 2ᵉ édit., avec 143 figures. 6 fr.

52-53. DE SAPORTA et MARION. * **L'Évolution du règne végétal (les Phanérogames)**. 2 vol. in-8, avec 136 figures. 12 fr.

54. TROUESSART. * **Les Microbes, les Ferments et les Moisissures**. 1 vol. in-8. 2ᵉ édit., avec 107 figures. 6 fr.

55. HARTMANN (R.). * **Les Singes anthropoïdes**. *Épuisé.*

56. SCHMIDT (O.). * **Les Mammifères dans leurs rapports avec leurs ancêtres géologiques**. 1 vol. in-8, avec 51 figures. 6 fr.

57. BINET et FÉRÉ. **Le Magnétisme animal**. 1 vol. in-8. 4ᵉ édit. 6 fr.

58-59. ROMANES. * **L'Intelligence des animaux**. 2 v. in-8. 3ᵉ édit. 12 fr.

60. LAGRANGE (F.). **Physiol. des exerc. du corps**. 1 v. in-8. 7ᵉ éd. 6 fr.

61. DREYFUS. * **Évol. des mondes et des sociétés**. 1 v. in-8. 3ᵉ édit. 6 fr.

62. DAUBRÉE * **Les Régions invisibles du globe et des espaces célestes**. 1 vol. in-8, avec 85 fig. dans le texte. 2ᵉ édit. 6 fr.

63-64. SIR JOHN LUBBOCK. * **L'Homme préhistorique**. 2 vol. in-8, avec 228 figures dans le texte. 4ᵉ édit. 12 fr.

65. RICHET (Ch.). **La Chaleur animale.** 1 vol. in-8, avec figures.   6 fr.
66. FALSAN (A.). ***La Période glaciaire.** 1 vol. in-8, avec 105 figures et
     2 cartes. *Épuisé.*
67. BEAUNIS (H.). **Les Sensations internes.** 1 vol. in-8.   6 fr.
68. CARTAILHAC (E.). **La France préhistorique,** d'après les sépultures
     et les monuments. 1 vol. in-8, avec 162 figures 2ᵉ édit.   6 fr.
69. BERTHELOT. ***La Révol. chimique, Lavoisier.** 1 vol. in-8. 2ᵉ éd. 6 fr.
70. SIR JOHN LUBBOCK. *** Les Sens et l'Instinct chez les animaux,**
     principalement chez les insectes. 1 vol. in-8, avec 150 figures.   6 fr.
71. STARCKE. ***La Famille primitive.** 1 vol. in-8.   6 fr.
72. ARLOING. *** Les Virus.** 1 vol. in-8, avec figures.   6 fr.
73. TOPINARD *** L'Homme dans la Nature.** 1 vol. in-8, avec fig.   6 fr.
74. BINET (Alf.). ***Les Altérations de la personnalité.** 1 vol. in-8, avec
     figures. 2ᵉ édit.   6 fr.
75. DE QUATREFAGES (A.). ***Darwin et ses précurseurs français.** 1 vol.
     in-8. 2ᵉ édition refondue.   6 fr.
76. LEFÈVRE (A.). *** Les Races et les langues.** 1 vol. in-8.   6 fr.
77-78. DE QUATREFAGES (A.). ***Les Émules de Darwin.** 2 vol. in-8, avec
     préfaces de MM. E. PERRIER et HAMY.   12 fr.
79. BRUNACHE (P.). ***Le Centre de l'Afrique. Autour du Tchad.** 1 vol.
     in-8, avec figures.   6 fr.
80. ANGOT (A.). ***Les Aurores polaires.** 1 vol. in-8, avec figures.   6 fr.
81. JACCARD. ***Le pétrole, le bitume et l'asphalte au point de vue**
     géologique. 1 vol. in-8, avec figures.   6 fr.
82. MEUNIER (Stan.). ***La Géologie comparée.** 2ᵉ éd. In-8, avec fig.   6 fr.
83. LE DANTEC. ***Théorie nouvelle de la vie.** 3ᵉ éd. 1 v. in-8, avec fig.   6 fr.
84. DE LANESSAN. ***Principes de colonisation.** 1 vol. in-8.   6 fr.
85. DEMOOR, MASSART et VANDERVELDE. ***L'évolution régressive en**
     biologie et en sociologie. 1 vol. in-8, avec gravures.   6 fr.
86. MORTILLET (G. de). ***Formation de la Nation française.** 2ᵉ édit.
     1 vol. in-8, avec 150 gravures et 18 cartes.   6 fr.
87 ROCHÉ (G.). ***La Culture des Mers** (piscifacture, pisciculture, ostréi-
     culture). 1 vol. in-8, avec 81 gravures.   6 fr.
88. COSTANTIN (J.). ***Les Végétaux et les Milieux cosmiques** (adap-
     tation, évolution). 1 vol. in-8, avec 171 gravures.   6 fr.
89. LE DANTEC. **L'évolution individuelle et l'hérédité.** 1 vol. in-8.   6 fr.
90. GUIGNET et GARNIER. ***La Céramique ancienne et moderne.**
     1 vol., avec grav.   6 fr.
91. GELLÉ (E.-M.). *** L'audition et ses organes.** 1 v. in-8, avec gr.   6 fr.
92. MEUNIER (St.). ***La Géologie expérimentale.** 2ᵉ éd. In-8, av. gr.   6 fr.
93. COSTANTIN (J.). ***La Nature tropicale.** 1 vol. in-8, avec grav   6 fr.
94. GROSSE (E.). ***Les débuts de l'art.** Introduction de L. MARILLIER.
     1 vol in-8, avec 32 gravures dans le texte et 3 pl. hors texte.   6 fr.
95. GRASSET (J.). **Les Maladies de l'orientation et de l'équilibre.**
     1 vol. in-8, avec gravures.   6 fr.
96. DEMENŸ (G.). ***Les bases scientifiques de l'éducation physique.**
     1 vol. in-8, avec 198 gravures. 2ᵉ édit.   6 fr.
97. MALMÉJAC (F.). ***L'eau dans l'alimentation.** 1 v. in-8, av. grav. 6 fr.
98. MEUNIER (Stan.). ***La géologie générale.** 1 v. in-8, av. grav. 6 fr.
99. DEMENŸ (G.). **Mécanisme et éducation des mouvements.** 2ᵉ édit.
     1 vol. in-8, avec 565 gravures.   9 fr.
100. BOURDEAU (L.). **Histoire de l'habillement et de la parure.**
     1 vol. in-8   6 fr.
101. MOSSO (A.). **Les exercices physiques et le développement in-
     tellectuel.** 1 vol. in-8.   6 fr.
102. LE DANTEC (F.). **Les lois naturelles.** 1 vol. in-8. avec grav. 6 fr.
103. NORMAN LOCKYER. **L'évolution inorganique.** 1 vol. in-8, avec
     gravures.   6 fr.

———————

LISTE PAR ORDRE DE MATIÈRES DES VOLUMES

COMPOSANT LA

BIBLIOTHÈQUE
SCIENTIFIQUE INTERNATIONALE
(103 volumes parus)

PHYSIOLOGIE

LE DANTEC. Théorie nouvelle de la vie.
GELLÉ (E.-M.) L'audition et ses organes, ill.
BINET et FÉRÉ. Le Magnétisme animal, *illustré*.
BINET. Les Altérations de la personnalité, *illustré*.
BERNSTEIN. Les Sens, *illustré*.
MAREY. La Machine animale, *illustré*.
PETTIGREW. La Locomotion chez les animaux, ill.
JAMES SULLY. Les Illusions des sens et de l'esprit, *illustré*.
DE MEYER. Les Organes de la parole, *illustré*.
LAGRANGE. Physiologie des exercices du corps.
RICHET (Ch.). La Chaleur animale, *illustré*.
BEAUNIS. Les Sensations internes.
ARLOING. Les Virus, *illustré*.
DEMENY. Bases scientifiques de l'éducation physique, *illustré*. . . . . 9 fr.
DEMENY. Mécanisme et éducation des mouvements, *illustré*.

PHILOSOPHIE SCIENTIFIQUE

ROMANES. L'Intelligence des animaux. 2 vol. *illust.*
LUYS. Le Cerveau et ses fonctions, *illustré*.
CHARLTON BASTIAN. Le Cerveau et la Pensée chez l'homme et les animaux. 2 vol. *illustrés*.
BAIN. L'Esprit et le Corps.
MAUDSLEY. Le Crime et la Folie.
LÉON DUMONT. Théorie scientifique de la sensibilité.
PERRIER. La Philosophie zoologique avant Darwin.
STALLO. La Matière et la Physique moderne.
MANTEGAZZA. La Physionomie et l'Expression des sentiments, *illustré*.
DREYFUS. L'Évolution des mondes et des sociétés.
LUBBOCK. Les Sens et l'Instinct chez les animaux, *illustré*.
LE DANTEC. L'évolution individuelle et l'hérédité.
LE DANTEC. Les lois naturelles, *illustré*.
GRASSET. Les maladies de l'orientation et de l'équilibre, *illustré*.
NORMAN LOCKYER. L'évolution inorganique.

ANTHROPOLOGIE

MORTILLET (G. DE). Formation de la nation française, *illustré*.
DE QUATREFAGES. L'Espèce humaine.
LUBBOCK. L'Homme préhistorique. 2 vol. *illustrés*.
CARTAILHAC. La France préhistorique, *illustré*.
TOPINARD. L'Homme dans la nature, *illustré*.
LEFÈVRE. Les Races et les langues.
BRUNACHE. Le Centre de l'Afrique. Autour du Tchad, *illustré*.

ZOOLOGIE

ROCHÉ (G.). La Culture des mers, *illustré*.
SCHMIDT. Les Mammifères dans leurs rapports avec leurs ancêtres géologiques, *illustré*.
SCHMIDT. Descendance et Darwinisme, *illustré*.
HUXLEY. L'Écrevisse (Introduction à la zoologie), *illustré*.
VAN BENEDEN. Les Commensaux et les Parasites du règne animal, *illustré*.
LUBBOCK. Fourmis, Abeilles et Guêpes. 2 vol. *illustrés*.
TROUESSART. Les Microbes, les Ferments et les Moisissures, *illustré*.
HARTMANN. Les Singes anthropoïdes et leur organisation comparée à celle de l'homme, *illustré*.
DE QUATREFAGES. Darwin et ses précurseurs français.
DE QUATREFAGES. Les Émules de Darwin. 2 vol.

BOTANIQUE — GÉOLOGIE

DE SAPORTA et MARION. L'Évolution du règne végétal (les Cryptogames), *illustré*.
DE SAPORTA et MARION. L'Évolution du règne végétal (les Phanérogames). 2 vol. *illustrés*.
COOKE et BERKELEY. Les Champignons, *illustré*.
DE CANDOLLE. Origine des plantes cultivées.
DE LANESSAN. Le Sapin (Introduction à la botanique), *illustré*.
FUCHS. Volcans et Tremblements de terre, *illustré*.
DAUBRÉE. Les Régions invisibles du globe et des espaces célestes, *illustré*.
JACCARD. Le Pétrole, l'Asphalte et le Bitume, ill.
MEUNIER (ST.). La Géologie comparée, *illustré*.
MEUNIER (ST.). La Géologie expérimentale, ill.
MEUNIER (ST.). La Géologie générale, *illustré*.
COSTANTIN (J.) Les Végétaux et les milieux cosmiques, *illustré*.
COSTANTIN (J.). La Nature tropicale, *illustré*.

CHIMIE

WURTZ. La Théorie atomique.
BERTHELOT. La Synthèse chimique.
BERTHELOT. La Révolution chimique : Lavoisier.
SCHUTZENBERGER. Les Fermentations, *illustré*.
MALMÉJAC. L'Eau dans l'alimentation, *illustré*.

ASTRONOMIE — MÉCANIQUE

SECCHI (le Père). Les Étoiles. 2 vol. *illustrés*.
YOUNG. Le Soleil, *illustré*.
ANGOT. Les Aurores polaires, *illustré*.
THURSTON. Histoire de la machine à vapeur. 2 v. ill.

PHYSIQUE

BALFOUR STEWART. La Conservation de l'énergie, *illustré*.
TYNDALL. Les Glaciers et les Transformations de l'eau, *illustré*.

THÉORIE DES BEAUX-ARTS

GROSSE. Les débuts de l'art, *illustré*.
GUIGNET et GARNIER. La Céramique ancienne et moderne, *illustré*.
BRUCKE et HELMHOLTZ. Principes scientifiques des beaux-arts, *illustré*.
ROOD. Théorie scientifique des couleurs, *illustré*.
P. BLASERNA et HELMHOLTZ. Le Son et la Musique, *illustré*.

SCIENCES SOCIALES

HERBERT SPENCER. Introduction à la science sociale.
HERBERT SPENCER. Les Bases de la morale évolutionniste.
A. BAIN. La Science de l'éducation.
DE LANESSAN. Principes de colonisation.
DEMOOR, MASSART et VANDERVELDE. L'Évolution régressive en biologie et en sociologie, *illustré*.
BAGEHOT. Lois scientifiques du développement des nations.
DE ROBERTY. La Sociologie.
DRAPER. Les Conflits de la science et de la religion.
STANLEY JEVONS. La Monnaie et le Mécanisme de l'échange.
WHITNEY. La Vie du langage.
STARCKE. La Famille primitive, ses origines, son développement.
BOURDEAU. Hist. de l'habillement et de la parure.
MOSSO (A.). Les exercices physiques et le développement intellectuel.

Tous les volumes 6 fr., sauf DÉMENY. *Mécanisme*, à 9 fr.

RÉCENTES PUBLICATIONS
HISTORIQUES, PHILOSOPHIQUES ET SCIENTIFIQUES
qui ne se trouvent pas dans les collections précédentes.

ALAUX. **Esquisse d'une philosophie de l'être.** In-8.   **1 fr.**
— **Les Problèmes religieux au XIXᵉ siècle.** 1 vol. in-8.   **7 fr. 50**
— **Philosophie morale et politique.** In-8. 1893.   **7 fr. 50**
— **Théorie de l'Âme humaine.** 1 vol. in-8. 1895. 10 fr. (Voy. p. 2.)
— **Dieu et le Monde.** *Essai de phil. première.* 1901. 1 vol. in-12. 2 fr. 50
ALTMEYER. **Les Précurs. de la réforme aux Pays-Bas** 2 v. in-8. 12 fr.
AMIABLE (Louis). **Une loge maçonnique d'avant 1789.** 1 v. in-8. 6 fr.
Annales de sociologie et mouvement sociologique (Première année,
     1900-1901), publ. par la Soc. belge de Sociologie. 1 vol. in-8. 1903. 12 fr.
ANSIAUX (M.). **Heures de travail et salaires.** In-8. 1896.   **5 fr.**
ARNAUNE (A.), directeur de la Monnaie. **La monnaie, le crédit et le**
     change, 2ᵉ édition, revue et augmentée. 1 vol. in-8. 1902.   **8 fr.**
ARRÉAT. **Une Éducation intellectuelle.** 1 vol. in-18.   **2 fr. 50**
— **Journal d'un philosophe.** 1 vol. in-18. 3 fr. 50 (Voy. p. 2 et 5.)
Autour du monde, par les Boursiers de voyage de l'Université de Paris.
     (*Fondation Albert Kahn*). 1 vol. gr. in-8. 1904.   **10 fr.**
AZAM. **Hypnotisme et double conscience.** 1 vol. in-8.   **9 fr.**
BAISSAC (J). **Les Origines de la religion.** 2 vol. in-8.   **12 fr.**
BALFOUR STEWART et TAIT. **L'Univers invisible.** 1 vol. in-8.   **7 fr.**
BARTHÉLEMY-SAINT-HILAIRE. (Voy. pages 6 et 11, Aristote.)
— ***Victor Cousin, sa vie, sa correspondance.** 3 vol. in-8. 1895.   **30 fr.**
BERNATH (de). **Cléopâtre.** *Sa vie, son règne.* 1 vol in-8. 1903.   **8 fr.**
BERTAULD (P.-A.). **Positivisme et philos. scientif.** In-12. 1899. 3 fr. 50
BERTON (H.), docteur en droit. **L'évolution constitutionnelle du**
     second empire. Doctrines, textes, histoire. 1 fort vol. in-8. 1900. 12 fr.
BLONDEAU (C.). **L'absolu et sa loi constitutive.** 1 vol. in-8. 1897. 6 fr.
*BLUM (E.), agrégé de philosophie. **La Déclaration des Droits de**
     l'homme. Texte et commentaire. Préface de M. G. Compayré, recteur de
     l'Académie de Lyon. Récomp. par l'Institut. 2ᵉ édit. 1 vol. in-8. 1902. 3 fr. 75
BOILLEY (P.). **La Législation internationale du travail.** In-12.   **3 fr.**
— **Les trois socialismes :** anarchisme, collectivisme, réformisme. 3 fr. 50
— **De la production industrielle.** In-12. 1899.   **2 fr. 50**
BOURDEAU (Louis). **Théorie des sciences.** 2 vol. in-8.   **20 fr.**
— **La Conquête du monde animal.** In-8.   **5 fr.**
— **La Conquête du monde végétal.** In-8. 1893.   **5 fr.**
— **L'Histoire et les historiens.** 1 vol. in-8.   **7 fr. 50**
— ***Histoire de l'alimentation.** 1894. 1 vol. in-8. 5 fr. (V. p. 6.)
BOUTROUX (Em.). ***De l'idée de loi naturelle dans la science et la**
     philosophie. 1 vol. in-8. 1895.   2 fr. 50 (V. p. 2 et 6.)
BRANDON-SALVADOR (Mᵐᵉ). **A travers les moissons.** *Ancien Test. Talmud.*
     Apocryphes. Poètes et moralistes juifs du moyen âge In-16. 1913. 4 fr.
BRASSEUR. **La question sociale.** 1 vol. in-8. 1900.   **7 fr. 50**
BROOKS ADAMS. **Loi de la civilisat. et de la décad.** In-8. 1899. 7 fr. 50
BROUSSEAU (K.). **L'éducation des nègres aux États-Unis.** 1904.
     1 vol. in-8.   **7 fr. 50**
BUCHER (Karl). **Études d'histoire et d'économie polit.** In-8. 1901. 6 fr.
BUNGE (N.-Ch.). **Littérature poli-économique.** 1 vol. in-8. 1898. 7 fr. 50
BUNGE (C.-O.). **Psychologie individuelle et sociale.** In-16. 1904. 3 fr.
CANTON (G.). **Napoléon antimilitariste.** 1902. 1 vol. in-12.   **3 fr. 50**
CARDON (G.). ***Les Fondateurs de l'Université de Douai.** In-8. 10 fr.
CELS (A). **Science de l'homme et anthropologie.** 1904. 1 vol. in-8. 7 fr. 50
CLAMAGERAN. **La Réaction économique et la démocratie.** In-18. 1 fr. 25
— **La lutte contre le mal.** 1 vol. in-18. 1897.   **3 fr. 50**
— **Études politiques, économiques et administratives.** Préface de
     M. Berthelot. 1 vol. in-8. 1904.   **10 fr.**

COMBARIEU (J.). *Les rapports de la musique et de la poésie considérés au point de vue de l'expression. 1 vol. in-8. 1893.   7 fr. 50

CONGRÈS :

Éducation sociale (Congrès de l'), Paris 1900. 1 vol. in-8. 1901.   10 fr.

Psychologie (IVᵉ Congrès international), Paris 1900. 1 vol in-8. 1901. 20 fr.

Sciences sociales (Premier Congrès de l'enseignement des). Paris 1900. 1 vol. in-8. 1901.   7 fr. 50

COSTE (Ad.). Hygiène sociale contre le paupérisme. In-8.   6 fr.

— Nouvel exposé d'économie politique et de physiologie sociale. In-18   3 fr. 50 (Voy. p. 2, 6 et 80.)

COUTURAT (Louis). *De l'infini mathématique. In-8. 1896.   12 fr.

DANY (C.), docteur en droit. *Les idées politiques en Pologne à la fin du XVIIIᵉ siècle. La Constit. du 3 mai 1793, in-8, 1901. 6 fr.

DAREL (Th.). La Folie. Ses causes. Sa thérapeutique. 1901, in-12.   4 fr.

— Le peuple-roi. Essai de sociologie universaliste. In-8. 1904. 3 fr. 50

DAURIAC. Croyance et réalité. 1 vol. in-18. 1889.   3 fr. 50

— Le Réalisme de Reid. In-8.   1 fr. (V. p. 2 et 6.)

DAUZAT (A.), docteur en droit. Du Rôle des Chambres en matière de traités internationaux. 1 vol. grand in-8. 1899. 5 fr. (V. p. 18.)

DEFOURNY(M.). La sociologie positiviste. Auguste Comte. In-8. 1902. 6 fr.

DERAISMES (Mˡˡᵉ Maria). Œuvres complètes. 4 vol. Chacun.   3 fr. 50

DESCHAMPS. Principes de morale sociale. 1 vol. in-8. 1903. 3 fr. 50.

DESPAUX. Genèse de la matière et de l'énergie. In-8. 1900.   4 fr.

DOLLOT (R.), docteur en droit. Les origines de la neutralité de la Belgique (1609-1830). 1 vol. in-8. 1902.   10 fr.

DOUHÉRET. *Idéologie, discours sur la philos. prem. In-18. 1900. 1 fr. 25

DROZ (Numa). Etudes et portraits politiques. 1 vol. in-8. 1895. 7 fr. 50

— Essais économiques. 1 vol. in-8. 1896.   7 fr. 50

— La démocratie fédérative et le socialisme d'État. In-12.   1 fr.

DUBUC (P.). *Essai sur la méthode en métaphysique. 1 vol. in-8. 5 fr.

DUGAS (L.). *L'amitié antique. 1 vol. in-8. 1895.   7 fr. 50 (V. p. 2.)

DUNAN. *Sur les formes à priori de la sensibilité. 1 vol. in-8. 5 fr.

— Zénon d'Élée et le mouvement. In-8.   1 fr. 50 (V. p. 2.)

DUNANT (E.). Les relations diplomatiques de la France et de la République helvétique (1798-1803). 1 vol. in-8. 1902.   20 fr.

DU POTET. Traité complet de magnétisme. 5ᵉ éd. 1 vol. in-8.   8 fr.

— Manuel de l'étudiant magnétiseur. 6ᵉ éd., gr. in-18, avec fig. 3 fr. 50

— Le magnétisme opposé à la médecine. 1 vol. in-8.   6 fr.

DUPUY (Paul). Les fondements de la morale. In-8. 1900.   5 fr.

— Méthodes et concepts. 1 vol. in-8. 1903.   5 fr.

*Entre Camarades. Ouvr. publié par la Soc. des anciens élèves de la Faculté des lettres de l'Univ. de Paris. Histoire, littératures ancienne, française, étrangère, philologie, philosophie, journalisme. 1904, in-8.   10 fr.

ESPINAS (A.). *Les Origines de la technologie. 1 vol. in-8. 1897. 5 fr.

FEDERICI. Les Lois du progrès. 2 vol. in-8. Chacun.   6 fr.

FERRÈRE (F.). La situation religieuse de l'Afrique romaine depuis la fin du IVᵉ siècle jusqu'à l'invasion des Vandales. 1 v. in-8. 1898. 7 fr. 50

FERRIÈRE (Em.). Les Apôtres, essai d'histoire religieuse. 1 vol. in-12. 4 fr. 50

— L'Ame est la fonction du cerveau. 2 volumes in-18.   7 fr.

— Le Paganisme des Hébreux. 1 vol. in-18.   3 fr. 50

— La Matière et l'Énergie. 1 vol. in-18.   4 fr. 50

— L'Ame et la Vie. 1 vol. in-18.   4 fr. 50

— Les Mythes de la Bible. 1 vol. in-18. 1893.   3 fr. 50

— La Cause première d'après les données expérim. In-18. 1896. 3 fr. 50

— Étymologie de 400 prénoms. In-18. 1898. 1 fr. 50 (V. p. 11 et 80).

FLEURY (M. de). Introd. à la méd. de l'Esprit. in-8. 6ᵉ éd. 7 fr. 50 (V. p. 8).

FLOURNOY. Des phénomènes de synopsie. In-8. 1893.   6 fr.

— Des Indes à la planète Mars. 1 vol. in-8, avec grav. 3ᵉ éd. 1900. 8 fr.

— Nouv. observ. sur un cas de somnambulisme. In-8. 1902.   5 fr.

Fondation universitaire de Belleville (La). Ch. GIDE. Travail intellect.

et tr. manuel. — J. BARDOUX. *Prem. efforts et prem. année.* In-16. 1 fr. 50
GELEY (V.). **Les preuves du transformisme et les enseignements
  de la doctrine évolutionniste.** 1 vol. in-8. 1901. 6 fr.
GOBLET D'ALVIELLA. **L'idée de Dieu,** d'après l'anthr. et l'histoire. In-8. 6 fr.
— **La représentation proportionnelle en Belgique,** 1900. 4 fr. 50
GOURD. **Le Phénomène.** 1 vol. in-8. 7 fr. 50
GREEF (Guillaume de). **Introduction à la Sociologie.** 2 vol. in-8. 10 fr.
— I. évol. des croyances et des doctr. polit. In-12. 1895. 4 fr. (V. c. 3 et 7.)
GRIMAUX (Éd.). *Lavoisier* (1748-1794), d'après sa correspondance et
  divers documents inédits. 1 vol. gr. in-8, avec gravures. 3e éd. 1898. 15 fr.
GRIVEAU (M.). **Les Éléments du beau.** In-18. 4 fr. 50
— **La Sphère de beauté,** 1901. 1 vol. in-8. 10 fr.
GUYAU. **Vers d'un philosophe.** In-18. 3e édit. 3 fr. 50 (Voy. p. 3, 7 et 11.)
GYEL (Dr E.). **L'être subconscient.** 1 vol. in-8. 1899. 4 fr.
HALLEUX (J.). **Les principes du positivisme contemporain,** exposé et
  critique. (Ouvrage récompensé par l'Institut). 1 vol. in-12. 1895. 3 fr. 50
— **L'Évolutionnisme en morale** (*H. Spencer*). In-12. 1901. 3 fr. 50
HARRACA (J.-M.). **Contribution à l'étude de l'Hérédité et des prin-
  cipes de la formation des races.** 1 vol. in-18. 1898. 2 fr.
HENNEGUY (Félix). **Le Sphinx.** Poèmes dramatiques. 1 v. in-18. 1899. 3 fr. 50
— **Les Aïeux.** Poèmes dramatiques. 1 vol. in-18. 1901. 3 fr. 50
HIRTH (G.). **La Vue plastique, fonction de l'écorce cérébrale.** In-8.
  Trad. de l'allem. par L. ARRÉAT, avec grav. et 34 pl. 8 fr. (Voy. p. 8.)
— **Pourquoi sommes-nous distraits ?** 1 vol. in-8. 1895. 2 fr.
HOCQUART (E.). **L'Art de juger le caractère des hommes sur leur
  écriture,** préface de J. CRÉPIEUX-JAMIN. Br. in-8. 1898. 1 fr.
HORVATH, KARDOS et ENDRODI. *Histoire de la littérature hongroise,*
  adapté du hongrois par J. KONT. Gr. in-8, avec gr. 1900. Br. 10 fr. Rel. 15 fr.
ICARD. **Paradoxes ou vérités.** 1 vol. in-12. 1895. 3 fr. 50
JANSSENS. **Le néo-criticisme de Ch. Renouvier.** In-16. 1904. 3 fr. 50
JOURDY (Général). **L'instruction de l'armée française,** de 1815 à
  1902. 1 vol. in-16. 1903. 3 fr. 50
JOYAU. **De l'invention dans les arts et dans les sciences.** 1 v. in-8. 5 fr.
— **Essai sur la liberté morale.** 1 vol. in-18. 3 fr. 50
KARPPE (S.), docteur ès lettres. **Les origines et la nature du Zohar,**
  précédé d'une *Étude sur l'histoire de la Kabbale.* 1901. In-8. 7 fr. 50
KAUFMANN. **La cause finale et son importance.** In-12. 2 fr. 50
KINGSFORD (A.) et MAITLAND (E.). **La Voie parfaite ou le Christ éso-
  térique,** précédé d'une préface d'Edouard SCHURÉ. 1 vol. in-8. 1892. 6 fr.
KOSTYLEFF. **L'Esquisse d'une évolution dans l'histoire de la
  philosophie.** 1 vol. in-16. 1903. 2 fr. 50
KUFFERATH (Maurice). **Musiciens et philosophes.** (Tolstoï, Schopen-
  hauer, Nietzsche, Richard Wagner). 1 vol. in-12. 1899. 3 fr. 50
LAFONTAINE. **L'art de magnétiser.** 7e édit. 1 vol. in-8. 5 fr.
— **Mémoires d'un magnétiseur.** 2 vol. gr. in-18. 7 fr.
LANESSAN (de). **Le Programme maritime de 1900-1906.** In-12.
  2e éd. 1903. 3 fr. 50
LAVELEYE (Em. de). **De l'avenir des peuples catholiques.** In-8. 25 c.
— **Essais et Études.** Première série (1861-1875). — Deuxième série (1875-
  1882). — Troisième série (1892-1894). Chaque vol. in-8. 7 fr. 50
LEMAIRE (P.). **Le cartésianisme chez les Bénédictins.** In-8. 6 fr. 50
LEMAITRE (J.), professeur au Collège de Genève. **Audition colorée et
  Phénomènes connexes observés chez des écoliers.** In-12. 1900. 4 fr.
LETAINTURIER (J.). **Le socialisme devant le bon sens.** In-18. 1 fr. 50
LÉVI (Eliphas). **Dogme et rituel de la haute magie.** 3e édit. 2 vol.
  in-8, avec 24 figures. 18 fr.
— **Histoire de la magie.** Nouvelle édit. 1 vol. in-8, avec 90 fig. 12 fr.
— **La clef des grands mystères.** 1 vol. in-8, avec 22 pl. 12 fr.
— **La science des esprits.** 1 vol. 7 fr.
LÉVY (Albert). *Psychologie du caractère.* In-8. 1896. 5 fr.

LÉVY-SCHNEIDER (L.), docteur ès lettres. **Le conventionnel Jean-bon Saint-André (1749-1813). 1901. 2 vol. in-8.** 15 fr.
LICHTENBERGER (A.). **Le socialisme au XVIII° siècle. In-8. 1895.** 7 fr. 50
MABILLEAU (L.). ***Histoire de la philos. atomistique. In-8. 1895. 12 fr.**
MAINDRON (Ernest). ***L'Académie des sciences (Histoire de l'Académie; fondation de l'Institut national; Bonaparte, membre de l'Institut). In-8 cavalier, 53 grav., portraits, plans. 8 pl. hors texte et 2 autographes.** 12 fr.
MALCOLM MAC COLL. **Le Sultan et les grandes puissances. In-8.** 5 fr.
MANACÉINE (Marie de). **L'anarchie passive et Tolstoï. In-18.** 2 fr.
MANDOUL (J.) **Un homme d'État Italien : Joseph de Maistre. In-8.** 8 fr.
MARIÉTAN (J.). **Problème de la classification des sciences, d'Aristote à saint Thomas. 1 vol. in-8. 1901.** 3 fr.
MATAGRIN. **L'esthétique de Lotze. 1 vol. in-12. 1900.** 2 fr.
MATTEUZZI. **Les facteurs de l'évolution des peuples. In-8. 1900.** 6 fr.
MERCIER (Mgr). **Les origines de la psych. contemp. In-12. 1898.** 5 fr.
— **La Définition philosophique de la vie. Broch. in-8. 1899.** 1 fr. 50
MILHAUD (G.) ***Le positiv. et le progrès de l'esprit. In-12. 1902.** 2 fr. 50
MISMER (Ch.). **Principes sociologiques. 1 vol. in-8. 2° éd. 1897.** 5 fr.
MONNIER (Marcel). ***Le drame chinois. 1 vol. in-16. 1900.** 2 fr. 50
MORIAUD (P.). **La liberté et la conduite humaine. In-12. 1897.** 3 fr. 50
NEPLUYEFF (N. de). **La confrérie ouvrière et ses écoles. in-12.** 2 fr.
NODET (V.). **Les agnosies, la cécité psychique. In-8. 1899.** 4 fr.
NOVICOW (J.). **La Question d'Alsace-Lorraine. In-8. 1 fr. (V. p. 4, 9 et 17.)**
— **La Fédération de l'Europe. 1 vol. in-18. 2° édit. 1901.** 3 fr. 50
— **L'affranchissement de la femme. 1 vol. in-16. 1903.** 3 fr.
PARIS (Comte de). **Les Associations ouvrières en Angleterre (Trades-unions). 1 vol. in-18. 7° édit. 1 fr.** — Édition sur papier fort. 2 fr. 50
PAUL-BONCOUR (J.). **Le fédéralisme économique**, préf. de M. WALDECK-ROUSSEAU. 1 vol. in-8. 2° édition. 1901. 6 fr.
PAULHAN (Fr.). **Le Nouveau mysticisme. 1 vol. in-18. 1891.** 2 fr. 50
PELLETAN (Eugène). ***La Naissance d'une ville (Royan). In-18.** 2 fr.
— ***Jarousseau, le pasteur du désert. 1 vol. in-18.** 2 fr.
— ***Un Roi philosophe,** Frédéric le Grand. In-18. 3 fr. 50
— **Droits de l'homme. 1 vol. in-12.** 3 fr. 50
— **Profession de foi du XIX° siècle. In-12.** 3 fr. 50 (V. p. 30.)
PEREZ (Bernard). **Mes deux chats. In-12,** 2° édition. 1 fr. 50
— **Jacotot et sa Méthode d'émancipation intellect. In-18.** 3 fr.
— **Dictionnaire abrégé de philosophie. 1893. in-12.** 1 fr. 50 (V. p. 9.)
PHILBERT (Louis). **Le Rire. In-8.** (Cour. par l'Académie française.) 7 fr. 50
PHILIPPE (J.) **Lucrèce dans la théologie chrétienne. In-8.** 2 fr. 50
PIAT (C.). **L'Intellect actif. 1 vol. in-8.** 4 fr. (V. p. 9, 13.)
— **L'Idée ou critique du Kantisme. 2° édition 1901. 1 vol. in-8.** 6 fr.
PICARD (Ch.). **Sémites et Aryens (1893). In-18.** 1 fr. 50
PICARD (E.). **Le Droit pur. 1 v. in-8. 1899.** 7 fr. 50
PICAVET (F.). **La Mettrie et la crit. allem. 1889. In-8. 1 fr. (V. p. 9, 11.)**
PICTET (Raoul). **Étude critique du matérialisme et du spiritualisme par la physique expérimentale. 1 vol. gr. in-8. 1896.** 10 fr.
PINLOCHE (A.), professeur honr° de l'Univ. de Lille. ***Pestalozzi et l'éducation populaire moderne. In-12. 1902.** (Cour. par l'Institut.) 2 fr. 50
POEY. **Littré et Auguste Comte. 1 vol. in-18.** 3 fr. 50
PORT. **La Légende de Cathelineau. In-8.** 5 fr.
***Pour et contre l'enseignement philosophique,** par MM. VANDEREM (Fernand), RIBOT (Th.), BOUTROUX (E.), MARION (H.), JANET (P.), FOUILLÉE (A.); MONOD (G.), LYON (Georges), MARILLIER (L.), CLAMADIEU (abbé), BOURDEAU (J.), LACAZE (G.), TAINE (H.). 1894. In-18. 2 fr.
PRAT (Louis). **Le mystère de Platon (Aglaophamos). 1 v. in-8. 1900.** 4 fr.
— **L'Art et la beauté (Kalliklès). 1 vol. in-8. 1903.** 5 fr.
PRÉAUBERT. **La vie, mode de mouvement. In-8. 1897.** 5 fr.
PRINS (Ad.). **L'organisation de la liberté. 1 vol. in-8. 1895.** 4 fr.
Protection légale des travailleurs (La). 1 vol. in-12. 1904. 3 fr. 50

RATAZZI (Mme). **Emilio Castelar.** In-8, avec illustr., portr. 1899. 3 fr. 50
RAYMOND (P.). **L'arrondissement d'Uzès avant l'Histoire.** In-8. 6 fr.
REGNAUD (P.). **L'origine des idées éclairée par la science du langage.** 1901. In-12.   1 fr. 50
RENOUVIER, de l'Inst. **Uchronie, *Utopie dans l'Histoire*. 2ᵉ éd. 1901. In-8. 7 50
RIBOT (Paul). **Spiritualisme et Matérialisme.** 2ᵉ éd. 1 vol. in-8.   6 fr.
ROBERTY (J.-E.) **Auguste Bouvier,** pasteur et théologien protestant. 1826-1893. 1 fort vol. in-12. 1901.   3 fr. 50
ROISEL. **Chronologie des temps préhistoriques.** In-12. 1900.   1 fr.
ROTT (E!.). **La représentation diplomatique de la France auprès des cantons suisses confédérés.** T. I (1498-1559). 1 vol. gr. in-8. 1900, 12 fr. — T. II (1559-1610). 1 vol. gr. in-8. 1902.   15 fr.
RUTE (Marie-Letizia de). **Lettres d'une voyageuse.** In-8. 1896. 3 fr.
SAGE (V.). **Le Sommeil naturel et l'hypnose.** 1904. 1 vol. in-18. 3 fr. 50
SANDERVAL (O. de). **De l'Absolu. La loi de vie.** 1 vol. in-8. 2ᵉ éd.   5 fr.
— **Kahel. Le Soudan français.** In-8, avec gravures et cartes.   8 fr.
SAUSSURE (L. de). **Psychol. de la colonisation franç.** In-12. 3 fr. 50
SAYOUS (E.), *Histoire générale des Hongrois.** 2ᵉ éd. revisée. 1 vol. grand in-8, avec grav. et pl. hors texte. 1900. Br. 15 fr. Relié.   20 fr.
SCHINZ (W.). **Problème de la tragéd. en Allemagne.** In-8. 1903. 1 fr. 25
SECRÉTAN (Ch.). **Études sociales.** 1889. 1 vol. in-18.   3 fr. 50
— **Les Droits de l'humanité.** 1 vol. in-18. 1891.   3 fr. 50
— **La Croyance et la civilisation.** 1 vol. in-18. 2ᵉ édit. 1891. 3 fr. 50
— **Mon Utopie.** 1 vol. in-18.   3 fr. 50
— **Le Principe de la morale.** 1 vol. in-8. 2ᵉ éd.   7 fr. 50
— **Essais de philosophie et de littérature.** 1 vol. in-12. 1896. 3 fr. 50
SECRÉTAN (H.). **La Société et la morale.** 1 vol. in-12. 1897. 3 fr. 50
SKARZYNSKI (L.). *Le progrès social à la fin du XIXᵉ siècle.** Préface de M. LÉON BOURGEOIS. 1901. 1 vol. in-12.   4 fr. 50
SOREL (Albert), de l'Acad. franç. **Traité de Paris de 1815.** In-8. 4 fr. 50
SPIR (A.). **Esquisses de philosophie critique.** 1 vol. in-18   2 fr. 50
— **Nouvelles esquisses de philosophie critique.** In-8. 1899. 3 fr. 50
STOCQUART (Emile). **Le contrat de travail.** In-12. 1895.   3 fr.
TEMMERMAN, directeur d'École normale. **Notions de psychologie** appliquées à la pédagogie et à la didactique. In-8, avec fig. 1903.   3 fr.
TISSOT. **Principes de morale.** 1 vol. in-8.   6 fr. (Voy. p. 11.)
VAN BIERVLIET (J.-J.). **Psychologie humaine.** 1 vol. in-8.   8 fr.
— **La Mémoire.** Br. in-8. 1893.   2 fr.
— **Études de psychologie** 1 vol. in-8. 1901.   4 fr.
— **Causeries psychologiques.** 1 vol. in-8. 1902.   3 fr.
— **Esquisse d'une éducation de la mémoire.** 1904. In-16.   2 fr.
VIALLATE (A.). **Chamberlain.** In-12, préface de E. BOUTMY.   2 fr. 50
VIALLET (C.-Paul). **Je pense, donc je suis.** In-12. 1896.   2 fr. 50
VIGOUREUX (Ch.). **L'Avenir de l'Europe au double point de vue de la politique de sentiment et de la politique d'intérêt.** 1892. 1 vol. in-18. 3 fr. 50
VITALIS. **Correspondant politique de Dominique de Gabre.** 1904. 1 vol. in-8.   12 fr. 50
WEIL (Denis). **Droit d'association et Droit de réunion.** In-12. 3 fr. 50
— **Élections législatives,** législation et mœurs. 1 vol. in-18. 1895. 3 fr. 50
WULF (M. de). **Histoire de la philosophie scolastique dans les Pays-Bas et la principauté de Liège jusqu'à la Révol. franç.** In-8. 5 fr.
— **Introduction à la philosophie néo-scolastique.** 1904. 1 v. in-8. 5 fr.
— **Sur l'esthétique de saint Thomas d'Aquin.** In-8.   1 fr. 50
ZAPLETAL. **Le récit de la création dans la Genèse.** 1904. 1 vol. in-8.   3 fr. 50
ZIESING (Th.). **Érasme ou Salignac.** Étude sur la lettre de François Rabelais. 1 vol. gr. in-8.   4 fr.
ZOLLA (D.). **Les questions agricoles d'hier et d'aujourd'hui.** 1894, 1895. 2 vol. in-12. Chacun.   3 fr. 50

TABLE ALPHABÉTIQUE DES AUTEURS

TABLE DES AUTEURS ÉTUDIÉS

L.-Imprimeries réunies, rue Saint-Benoît, 7, Paris. — 15879.

9 782019 705381